ポーランドの避難民とすれ違うドイツ軍

（上）ドイツ空軍に爆撃されたベルギーの自転車部隊
（下）ドイツ軍士官と交渉を行なうデンマークの特使

NF文庫
ノンフィクション

新装版

弱小国の戦い

欧州の自由を求める被占領国の戦争

飯山幸伸

潮書房光人新社

まえがき

マスコミが仕掛け人になる冗談報道の類が引き起こした伝説的な事件として知られているのは、やはり、オーソン・ウェルズ製作のラジオドラマの放送が聴衆のパニックにつながった「『宇宙戦争』事件」だろう。一九三八年という往時に起こったこの事件の基となったラジオ放送はH・G・ウェルズのSF小説「宇宙戦争」をベースにしており、この番組を途中から聴いたひとたちが臨場感あふれるラジオ劇に仰天し、ホンモノの報道と早とちりして騒動になったと言われており、事実、放送の途中で何度か「ドラマ放送中」という断わり文が読み上げられていたという。それゆえ、意図的に聴き手を欺く種類のものとは別ものということになるが、騒動の原因になったことが重視されて、以降、放送規制の厳格化の一因になったとも言われている。

ところが、この書（弱小国の戦い）の編集製作が大詰めの時期にさしかかっていた十二月十三日（二〇〇六年）、ベルギーのRTBFというTV局で「フラマン地域が独立を宣言……ベルギーという国がなくなります」というニュースが放送されていたという。真相は、同局の報道部長のイブ・ティラン氏が「学者や政治家任せだった、ベルギーが長年抱えてきた言語問題を国民が議論すべき時期」と喚起を促す目的の確信犯的な架空報道で「事実ではない放送」であることが表示されたタイミングが三十分後と遅かったこともあって、ベルギー国内は一時騒然とした状態になったと伝えられている。

この出来事が伝えられた際、本邦の報道でも、あの「『宇宙戦争』事件」が引き合いに出され「脱線気味の架空報道をした、呆れた公共放送」という視点からコメントが述べられた。だが多くの人たちにとっては、基本的には一生のうちに一度行くかどうかという、遠く離れた国でのウソ放送事件。「どこまで本当か」「その意図は」とドッキリさせられたのは、ベルギー関連のしごとをしているひとたち（ベルギーを取引相手にする輸出入業者やベルギー産のチョコを使用するパティシエ、それに大使館関係者ら）くらいだったのではないだろうか。

じつのところ、かくいう筆者本人も仰天した少数派の日本人のひとりだったろうと思い当たるふしがあった。なんせ、秋口から原稿を書き溜めてやっとこさっとこ書き上げた原稿（つまり、本稿）の一部において、この件に関する事柄を扱ったばかりだったのだから「今現在も歴史のひとコマなのだなあ」と思う方が自然だろう。

本稿で取り上げさせていただいた小規模国家群のうちいくつかの国々においては言語にまつわるかなり深刻な問題を抱えていた。オランダ、デンマークは、周辺列強国による領地支配の歴史を経たため、旧領地の一部が別の言語圏、異文化圏に属することになって占領前の国境線回復は果たせなかった。ユーゴスラヴィアとなるともっと複雑で、異民族、異言語、異文化の複数地域を、周辺国、列強国と対等にさせるために規模の大きな国にまとめ上げたが、新国家として成立した時点で既に異を唱える地域（クロアチア）があった。そして次なる大戦争に巻き込まれたときには、クロアチアは敵方陣営に組みする別の国として独立を果たし、そのほかの地域でも民族間対立を強める事態に陥っていた。

あの架空報道事件が起こったベルギーはというと、やはり既に第一次大戦中にワロン語圏とフランデレン語圏での対立が引き起こされ、その後もいくつかの問題解決策が試みられたものの今もって有効な手だてが講じられないまま、約百年もの時間が過ぎ去ったということになる。ティラン報道部長が、長年引き擦ってきたベルギー特有のこの問題の対策を国民レベルで考えようと呼びかけるのは無理からぬはなしでもあるだろう。

今回、大戦争に巻き込まれる小規模国家群の苦難の歴史を調べた際に気づいたことは、このように言語にまつわる事柄が少なからず関わっていたということでもあった。ポーランドなどは友好国の言語（フランス語）のみならず史的に敵国だった国々の言語学習にも力を入れていたという（ロシア語、ドイツ語）。ところがフランスがあっけなくドイツの軍門に下ったため、今度は英語を一から、大急ぎで学んだ、ナチスとの戦いを続けるために……英語を敵性外語と称して「ワンストライク」を「よし一本」に置き換えた島国とは、まったく逆の言語感覚と言えるだろう。

もう、これも過去の話になりつつあるが、小渕内閣の頃だったか「英語を第二の母国語にする」という政府方針が発表されたことがあったと覚えている。複数言語を公用語としている国々のひとたちからすれば「何をすき好んで英語まで公用語に」と思われるだろうが、日本では「英語学習の成果が乏しい」というこの国特有の悩みもかかえている。だが日本列島のなかで生活する分には、現状においては「どうしても英語が必要」という場面がなかなか思い浮かばないのは、筆者だけではないだろう。その意味では一抹の閉塞感が感じられないこともないが、オランダ語を話していた低地の一地方の人たちがフランス語圏に、デンマーク語を話していたシュレスウィヒ地方の人たちがドイツ語圏に取り込まれていった歴史……なかなか想像力が及ばないテーマだが、遠く離れた彼方の国においては依然今日でも社会問題の根っこになっている。

弱小国の戦い——目次

第3章　長続きしなかった平和

第4章　二度めの大戦争の嵐にさらされる諸国

第5章　長期化する戦乱

弱小国の戦い

欧州の自由を求める被占領国の戦争

第１章　欧州小規模国の略歴

分裂せざるを得なかった低地の国

極東のはずれに位置する島国・日本で生まれ育ったひとたちにとってオランダという国名には、懐かしいような親しみが感じられるような印象を抱かざるを得ないだろう。江戸時代・徳川幕府二百五十年を支えた諸制度のうち、他国にはない異様を究めた対外政策「鎖国」制度下にあっても、例外的に交流を認められたのが遠く離れたヨーロッパのオランダと隣国・中国くらいだった。

この頃の共和国時代のオランダ〈ネーデルラント〉はいまのオランダよりもだいぶ広い地域だったが、海外進出を活発化させたのは十六世紀末からのこと。スペイン、ポルトガルよりも百年遅れをとっていたものの、アジア進出を企図したヨーロッパ諸国との競争を勝ち抜くために一六〇二年に組織した「オランダ連合東インド会社」の二隻が来航し〈初来航はそれより二年前の、W・アダムズ〈英国人〉、ヤン・ヨーステンのリーフデ号〉、謁見を許された徳川家康から朱印状を交付され、正式の交易・国交が結ばれた。

英国も徳川政権下の日本との国交樹立を試みたが、わずか十年という短期間で商館をたたまざるを得なかった。以降、オランダは鎖国を続ける日本にとって西洋社会とのごく小さな接点となって、貴重な学術、文化をもたらすことになる。この時代にオランダから移入された学術を総称して「蘭学」と呼んで重用するシーンは、時代劇でもしばしば見受けられるだろう。

ほぼ同時期にスペイン、ポルトガルとの南北アメリカ、アフリカでの権益争いから西インド会社も設立したが、中世を経た十六〜十八世紀もオランダ本国では周辺諸大国との戦乱が繰り返されていた。もともと中世のネーデルラントの北部（現・オランダ地域）は南部（現・ベルギー地域）よりも農業に不向きで経済面、文化的でも遅れていた。

この時期にネーデルラント南部の方が栄えていたのは、中世においてすでにヨーロッパ有数の都市になっていたアントワープがあったからだろう。スペイン軍の脅威への対応を巡って混乱していた一五七九年には、カトリックへの信仰が色濃かった南部の地域において、プロテスタント化を防ぐためにアラス同盟が結成された。これに対して、プロテスタントが多数派の北部七州では、ホラント州を中心にユトレヒト同盟が結成された。

北部地域の住民たちは南部との地域格差の遅れを克服するために、北海での漁業に従事。その際に造船技術や航海術も発展させて、後の海洋国家・オランダとなる下地を形成していった。そしてその結果、十六世紀終盤にはスペインの脅威を次第に克服して、英仏両国からオランダ共和国として独立を承認され、同盟関係を結ぶに到った（一五九六年）。東インド会社がアジアに進出し、日本にも来航するようになるのはそんな頃のことだった。

それでも戦乱なしの国際関係を維持できなかったのがこの時代であり、スペイン、英国、フランス、プロイセン、オーストリアとの戦争突入、講和、被占領に領土奪還が数次にわたって繰り返された。南北ネーデルラントの宗教的対立も顕著になっており、アントワープが陥落した際には市民の四割ほど（プロテスタント系カルヴァン派）が、また、ヘント、ブリュッセルなど都市部のプロテスタント系市民が北部へと逃れた。

こうして南ネーデルラントからの移民（商人たち）が移り住んだ北ネーデルラントにアムステルダム、ハーグといった都市が形成されていった。一六四八年には長きに及んでいたハプスブルク家スペインともウェストファリア条約締結をもって和平が成り、スペインにもオランダ（北部のプロテスタント系）の独立を承認させることができた。

その一方で、南部のカトリック系の地域はハプスブルク家スペインの統治下に置かれ続けていた。その後一七一三年からはオーストリア領となり、十八世紀末にフランス革命が起こり、ナポレオンの軍勢に占領されてからはフランスに併合されるかたちになった。これにより南ネーデルラント域内においても、オランダ語圏とフランス語圏とが存在することになった。かつてネーデルラントとして一国の体を成していた低地一帯の国も、既に南北別の文化を有し、異なる歴史を歩んできた国となっていた。

フランス革命による影響は大きく、ナポレオン軍の侵攻を受けた北部のオランダ共和国も一七九五年には新体制に改められていた。身分制・貴族制から成っていた旧議会を廃して、新憲法を公布したバタヴィア共和国に体制が代わったのである。けれども程なく一八〇六年にはナポレオンの弟のルイを国王とする王制にされた。そして四年後には、オランダはフランスに合邦状態にされただけでなく、外国貿易も全廃される憂き目を見た。

そしてその数年後、ナポレオン戦争に敗れたフランス軍が撤退してゆくと、英国から帰国したウィレム六世を新指導者とする、南北のネーデルラントを統合した新体制の王国が樹立されるに到った（一八一四年のウィーン条約、同年新憲法も承認）。ところが、いわゆるベネルクス三国というかたちに移る流れになるのはこのあたりからだった。

ウィレム六世が低地諸国の体制を改めようとしたのは、ベルギーの主権およびドイツ連邦に属するルクセンブルク公国の主権をも手にしたからでもあった。この新国王は一八一五年にはブリュッセルで戴冠式を行ない、以後、ウィレム一世と称することになる。

英国で産業革命を目の当たりにしていたウィレム一世にしてみれば、貿易・商業と牧畜の北部（オランダ地域）と工業中心の南部（ベルギー地域）とを併合させて、破産状態にあった低地諸国を統合国家として建て直し、近代国家の水準に引き上げようという意図があった。事実、道路や運河の建設や鉄道の敷設、中央銀行の創設や株式会社制度導入、それに教育の普及などは、この新国王が推進させた事業だったという。

けれどもその統治は、ベルギーにおいては大きな不満が生ずるものとなった。かつて一五七九年に南部地域でアラス同盟が、北部でユトレヒト同盟が結成されて以来、異なる歴史を歩んできた二百年あまりの歳月が、考えていた以上に南北両地域の差を広げていたのである。

それぞれの主要産業が異なっていただけでなく、信仰にもオランダ地域はプロテスタント、ベルギー地域はカトリック……さらにはフランスに併合されていた南東部の地域では言語、文化もフランス語圏に属するなど、産業、文化や生活習慣などの面においても大きな差異が生じていた。よって低地のネーデルラントは、民意、地域的特徴を統合させて一国にまとめ上げることは難しくなっていた。

ベルギー地域の反発は、ウィレム一世の専制主義的な政治手法、オランダ重視の姿勢にも向けられた。オランダとベルギーの人口（一八一五年当時）が二百二十万対三百五十万と二対三を上回る差があったのに、下院議席は同数の五十五人ずつ、財政建て直しのための税負担はベルギー側にも課せられることになった。南部ではカトリック教会が教育機関となっていたが、新たに初等教育制度が敷かれることとされた。公用語をオランダ語のみとしたこともベルギー側の反発を招いた。

一八三〇年夏にはブリュッセルが暴動状態になり、これをオランダ軍が鎮圧しようとしたが逆に市民軍が撃退。ベルギー側からは遂にオランダからの分離が要求されて、一時全域でウィレム一世の軍と対峙する内乱状態になった。ベルギーの独立革命である。だが、分離独立派（一部はウィーン会議の決定を容認できないルクセンブルクからの義勇兵から成っていた）が国王軍を数日で撃退。秋にはベルギーの臨時政府によって独立が宣言された（憲法制定議会も召集された）。

この独立宣言は、ウィレム一世の意に反してロンドン会議でも認められ、さらには「新国家ベルギーを永世中立国とする」（二十四ヵ条条約）こととされた。但しこの決定には、欧州主要国の利害と勢力を均衡させる意図も込められており、ベルギーにしてみれば自主的に中立国になった訳ではなかった。翌三一年にはザクセン＝コーブルク＝ゴータ公が新国王・レオポルド一世として迎えられたが、ウィレム一世がベルギー王国の独立を受け入れるには、さらに八年を要した（一八三九年）。

その後、欧州大陸北西部の低地に位置するオランダとベルギー、そして独仏が領有を巡って対立した、ベルギーの東のはずれの小国・ルクセンブルクもロンドン会議（一八六七年）において独立、永世中立が認められた。かくしてこれら隣接する三つの地域は、別の国として歩むことになった。

けれども、これら低地諸国がお互いの大揺れの歴史を克服して、ひとつの国として成立していたら二十世紀のヨーロッパも異なる歴史を築いていたのではないだろうか。低地諸国の統一を望んだウィレム一世も専制君主的な方策にとらわれず、ベルギー併合をもう少し配慮あるやり方で取り組んでいたなら、自身が想い描いていたような英仏独とも比肩し得る、もうひとつのサミット参加国が存在していたのかもしれない。

ひとつになれなかったスカンディナヴィア

ヴァイキングの時代を経た後、キリスト教の布教などにより北欧のスカンディナヴィア半島を中心とする地域には、王制のスウェーデン、デンマーク、ノルウェーが成立していた。九世紀なかばに発見されて、ノルウェー人およびケルト人らの移住地になったアイスランドは（『アイスランド人の書』）、しばらくノルウェー王国の王権の下に置かれることになった。だがアイスランドでは王制が敷かれることなく「アルシング」という全島集会が司法、立法の場となったところが宗主国と違っていた。フィンランド地域は十二世紀以降にスウェーデンに占領されたが、バルト海の支配権は対岸のドイツ、ポーランド、ロシアなども巻き込んで、利害対立の対象になっていた。

スカンディナヴィア半島において、三国が勢力圏の拡大のための争いを繰り返していた十三、四世紀が過ぎようかという頃、極北の国々は死に到る流行性の疾病に見舞われていた。黒死病（ペスト）である。これにより各国とも大幅に人口が減少したことも大きかった。ペストによる人口の減少はノルウェーで約半数、北欧諸国全体で三分の一に及び、この種の感染疾病の流行は十六世紀まで繰り返されたという。

だがデンマーク王のヴァルデマー四世の娘・マルグレーテは、実子および甥らの姻戚関係から（摂政となって）デンマーク、ノルウェー、それにスウェーデンの実権を握ることができた。これにより十四世紀末には、三王国の同君連合「カルマル同盟」が結ばれた。以降、一五二三年のスウェーデンの分離までの約一世紀強の間、北欧において比較的平和な時代がもたらされた。

けれどもマルグレーテが没すると、懸案となっていたシュレスウィヒ併合、また、スウェーデン＝デンマーク（現在とは異なる領土）間の海峡通過税が問題として浮かんできた。ペストによる被害がもっとも深刻だったノルウェーは貴族層が四分の一程度まで減少し、独立の維持も難しくなった。また十五世紀中頃からは、スウェーデンがカルマル同盟からの独立を目指す、反デンマーク勢力との紛争も起こるようになった。

一四七〇年代以降、民族運動として同盟から離れる活動、それを武力で制圧する同盟側（デンマーク）という図式になったが、スウェーデン側の有力者多数がデンマークのクリスチャン二世に逮捕、処刑された「ストックホルムの血浴」（一五二〇年）を契機にグスタフ・

ヴァーサが本格的な独立戦争を起こすに到った。そして、一五二三年にスウェーデンはついに独立を果たして、カルマル同盟は崩壊。以降、スウェーデンはヴァーサの息子らのヴァーサ王朝によるプロテスタント化、ならびに産業の発展の時期にはいる。

スウェーデンの独立こそ成ったが、カルマル同盟の時期に弱体化が進んだノルウェーを一五三六年には属州として組み入れるなどデンマークの勢力は依然として強かった。ところがクリスチャン二世は、自国の貴族の反乱に直面してオランダへと亡命。その後のデンマーク国内は、王位の継承や宗派の対立（カトリックとプロテスタント）を巡って内戦状態になった。そこで後継者として王位に就いたクリスチャン三世が、カトリックに対する弾圧を行なった。

だが、一国としてデンマーク最大の権勢を示したのは、むしろ息子のフレデリック二世の方だった。スウェーデンのカルマル同盟への復帰をめざした「七年戦争」は長期化したのにもかかわらず所期の結果には到らなかったが、貿易、産業、学術は活発になり、航海術・洋上軍事力は英仏蘭といった十六〜十七世紀の洋上進出の新興国を凌いだ。具体的な事例が、先に挙げたグリーンランドの領土化であり、航海法を制定したことだった。

その繁栄を継いだクリスチャン四世も、今日に残るデンマークの重要建築物を造って人気を高めた。けれども、戦争や国際関係の先を見通す才覚には欠けていた。ドイツでの「三十年戦争」ではスウェーデンに敵対する立場をとってしまい、ユトランドを失う失態を演じてしまったのである。

スウェーデンのグスタフ二世は王制と軍備の強化に努め、最大領地となる「バルト帝国」に到る道筋をつけた名君とされるが、一六四三年からのデンマーク戦争において海軍力に劣るスウェーデン軍がデンマーク軍を屈服させることができたのは、優勢な陸軍力を活かしてデンマークの国力を疲弊させていたからだった。一六四五年のブロムセローの和議の結果、デンマークは東部の領土のほか、かなりの国土をスウェーデンに明け渡すことになった。ハプスブルク帝国との「三十年戦争」を終わらせるウェストファリア条約が結ばれたあたりで、スウェーデンはバルト海沿岸からラドガ湖とそのはるか北方まで、さらにスカンディナヴィア半島の大部分を領土とする「バルト帝国」となった（一六五八年、カール十世の治世）。すでにこの時点で北欧におけるデンマークとスウェーデンの勢力圏の大小は逆転していた。

だが結果的に、バルト帝国の大国としての時代も長く続くことはなかった。カール十世以降の三代の王が相次いで早世し、十八世紀早々の北方大戦役における敗戦など負け戦が続いたからである。一七二一年のニースタッドで結ばれた講和条約により、領有権を有していたエストニアやラップランド、カレリア地峡、フィンランド湾にかけての地域（第一次大戦後にフィンランドとして独立する地域）もロシア帝国に明け渡すことになった。

だがデンマークにもすでに、スウェーデンを巻き返すだけの国力は残されていなかった。デンマークは、スウェーデンがスカンディナヴィア半島において領土を拡大する過程で起こった戦争で敗退を繰り返し、挽回不能な状態に陥っていたのである。その一方で、一属州に過ぎなかったはずのノルウェーも独自に絶対王政を敷いて（一六八七年には「ノルウェー法」が制定）、デンマークと対等に近いところまで国力を回復させていた。

デンマークはさらに、ロシアのピョートル大帝と手を組んで戦った北方大戦役においても、国力・財政を逼迫させるほどの大損害を被った。そして、その後のデンマークを決定づける大きな存在になるのが、フランス革命のなかで現われたナポレオンだった。

一七八九年からのフランス革命は革命戦争を引き起こし、やがてナポレオン戦争として長期戦になる。北方大戦役での損失の大きさから大国の地位から脱落したスウェーデン、国力を消耗しきったデンマークとも、ようやく同盟関係を結んでヨーロッパ諸国に対して中立国としての権利を主張するようになった。スウェーデンの中立政策、非軍事外交への変更は、ナポレオンのかつての部下でフランス軍の将軍職からスウェーデンの国王に迎えられたカール・ヨハン（フランス人当時の名・ジャン・ベルナドッテ）が採った一大方針転換によるものだった。けれども中立宣言を認めるかどうかは、ナポレオン戦争における交戦国の都合次第だった。

英国は両国の中立を当初は認めていたが、敵対するフランスとデンマークとの交易までは認めることができず、コペンハーゲン要塞を攻撃し、またデンマーク艦隊も取り上げた。このことはデンマークでの反英の意識を高め、ナポレオン軍への参加に走らせることになった。ところが、というかやはりというか、このフランス側に組みしての参戦はデンマークに無理を強いるばかりで、国内経済も悪化すればスウェーデンとの仲も敵対関係に逆戻りと、意に反する途をたどってしまう。カール・ヨハン（カール十四世）のスウェーデンの国力の消耗を防ぐための中立政策は「どんな事態においても英国とは戦わない」ことを基本としていたからである。

精強さを維持していたスウェーデン軍は、ロシア、プロシア両軍とともに一八一三年のライピツィヒの戦いでナポレオン軍を撃破し、翌年のノルウェー軍との戦いにも勝利。この時期の戦いが、中立外交を選んだスウェーデンにとって、交戦状態になる戦争としては最後になった。

だがこの敗戦で脱落したデンマークは、翌一八一四年初頭に結んだ「キール条約」に従って、デンマーク領だったノルウェーをスウェーデンに譲り渡すことになった（但し、アイスランド、グリーンランドはデンマーク領のまま）。ノルウェーにおいて国家としての独立は長年の念願となっていたが、この時点ではまだ同君連合の相手がデンマークからスウェーデンに代わっただけだった。

ナポレオン戦争は北欧の国々をひどく疲弊させたが、十九世紀なかばは英国に端を発する産業革命が進んだ時代。北欧でも知識人らの間で、政治や文化の一体化を目指す「汎スカンディナヴィア運動」が持ち上がってきた。そんな一八四八年、フランスで二月革命が引き起こされて、これがヨーロッパ全土に波及。ドイツ系農民が多数居住したデンマーク領南ユトランドを巡ってデンマークとシュレスヴィヒ・ホルスタイン主義者との対立が深まり、武力闘争に突入した。

汎スカンディナヴィア運動そのものは感情面への訴えかけにとどまったが、シュレスヴィヒでの紛争はデンマーク人のナショナリズムを高めただけでなく、汎スカンディナヴィア運動に感化されたスウェーデン人、ノルウェー人らを義勇軍としてデンマーク軍に参加させることになった。この戦いは当初、デンマーク軍側がホルスタイン側を圧したが、プロイセン軍、ドイツ連邦からの義勇軍が加わって反撃を受けると、ユトランド半島北部まで押し返されるという流れになった。そこに援軍として招請されたスウェーデン軍（正規部隊）が到着するが、この軍勢は調停役を務めることになり休戦となった（第一次シュレスウィヒ戦争）。

けれどもこの休戦は長くは続かず、フランスを脅威と認識したオーストリアのプロイセンへの接近、プロイセンのドイツ連邦への参加などによりシュレスウィヒ、ホルスタインを巡るデンマークとの対立が再燃。前次戦争のときと同様、汎スカンディナヴィア運動が高まっていたこともあってデンマークはスウェーデンの介入を期待したが、ほかのヨーロッパ列強各国も「デンマークはプロイセン・オーストリア側の要求をのまざるを得なくなる」と見通していた。

結局、汎スカンディナヴィア運動は市民運動のレベルに過ぎず、スウェーデンからの再度の援軍も得られなかった。スウェーデンにしてみれば、ロシア軍による侵攻が懸念されていたからである。となると、デンマーク軍とプロイセン・オーストリア軍との兵力の差は如何ともし難く、南北シュレスウィヒを失ったところまで国境線を後退させられることになった（第二次シュレスウィヒ戦争・一八六四年）。

そしてドイツ連邦が列強・帝国主義国に名を連ねるようになるのに対して、デンマークは小国ならではの中立外交に傾注してゆくことになる。とはいえ、スウェーデンでは武装中立が採られたのに対して、デンマークの方は「弱い防衛力が中立にとっての安全……参戦は国を滅ぼす」という左翼政党の考えによるもので、それなりにニュアンスの違いがあったのではあるが。

以降デンマークでは、ユトランド半島の突端およびその周辺の島々という狭められた国土内での再建（産業の発展による人口の都市部集中、協同組合化による酪農畜産業の高度化）に努めることになった。一八七〇年代から一九一〇年代にかけて国民人口の相当割合が北米に移民として流出したが、これは北欧各国、諸外国にも共通した動きだった。

独立を希望しながらもキール条約でスウェーデン領に組み入れられたノルウェーはというと、保守主義に固執した国王のカール・ヨハンと相容れないところも多かった。それゆえ、フランスの七月革命（一八三〇年）をきっかけに主権国家としての自由化、念願の独立回復への歩みを強めることになった。

あの汎スカンディナヴィア運動はノルウェーでも高まりを見せていたが、知識人や理想主義者たちの運動はやはりなかなか実際の活動としては実を結ぶことがなく、独立回復の方が現実的だったのであろう。産業革命の波が及ぼした水産業（漁獲の機械化）、海運業（蒸気船導入など）の高度化、また化学工業など諸工業の発展が独立に向けてのノルウェーの国力増強を後押しした。

スウェーデンにしてみれば、ノルウェーの独立運動は座視できるものではなく、武力制圧の準備も進められたが、ノルウェーも要塞構築など軍備を強化するとともに、スウェーデンとの連合関係の終結の議会決議を国民投票にもかけた（一九〇五年）。反対票数は三十七万人あまりの投票者数のうちわずか二百票。汎スカンディナヴィア運動は、ノルウェーにおいてはおよそ絵餅に過ぎなかったのだろうか。これを受けて、スウェーデンとの辛抱を要する会談の結果、ノルウェーはようやく独立をかち取ることができた。

このように、カルマル同盟に汎スカンディナヴィア運動と、北欧の国々を一大国家としてまとめ上げる途が無い訳ではなかった。事実、スウェーデンの「バルト帝国」が領土としてロシアに次ぐ規模を誇ったこともあった。けれども長期に渡ったデンマークとスウェーデンの対立、独立を渇望し続けたノルウェー、スウェーデンとロシアとの間で揺れたフィンランドといった各国の歴史をみると、分立する北欧の国家群というのが、やはり自然の流れだったということになるのだろうか。

ロシア領として封じ込められた国々

航空交通の発達や自由化により本邦とヨーロッパとの距離感は、大阪万国博～筑波科学博（一九七〇～八〇年代後半）頃と比べても格段に縮まったのではないだろうか。しかしながら、二十一世紀を迎えた今日をもってもなかなか伝えられる機会がなかったのが、旧ソ連と旧西側諸国との間に挟まれている、いわゆる東欧諸国であり、ポーランド、バルト三国と言えるだろう。

ソ連の衛星諸国、また、ソビエト連邦内の一地域として過ごした期間も半世紀近くと長きに及んだこともあるが、そのようになる以前の主権国家として成立していた二十年足らずの時期の印象も薄かったからであろう。しかしながら、ポーランドおよびエストニア、ラトヴィア、リトアニアの三国こそ、高圧外交や武力侵攻で主権を踏みにじられる抑圧の経験が多く、それゆえ広く知られるべき歴史を歩んできたと言えるだろう。

ポーランドという国名の基になる言葉は「空き地、原野」また「平地」を表わす単語とも言われてきたが、海岸線がバルト海に面するごく一部に限られ、かつ大部分が平地で急峻なところがない陸続きの国土が地理的な特徴である。それゆえ古から周辺国の戦争に巻き込まれ、また他国にも武力侵攻を繰り返すという歴史を重ねており、このような戦乱にともなう国境線の変更などは、珍しいことではなかった。

中世においてこの国が大きな勢力を誇るようになるのは、国王ヤギェウォの治世のときに大公国・リトアニアがカトリックを拠りどころに合同した一三八六年からであろう。そして十五世紀末の国王がヴワディスエフ・ヤギェロンチクの時代には、チェコおよびハンガリーの王位もこの王に譲られて、その領土は、南北はバルト海から黒海、東西はアドリア海からモスクワ近傍にまで達する巨大国家になった。

そして十六世紀〜十八世紀のポーランド・リトアニアは、国民の約一割が貴族層（シュラフタ）に占められる身分制社会になっていたという。一割もの貴族というと、それを支える下位の階層の負担も軽くはなかろうと考えられるが（事実、シュラフタの農民に対する権限は非常に強かった模様）、シュラフタはどちらかというと農民にとって家長のような存在だったため、反乱などはほとんど起こらなかったようである。そしてこのシュラフタが選挙で国王を選出する「貴族の共和国」という独特の政治形態が形成されていた。

国力の低下が顕著になるのは十七世紀半ばからのポーランド・ロシア戦争およびスウェーデン軍の侵入（通称「大洪水」）の頃からで、中心部にまで及んだ戦火によって国土は大損害を受けて国民の約三割以上が命を落としたほどだった。これに対して周辺国では一七〇〇年からの北方大戦役を経てロシアとプロイセンが台頭して勢力を伸ばし、ハプスブルク家のオーストリアも勢力圏としてポーランドを狙うようになった。

これら周辺列強国は国王選挙への介入や軍隊の領内駐留などポーランド・リトアニアへの干渉や圧力を強め、ロシアにいたっては一七一七年に一万八千人規模の兵力でポーランドを包囲して、この国のいわゆる「無言議会」(「物言わぬ国会」とも記述される)にロシア軍の駐留、通過の自由を批准させた。もともと王位継承者を貴族が選出する体制だったため王権も強くなかったが、ここに至る約六十年あまりでポーランド政府はすっかり弱体化していた。

政府も軍隊も対外的に気が抜けるほど弱い印象を受けるが、この国では特定の軍組織(いわゆる常備軍)を有するかたちにはなっておらず、有事に際してはシュラフタの指揮で俄か武装を装備した市民が外敵を迎え撃つという防衛体制が採られていたという。例のスウェーデン軍が侵攻してきた「大洪水」で国民人口が三分の一近く減少するほどの大損害を被っても、このような防衛体制が採り続けられていた。

当然、こんな非武装中立に近い国防のあり方は、十七、八世紀にして時代遅れ極まりなかった。この頃のポーランドは、裏を返すと周辺国からは「武力侵攻すべき対象国」とすらみなされず、「欲しくなればいつでも手に入れられる領地」とでもみられたためか本格的な武力侵攻を受けることもなく、さらにもう半世紀ほど独立が維持された。

非武装中立で平和を維持しようというなら、列強国から「取るに足らない国」と見られても構わないという開き直りが必要という事例のようでもある。だが、周辺国もいつまでもポーランド・リトアニアをそのままにしておくほど甘くはなかった。一七七二年から三次にわたるポーランド分割を経て、解体されてしまうのである。

さすがに無政府状態に近い国政の継続はポーランド国内でも憂慮されるようになり、行政面での改革が着手された一七七二年、プロイセン（フリードリッヒ大王）の意を受けてロシアおよびオーストリアも加わり、二十一万平方キロ以上にも上るポーランドの領地を分割占領することにした。ポーランドが主権国家として眼を覚ましかけたときに事に当たったということだが、まだこれはほんの序の口に過ぎなかった。

続いて、オーストリアに宣戦布告して革命戦争を引き起こした（一七九二年）フランスに対抗する都合上、その翌年の初頭にはロシアとプロイセンが二次分割を行なったのである。ポーランドがロシアの保護を受ける立場になっていたとはいえ、あまりにもたやすく領土が「お持ち帰り」される様には、ジャコバン派やタデウシ・コシチューシコらが反対して武装蜂起を引き起こした。

非戦に浸りきっていたポーランドでは、武器と呼べるようなものなどとても準備できず、焼き入れを施した鎌を兵器として使用した。だが、鎌を図案化したエンブレムはその後の戦いにおいてもポーランド人部隊に用いられるなど「鎌は自由を求めるための戦いの象徴」となってゆく。また、この戦いを指揮したコシチューシコというと、アメリカ合衆国国内では、米独立戦争を支援したポーランド人として忘れられない人物とされている。

だがコシチューシコ自身は、多数派の農民層の政治への無関心さが招いた事態と憂えた。そしてこの武装蜂起に対して、革命戦争を起こしたフランスからの支援が得られることを期待したが、フランスにもとてもそのような余裕などなく、ポーランド人の武力による反対運動もロシア軍に鎮圧された。そしてこのような武力蜂起を再発しかねないポーランドの国体の存在は許し難いものと断じられ、一七九五年十月の第三次分割をもってポーランドという

分割前のポーランド国境線
ロシア領へ
ポーランド領土
ロシア

1772年の第一次分割

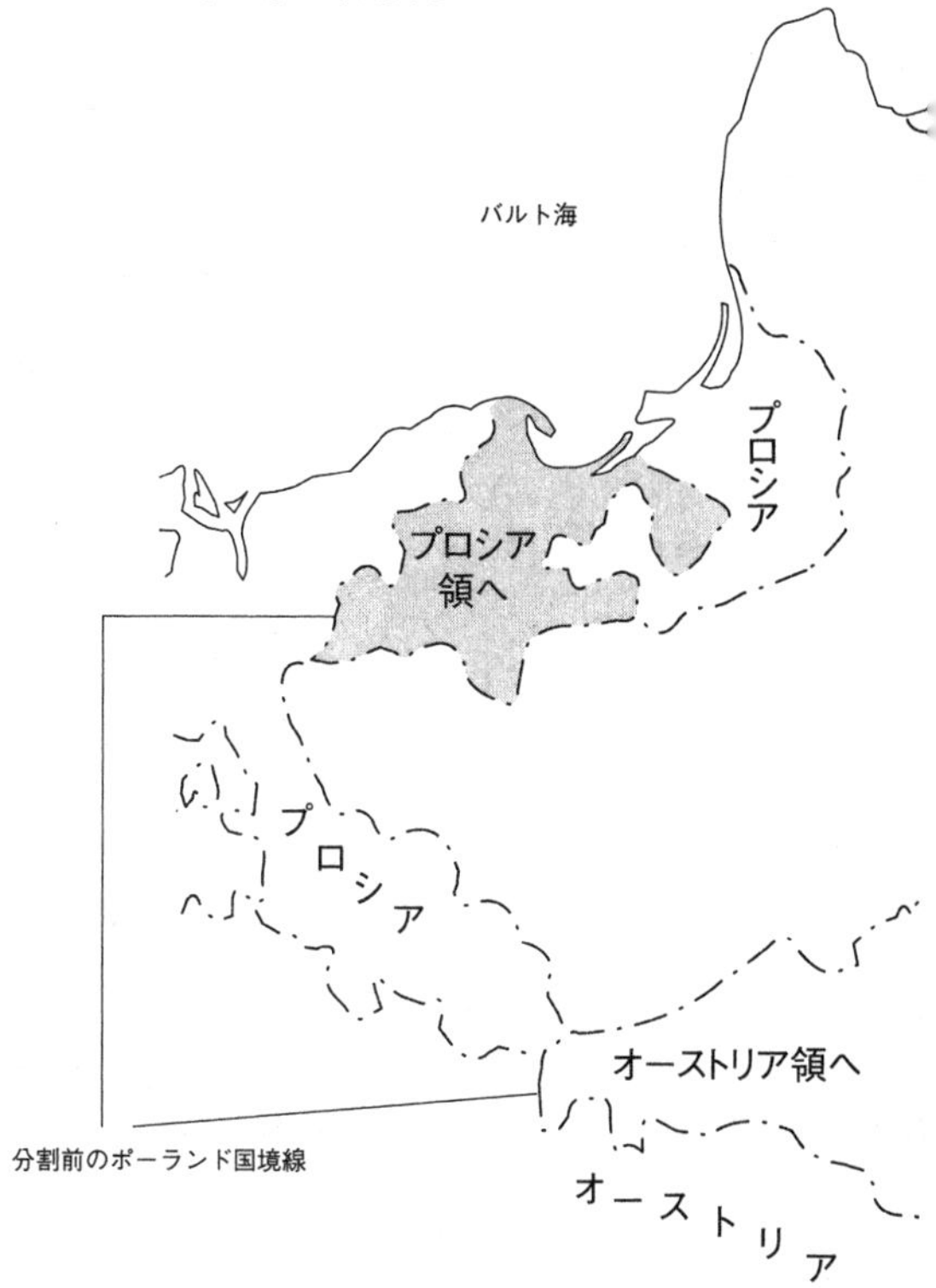

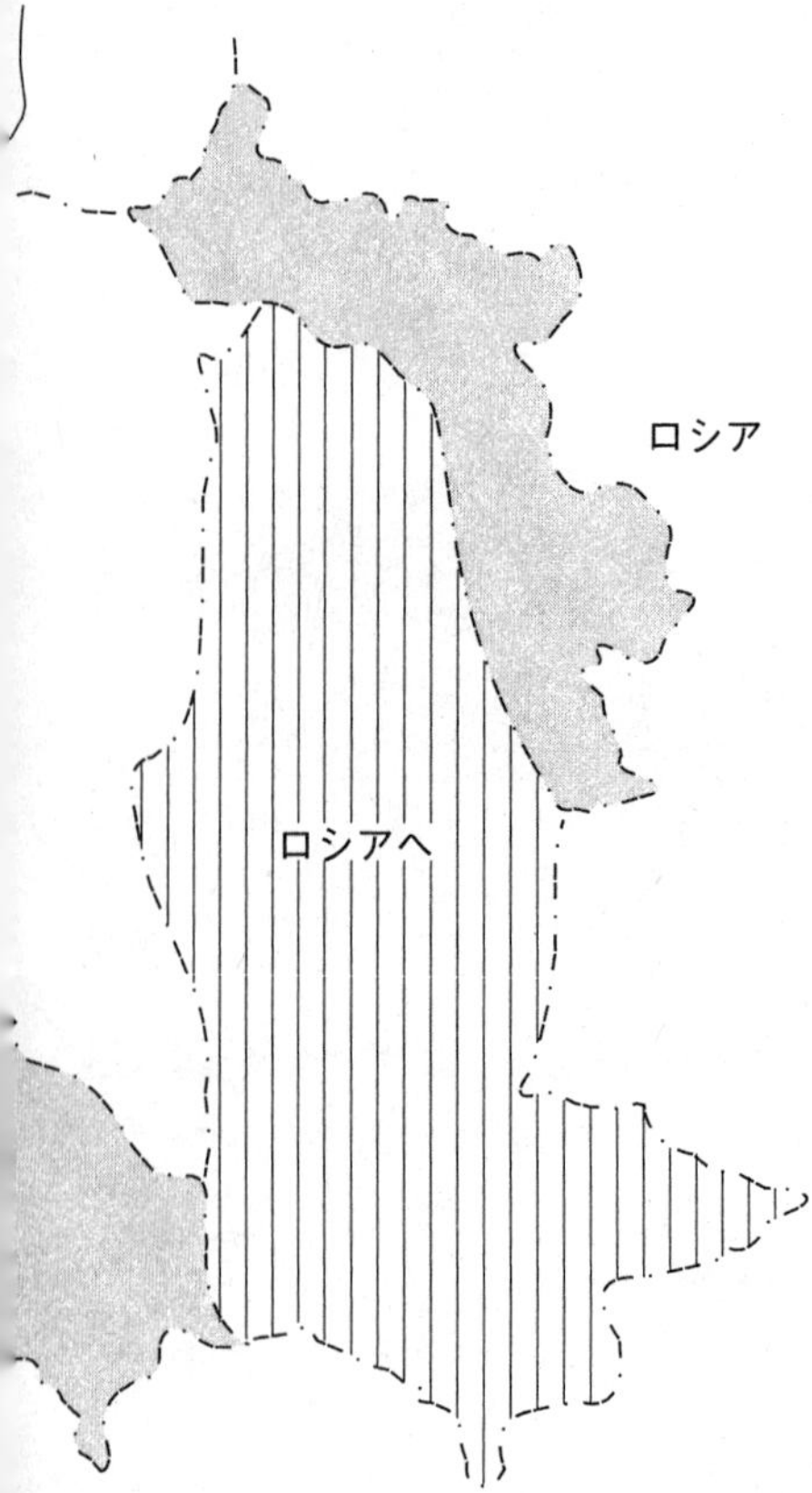

第二次分割を行なったのはロシア・プロシアのみ

1793年の第二次分割

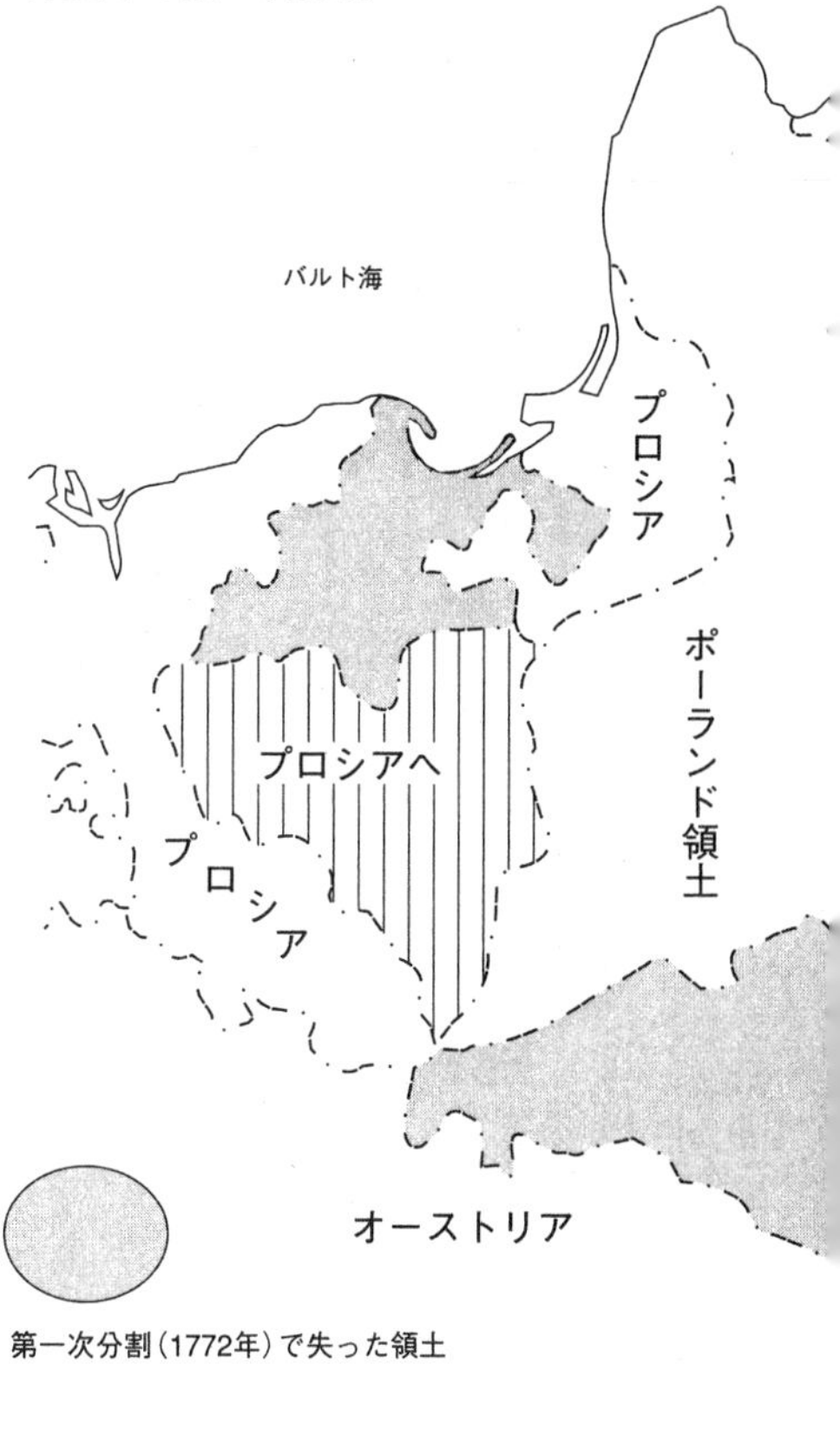

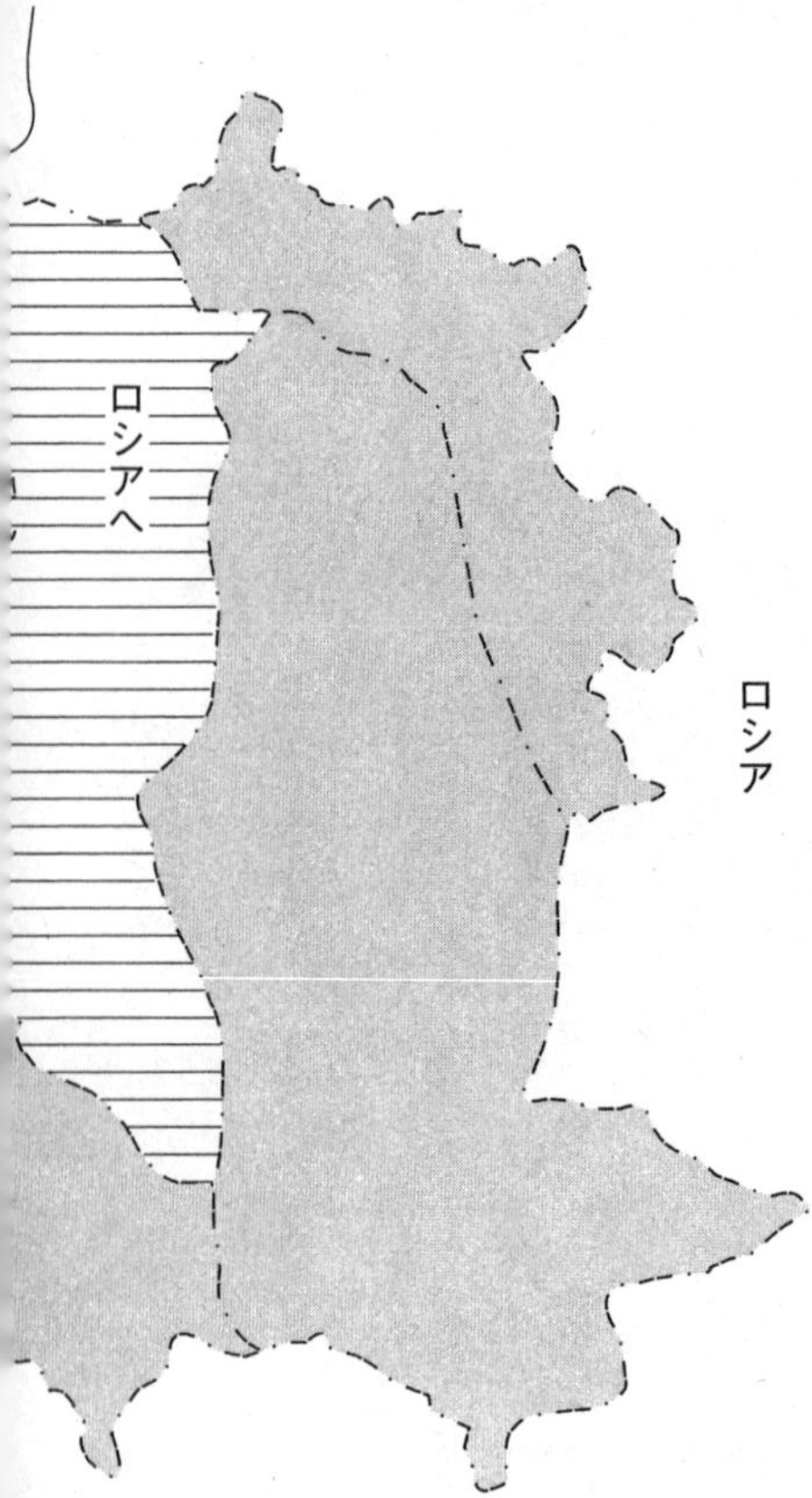
ロシアへ
ロシア

1795年の第三次分割で
消滅したポーランド

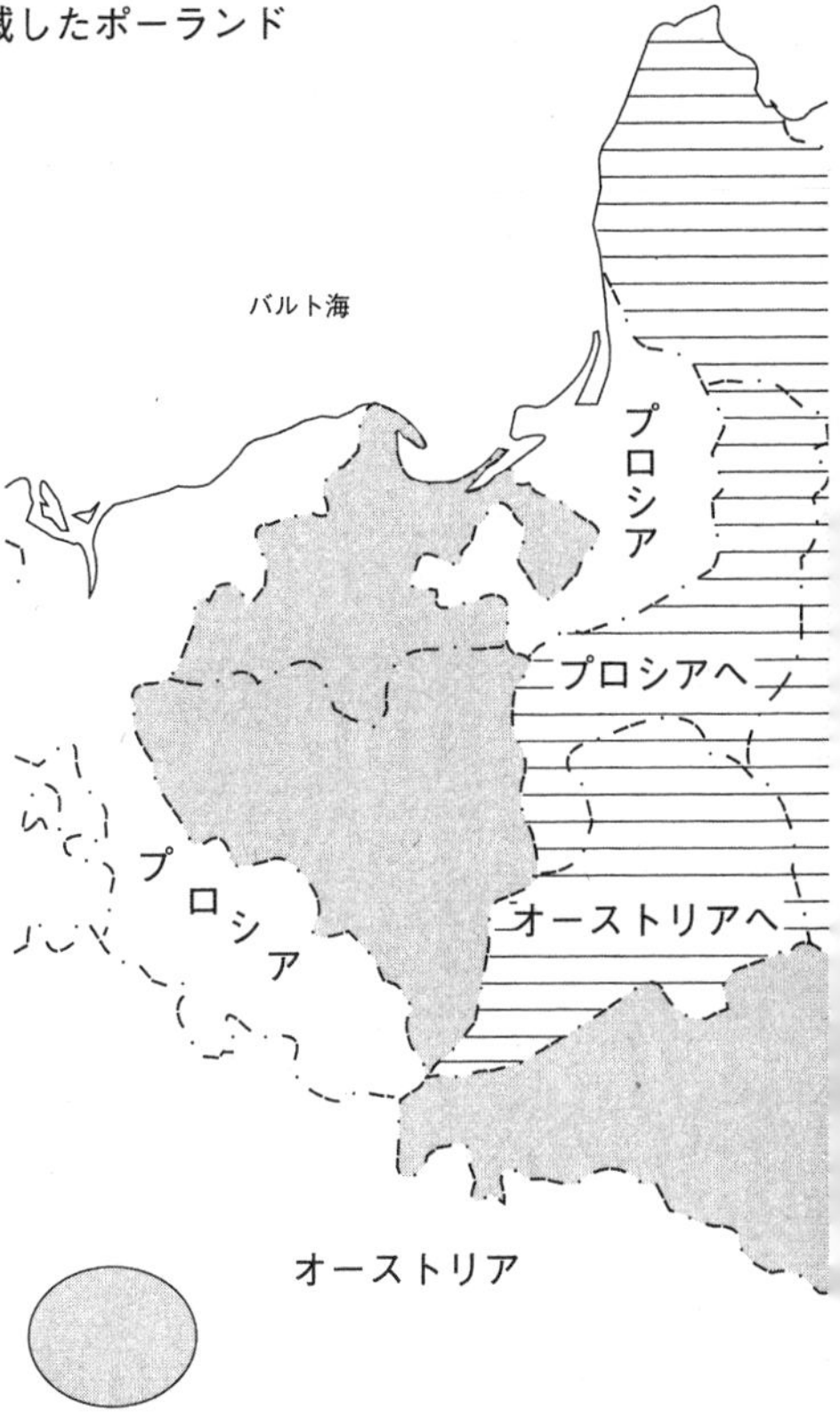

アミかけ部は既に失っていた旧領土

国家は消滅させられた。

ポーランドとの合邦状態が続いたリトアニアも三次の分割を経てロシア領に組み入れられたが、エストニア、ラトヴィアは十七世紀初めまでドイツ系、スウェーデン、ロシアの間で揺れてきた。今日「バルト三国」としてくくられることが多い国々だが、カトリックのリトアニアに対して、エストニア、ラトヴィアはともにルター派のプロテスタント国（ただし公用語は別言語）で、異なる歴史を歩んできた別個の国々。

エストニアにいたっては伝染病の流行によって十七世紀半ばに人口をわずか六、七万人まで減少させたこともあった。またエストニア、ラトヴィアにとっては、スウェーデン－ポーランド戦争後のスウェーデンに統治された期間が平安な時代とされるが、北方大戦役に巻込まれた際も人口が大幅に減少し、この戦争の後、両国の統治権はロシアに移された（一七二一年）。リトアニアもロシア領に移された時点ではポーランドとかなり同化していたものの、独自の民族意識を取り戻しはじめたのは皮肉なことにロシア化政策が敷かれてからだった。

けれどもエストニア、ラトヴィア（ロシア流にいうとエストラント県、リーフラント県、クールラント県）を実際に統治したのはロシア人ではなくドイツ人領主（バルト・ドイツ人）だったことが、バルト海沿岸のこれらの地域に民族意識を芽生えさせることになる。バルト・ドイツ人はロシアにおいては少数民族に類したが、アレクサンドル二世の治世までのロシア政府が特権階級として認めてきた民族エリート。エストニアには彼らのための高等教育機関であるドルパット大学（現・タルト大学）も設置されていた。

エストニア、ラトヴィアの民族は被支配者層としての地位は低かったが、バルト・ドイツ人によってドイツ流の教育が行なわれたため、教育水準や文化の程度はかなり高められたという。それゆえ十九世紀中には、ロシア帝国に包含された地域にあっては、民族意識や信仰、それに独自の言語感覚を継承することができたということである。

トルコの支配からかち得た自由

中世ヨーロッパが、国家間の対立や領土紛争、また、信仰する宗派の違いによる抗争に明け暮れていたことは様々なところで述べられてきたが、イスラム圏のオスマン・トルコ帝国は十四世紀中頃からヨーロッパ南東のバルカン地方の占領に乗り出した。この時代のヨーロッパはキリスト教圏ではあったが、諸宗派が分立する状態だった。そこでオスマン・トルコは一三六〇年代のブルガリア侵攻、一三八〇年代末のコソヴォでの戦いの結果を受けてのセルビア征服と次第に西方に占領地を拡大し、バルカン地方一帯はオスマン帝国の勢力圏下に組み込まれていった。

被占領地の国情にも拠るが、初期段階では「属国」扱い、その後徐々にオスマン帝国のやり方を染み込ませて直接占領にもち込むという巧みなやり方が採られた（ブルガリアなどは初めから直接占領）。よく練られた支配の手順だったが、それを許したのは、キリスト教圏ではユダヤ教徒が迫害され、カトリックと清教徒が反発するなど、分裂状態だったからでもあった。

なかにはカトリックへの合同ならばオスマンによる占領を望む反対宗派まであったという

が、オスマン軍の領土拡大は基本的には武力による侵攻だった。その名残が今日でもルーマニアなどに残されている、地域の共同社会を護るために建造された「要塞教会」だという。そして、十六世紀なかばが近づくスレイマン一世の治世の頃にヨーロッパでのオスマン帝国領は最大勢力範囲に達する。

だが十六世紀末から十七世紀にかけてオスマン帝国はイランやオーストリアとの戦いを繰り返すようになり、戦費の拡大や官僚の腐敗によって財政状態はかなり悪化。そのため、占領地の農民への負担は増強された。けれども、暴徒化した被支配者層らの反乱はバルカン地方では発生することもなく、支配の形態を再編しながら十七〜十八世紀も継続されることになった。

顕著な変革が起こるのは、キリスト教徒の商工業者が財力を蓄え、ヨーロッパの他地域やロシアなどとの、域外貿易の権限を握ってからのことだった。オスマン支配地域外のキリスト教圏では反イスラム、反ユダヤの色合いが濃く、力をつけた商人たちを通じて反オスマン主義が広まる時期とオスマン帝国が軍事的に衰退する時期、それにロシア帝国の対外拡大期とが重なるからでもあった。

オーストリアなど周辺キリスト教国が、オスマン帝国領をキリスト教圏に復帰させようとする戦いは十六世紀末頃から起こっていたが、概してオスマン占領地内にいるキリスト教徒の解放への期待は周辺国頼み。それでも十七世紀の後半からはオスマン・トルコ軍と周辺国との戦闘状態が激化して、交戦の対象もポーランド、ロシア、オーストリアと拡大。一六八三年からはオーストリアとの全面戦争にはいった。

これは、ハプスブルク帝国の支配に反抗したハンガリーがオスマン軍に支援を求めたことからオーストリアとの戦争が激化したものだが、この戦争ではフランスがオスマン側に援助する一方、ポーランド、ロシア、ローマ教皇軍がオーストリア軍と連合。戦いは十七世紀末まで続いて、講和を決めたカレロヴィッツ条約により、オスマン帝国はトランシルヴァニア、クロアチア、スロヴェニア、ハンガリーの大部分をオーストリアに譲渡することとなった。また、ポーランドには南ウクライナ、ロシアにはアゾフ地方を引き渡したが、この大敗はオスマン・トルコ帝国のヨーロッパ支配の終わりの始まりとなった。

もっとも、ここから急速に弱体化したわけではなく、オスマン帝国も十八世紀前半にはアゾフ地方やペロポネソスを奪還するなど、いったん明け渡した地域も積極的に回復した。ヨーロッパの域内の各国が戦闘状態になったこともオスマン帝国が小康を得る要因になったが、後半になるとオスマン帝国にとってはロシア帝国がさらなる敵対勢力となった。エカテリーナが新皇帝に即位すると、ロシア軍の南下が活発化したからだった。

ロシアの強大化はオーストリア帝国やフランスにとっても望ましいことではなく、西隣のポーランドにとっては脅威となった。このような国際関係に巻き込まれるかたちになってロシア軍もトルコ領内に侵入。一七六八年からの第一次露土戦争を皮切りに、以降、数次に渡って露土戦争が引き起こされた。だが弱体化が進みつつあったオスマン帝国は戦いのたびにロシア側に有利な条約を結ばされ、この種の戦いはオスマン領内におけるキリスト教徒の権利拡大につながった。

この直後からナポレオンが率いたフランス、ロシア、オーストリア、それに英国との力関

ヨーロッパから撤退しはじめる
オスマントルコ

ハンガリー
オーストリア帝国へ割譲
ロシア帝国へ
割譲
1815年現在の
オスマントルコ帝国

係の中で、オスマン・トルコも難しい立場に置かれ、その領土や権限も失われていったが、ほぼ同時期の十八世紀末から十九世紀初頭にかけて、バルカン地域の諸民族のナショナリズムが萌芽していった。商業の発達により商人、貿易商が財力を付けるとともに、キリスト教圏の諸地域と交流することによって反イスラム色を強めていたからだった。

オスマン帝国の支配が弱まる一方、ロシア帝国の権益が拡大していったことも大きかった。近世になるとこの傾向は、伝統的に洋上交通に携わり、オスマン帝国支配下でもイタリア半島やフランス、英国との貿易に勤しんでいたギリシアにおいて強くなった。ナポレオン戦争の時期にはギリシアだけでなくセルヴィア、ブルガリアなども諸外国との交流の担い手になった。これにより、オスマン帝国の支配下で沈滞していたバルカン地域の諸工業や学芸を短期間で活発化させていった。

時代の流れからみて当然でもあるが、フランス革命による封建的政策の打破、公共政策重視（道路や公共施設の建設、教育制度の充実）という文化面での発達も大きかった。特に言語辞典の編纂や民族教育の充実、新聞の発行は、バルカン半島地域の民族意識を大いに高めることになった。さらにまた、ナポレオン戦争に徴兵されたこの地域の諸民族が外地に眼を向け、同時に軍隊生活のなかで先進的な技術を身に付けたことも旧勢力に抵抗する力の素地となっていった。

最初期のセルヴィア蜂起（一八〇四年〜）はオスマン軍に鎮圧されたが、バルカン地域に対する影響力はオスマン帝国よりもロシア帝国の方が大きくなっていた。一八一五年の再蜂起は鎮められることなく、セルヴィアの自治権獲得の出発点となり、一八三〇年にはセルヴィア自治公国が成立した。

けれども完全独立となると、一八二一年に独立戦争を引き起こし、三〇年に独立を果たしたギリシア王国の方が先だった。ギリシアが貿易の担い手だったからか、いわゆる先進諸国の利害が関係して関心も集まったが、独立戦争においても干渉を受けざるを得なかった。だが産業構造からみて最大多数派の農民層が独立戦争の際も、またその後の新国家体制構築に際しても「蚊帳の外」に置かれたままにされてしまったことがこの地域の諸国の独立の特殊性だった。

やがてモンテネグロ、ルーマニア、ブルガリアと相次いでオスマン帝国からの解放と独立を達成するが、独立の承認はいわゆる先進国によってなされ（ロンドン議定書、サン・ステファノ条約、ベルリン条約など）、その利害によっていじくられもした。もとより一八六〇～七〇年代はドイツ、イタリアが統一国家となり、ハプスブルク家に反抗したハンガリーを鎮めてオーストリア・ハンガリー帝国という二重帝国が成立（一八六七年）したヨーロッパの変革期でもあった。

十九世紀は、一方では産業革命の波が社会に変革を及ぼし、もう一方では国家体制や政治形態が改められる難しい時代でもあった。そうなると、長年、異なる宗教の帝国に押さえつけられてやっと独立を果たしたバルカン地方の新国家群は、列強国と同じ外交舞台に置かれては不利になる。ロンドン議定書におけるロシアの要求をトルコが拒否したことにより、再度の露土戦争（一八七七年）が起こった。戦いはロシア軍がコンスタンティノブールに迫るなどロシアの圧勝だったが、この戦争の講和条件を決めたサン・ステファノ条約ではブルガリアが広大な領土をもって独立が認められ、ロシアのバルカン地域への影響力拡大を認めることとした。

ところが、サン・ステファノ条約の内容を認めない国が、ヨーロッパにはオーストリア・ハンガリーや英国など少なからずあった。その結果、自称「正直な仲買人」ことオットー・フォン・ビスマルクの呼びかけで関係各国による七ヵ国会議が開催されて、ベルリン条約が結ばれることになった。この条約では、ブルガリアの領土が大幅に縮小され、オーストリア・ハンガリー帝国によるボスニア・ヘルツェゴヴィナの占領が定められていた。

ベルリン条約では、露土戦争に勝利したロシアの野心を砕かんと戦勝国としての権益もすっぽかされたが、つまるところバルカン諸国の将来よりも、ヨーロッパの列強国の思惑の調整に重きが置かれていた。とりわけバルカン諸国にとって失望させられたことは、マケドニアをトルコに返還と定められたことで、これにより同地を巡ってバルカン諸国（ブルガリア、セルヴィア、ギリシア）の対立関係が形成されることになった。

バルカン半島を「ヨーロッパの火薬庫」と呼ぶ言い回しは本邦の中学、高校の社会科（世界史）教科書でも用いられてきた。オスマン帝国からの独立を目指していた各国が難しい関係に陥ったのには様々な要因があったが（民族主義の高揚や産業の後進性、人口過剰、近代化の遅れ……など）、その端緒になったのはプロシアの宰相が音頭をとった国際会議、そしてそのベースにあったのは欧州先進国のバルカン各国（特にそこに居住するひとたち）に対する無関心だった。

バルカン危機

紛争の火種とされたマケドニアは、いわゆる中欧からエーゲ海に抜ける交通の要衝であり、また、農業にも適した肥沃な土地でもあったため、ギリシア、ブルガリア、セルヴィアの各国はそれぞれの立場（宗教、言語など）からマケドニアの領有権を主張するようになった。概してバルカン半島の各国は、農業人口過剰と耕地不足の問題に悩まされており、前近代的な農業の問題を抱えていた。問題を複雑化させたのは、マケドニアの民族構成が多様だったためほかのバルカン諸国にみられたようなナショナリズムが育っていなかったことだった。

それゆえベルリン条約では地理的条件やバルカン諸国の主張が軽視されてしまい「マケドニアはオスマン・トルコ帝国に返還」という裁定がなされた。マケドニアもオスマン帝国からいったん解放されたのに、その後を決めるかどうかのはなしもまとまらないままオスマン・トルコと戦闘状態になったり、マケドニア領内でテロ活動が引き起こされたりと、紛争状態を深刻化させながら時が進み、時代は二十世紀に突入した。

ブルガリア系マケドニア人の革命グループ（IMRO＝国内マケドニア革命組織の略）が革命評議会を設置した一九〇三年、トルコ軍もこれを鎮圧せんと二百ヵ所以上もの村を無差別に焼き討ちにした。そうなると、バルカン諸国への関心が薄かった大国も介入せざるを得なくなった。

大きな転機となったのは、一九〇八年夏場に起こった「青年トルコ党革命」という、民主主義憲法への改正と中央集権化による近代化を目指したトルコ国内の政変だった。これにより、オーストリア・ハンガリー帝国はボスニア・ヘルツェゴヴィナの併合を実施。前述のと

ロシア
南ベッサラビア
ドブルジア
ルーマニア
黒海
ブルガリア
東ルーメリア
マケドニア
オスマントルコ帝国

サンステファノ条約をくつ返させた ベルリン条約（1878年）

サンステファノ条約では「ブルガリア＋マケドニア＋東ルーメリア地域」を「大ブルガリア」としていたが、ベルリン条約ではオスマントルコからの領土割譲は ## 部の箇所にとどめられた

おりオーストリア・ハンガリーはベルリン条約において、この地域を行政管理する権利が認められていたものの、実際に履行することには消極的だった。また、ブルガリアを完全独立させることとした。

これに反発したのがセルヴィアとロシアだったが、オーストリア・ハンガリーを支持したドイツは、翌春、強制に近いかたちで両国にオーストリア・ハンガリーのバルカン進出を納得させた。このあたりから、第一次世界大戦の交戦国の枠組みが定まる伏線となってくるが、本心のところでは納得しきれないロシア帝国も「バルカン同盟」を作り上げるための下準備に取り掛かる。

トルコの政変による中央集権化にはバルカン諸国も反発したが、一九一一年秋に始まったトルコ・イタリア戦争でトルコの弱体化は明白になり、共通して対抗すべきはオーストリア・ハンガリー帝国と認識された。バルカン諸国間における利害対立は相変わらずだったが、そのように仕向けたのがロシアによる裏工作（ロシア大使による働きかけ）。一九一二年秋までにはセルヴィア、ブルガリア、ギリシア、モンテネグロが同盟関係を結び（バルカン・ブロック、もしくはバルカン同盟）対トルコ戦争の準備を進めた。

バルカン諸国による戦争は、トルコをバルカン半島から全面的に撤退させる第一次バルカン戦争と、新領土の帰属を巡る同盟国間での戦いである第二次バルカン戦争となるが、この間、ギリシアの北、マケドニアの西に面する地域でアルヴァニアが独立を宣言。オーストリア・ハンガリーとイタリアは、アルヴァニアに対するセルヴィアとモンテネグロの脅威を外交で排除した。

けれども、トルコとの戦いに戦勝したバルカン諸国の領土獲得欲が高まってくるのはこのあたりからだった。一九一三年六月には、ブルガリアとの領土交渉が不調に終わり交戦状態になったら、相互に援助しあう一種の軍事同盟がセルヴィア＝ギリシア間で締結された。

領土要求にはルーマニアも加わって、ブルガリアに対してドナウ川が黒海に注ぎ込む南ドブルジアを要求。ブルガリアもマケドニア全域をバルカン諸国に対して要求と、各国の利害対立が深まって戦闘突入は避けられなくなり、第二次バルカン戦争が引き起こされた（一九一三年六月二十九日～七月末）。

この戦いが一ヵ月ほどで終わったのは、ブルガリアが周辺国をすべて敵に回したからだったが、バルカン半島から追い出されたトルコ、周辺各国に痛めつけられたブルガリアともども禍根を残さないわけがなかった。さらにまた、ルーマニアも加わったバルカン諸国の領土要求の主張は、各国の対立を一層強めることにもなった。

オスマン・トルコ軍の弱体化によって「漁夫の利を得る」かのようにボスニア・ヘルツェゴヴィナの支配を五年前に実行していたオーストリア・ハンガリー帝国へのセルヴィアの敵対心も、ロシアの手引きでさらに強められていた。こうして「ヨーロッパの火薬庫」のきな臭い雰囲気は次第に高められ、運命の一九一四年夏を迎えるのだった。

第一次世界大戦までの半世紀

十九世紀後半から二十世紀初頭にかけてのヨーロッパは、国際政治、産業、市民生活とも大きく変化しつつある時期だった。だが一方では、旧勢力が変革を望まず旧来のあり方に固執しようとした時期でもあった。

これより以前にハプスブルク家支配からの独立を望んでいたハンガリーは、フランスで二月革命（一八四八年）が起こると初の独立内閣を成立させたが独立戦争で勝利することができず、オーストリア（普墺戦争でプロシアに敗れてドイツから切り離された）とのアウスグライヒ（和協）で二重帝国＝オーストリア・ハンガリー帝国となった。だがこの不自然な二重帝国には、容易ならざる民族問題が内在していた。旧来の姻戚関係で和平を保ってきた帝政の形態にしても、国際関係が外交交渉によって左右されるようになる近代～現代の流れには、ついてゆけるようには見えなかった。

国内では農奴制と専制政治により自由主義を封じ込め、対外的にはハプスブルク帝国に反抗するなど内外に厳しい態度で接したニコライ一世のロシア帝国も、十八世紀前半はヨーロッパ各国にとって脅威となった。けれどもオスマン・トルコの弱体化に乗じて南下を企図した戦い（クリミア戦争・一八五三～五六年）で英仏連合軍に敗れるとロシア帝国、ロシア軍の近代化の遅れが露見した。

さらにまたニコライ二世の治世においては東方進出をもくろんで、明けて一九〇四年に極東の新興国・大日本帝国との日露戦争に突入したが、この戦いでも日本海海戦や旅順の攻防戦で惨敗を喫するなどして敗戦に終わる。ロシア帝国の威厳が地に落ちたどころか、旧体制のゆきづまり、ひずみが内外に明らかになり、早晩の革命による体制交代は避けられなくなりつつあった。

このような内政面で非常に厳しい君主制を敷いたロシア帝国の弱体化は、十八世紀後半に実施されたポーランド分割によってロシア連邦領に組み入れられていたポーランドやリトアニア、エストニア、ラトヴィアといったバルト三国、それに十九世紀初頭のナポレオン戦争などのあおりでスウェーデンから割譲されたフィンランドにおける分離独立を求める意識、機運を高めざるを得なかった。だが、それでもオーストリア・ハンガリーに対しては「セルヴィアの守護者」の態度を崩さないのがロシア帝国だった。

普墺戦争および普仏戦争で勝利したプロシアの宰相・ビスマルクが国家としての統一を願ってきたドイツ帝国（一八七一年に統一）も上り坂にある新興国だったが、一八八二年にオーストリア・ハンガリーおよびイタリアと三国同盟を締結。これに対して、英露協商、英仏協商、露仏同盟が一九〇七年に三国協商へと発展（英国は一九〇二年に日英同盟も結んでいた）。ボスニア・ヘルツェゴヴィナを支配するオーストリア・ハンガリーに対して反抗心を抱くセルヴィアと、そのセルヴィアの背後に立つロシア、そしてオーストリア・ハンガリーと同盟を結ぶドイツ、ロシアと同盟関係にある英仏との間が対立関係になるのが当時の成り行きだった。

いわゆる列強国は陣営を分けて帝国主義的発想による対立を深めるばかりで、大戦争への流れを止めようとする動きはなかったのか。つまるところ消耗戦や全面戦争の経験も薄れていれば、本格的な近代戦も経験したことがなかったため、大規模近代戦への見通しも甘かったうえ、泥沼化によって長期化した戦争が国際社会に及ぼす影響への予見にも欠けていたのである。

この大戦がはじまる前、五十年以内に行なわれた列強国による大きな戦争というと（一世紀も前だと産業革命以前なので様相がかなり異なる）、旧勢力の列強・フランスと新興列強のプロシアの戦いになった普仏戦争（一八七〇年）で九ヵ月。日露戦争（一九〇四〜〇五年）で十九ヵ月。日露戦争が一年以上に及んだのは、それぞれの国内が戦場になった訳ではなかったからともみられる。

時代の流れからすると交通が発達して兵員の移動も格段に高速化し、武器類も強力になった。それゆえ「戦争は早く決着する」という楽観論が多くなったのだという。（有名な楽観論にライト兄弟の「飛行機械は戦争の勝敗を左右させるので、これが普及したら戦争は起こらなくなる」というものがあった。「飛行機械」を核兵器に置き換えるかどうかというのが二十一世紀はじめの国際社会ということなのかどうか……）

このような大甘な認識や誤解に基づく大戦争への見通しもあったが（戦争突入をビジネスチャンスと捉える実業家も少なくなかったという）、来る大戦争に向けて国家間の対立の枠組みが約半世紀の間に形成されていった。だが問題点は、三国同盟の側に内在していた。それは、チロル、トリエステといった「未回収のイタリア」を巡るイタリアとオーストリアの間の領土問題である。このことの影響が及ぶのはもう少し後のことだが、オーストリア・ハンガリーの支配を受けていたサラエボで事が起きつつあった。

第２章　史上初の世界大戦

最初に火の手が上がった低地国ベルギー

軍のボスニアでの演習を観閲するためサラエボを訪れたフランツ・フェルディナント・オーストリア皇太子夫妻は六月二十八日、歓迎を受けながら市内をオープンカーで進んでいた。だが時期的にも地理的にも、これは危険極まりないことだった。サラエボには「反オーストリア・サラエボ解放」を掲げる運動家集団「青年ボスニア」が潜伏。皇太子夫妻のパレード・コースで銃撃の機会をうかがっていたが、そのうちのひとり、ガブリエル・プリンツィプという二十歳前の若者が夫妻に発砲して、暗殺してしまった。

青年ボスニアは隣国セルヴィアの秘密結社「黒手組」から支援を受けていたとされるが、オーストリア・ハンガリーではこの皇太子暗殺事件を、南スラブ民族のナショナリズムを軍事的に制圧する機会と考えた。ところがセルヴィア相手に軍隊を動かすとなると、あのセルヴィアの守護者ことロシア帝国も念頭に置かなければならない。七月五日には同盟関係にあるドイツ帝国から同調の確約も得られた。

二十三日には皇太子夫妻暗殺事件の裁判進行の条件についての承諾、反オーストリア活動の禁止などを求めた最後通牒をセルヴィアに送った。回答期限は四十八時間だったが「わずかでも呑めないところがあれば宣戦布告やむなし」というもの。よって二十八日にオーストリアは対セルヴィア宣戦布告となった。その翌日にはロシアで総動員令が発せられて八月一日に対独宣戦が布告された。

ドイツも同じ日に対露宣戦布告したが、戦端は東側のロシアに対してではなく、国境の西側の国々に対して開かれた。隊伍の目指すところは、ロシアと三国協商を結んでいるフランスだった。戦争状態になれば敵対関係になると認識されていたとはいえ、矛先を向けられる欧州大陸西部の国々にしてみれば意外な展開であろう。

こうして早い時期にドイツおよびオーストリア・ハンガリー帝国の同盟国側（資料によっては「中央同盟」と記述される）と英仏露の連合国側（異名・協商側）という陣営の分化が明確になる。なお、日英同盟を結んでいた大日本帝国も八月二十三日に対独宣戦布告して、連合国側の一員に加わることになる。この時点では三国同盟の関係を結んでいたイタリアはまだ、参戦の意思を表明していない。

だがドイツにとってフランスは普仏戦争（一八七〇年七月～七一年初頭）以来、アルザス・ロレーヌを巡って難しい関係にあり、そのフランスと同盟関係の大英帝国も新旧帝国主義国ということで勢力圏争いの対象になっていた。したがってドイツ側では「いずれ突入する仏露との二正面戦争」とみなされていたのか、一九〇五年までに参謀総長の職にあったアルフレート・フォン・シュリーフェン伯爵が作戦計画を立案していた。

「シュリーフェン計画」とも言われるこの作戦計画は、道路や交通網が整っていないロシアでは兵力の配備に時間を要することを前提とし、わずかな戦力をロシア側に残し、先に大部分の戦力をもって南側の低地国領内を突破して、電撃的に北フランスに侵攻。パリを陥落させた後にロシア側の国境を突破するという大胆な作戦だった。それから十年近く経っていたが、シュリーフェン計画をいじくった侵攻作戦を、ヘルムート・フォン・モルトケ参謀長がロシアによる宣戦布告の翌日に実施させたのである。

中立宣言していた低地国の立場を無視していた点ではシュリーフェン計画の頃も同様だったが、少なくともシュリーフェン参謀総長は低地諸国内の通過の許可を外交交渉で事前に得ることを実施条件としていた。かつて英国やスペインと世界の海上交通の覇権を争ったことがあったオランダも、南部地域の被占領、ナポレオン戦争を経て近代を迎えた頃にはオランダ、ベルギー、ルクセンブルクと異なる体制の三国に分裂せざるを得なくなっていたことは先に言及した。小国となった低地諸国は列強国に周囲を取り囲まれる状態に置かれていた十九世紀の後半には、中立政策を謳って独自の途を保つ政策を採るに到っていた。

そしてドイツ軍が中立国である低地諸国領内を通過することにより、仰天したフランス軍が低地諸国との国境線を（無許可で）突破すれば、それを迎え撃つという名目にしてドイツ軍は堂々と中立国内に兵を進められる……さらにまた、フランス軍が予想したような反応を見せなくてもいち早くリエージュを陥落させることができれば、ドイツ軍の主力はフランス領内になだれ込めるという、狡猾な側面もシュリーフェン計画にはあった。

ところが実際に行なわれたモルトケの作戦は、周到さよりも力押しの色合いの方が強かったうえ、低地のオランダ、ベルギー両国の予想される大戦争への対策の立て方にも違いがあった。じつのところシュリーフェン計画の存在は数年も前にオランダには伝えられていたこともあり、スヘルデ川の防御を固めるなど、侵攻を妨げるための国境防御施設の建設が進められていた。このことは、オランダ領内のマースリヒト突出部の通過を予定していたシュリーフェン計画を改訂させる要因にもなった。

そのようなオランダに対してベルギーでは、アントワープやリエージュでの要塞建設は進められていたものの、概して大戦争対策の準備は遅れていた。徴集兵が一万三千二百人から三万五千人に増やされたのは一九一三年（大戦突入の一年前）のこと。ドイツ皇帝のヴィルヘルム二世の言を頼りに、ベルギー領内への侵攻はあり得ないものとされていたという。かれこれ百年になろうかという昔日のはなしとはいえ、この両国で採られた防衛方策は、真に戦禍を望まない為政者が参考にすべきところとも言えるだろう。

はたして、ロシアから宣戦布告された翌日の八月二日にドイツ軍はルクセンブルク領内に侵入し、ベルギーには領内の通過を要求する。「あり得ないこと」なのでベルギーはこれを拒否するが、その翌日の三日にベルギー国境を突破してドイツはフランスに宣戦布告する。これを受けて、ドーバー海峡の向こうの英国が四日に対独宣戦布告して、オーストリア・ハンガリーの対セルヴィア宣戦布告から八日目にして列強国が参戦した大戦争に突入ということになった。

ベルギー領内に侵攻したドイツ軍兵力は百六十万にも及び、八月五日には防御の要衝と見られていたリエージュの環状要塞もエーリヒ・ルーデンドルフの指揮で突破した。そしてブリュッセルも二十日までに占領された。これによりアルベール国王はアントワープに退却し、国の主権を奪われてしまったベルギー国民もドイツ軍の占領下で、辛酸をなめさせられることになるのだった。なりゆきで、また不本意ながら連合軍側に組みすることになるベルギー皇室だったが、国王から発せられる指示命令が必ずしも連合軍側に同調したものではなく（主要作戦には不参加）、独自の見地からのものとなるのは中立宣言国の国王の矜持というものなのか。

永世中立国への武力侵攻という国際法違反を犯しながら大戦争の扉をこじ開けたドイツ軍だったが、ベルギー占領後、英仏連合軍をも突破してパリ目前まで迫ったものの（仏政府はボルドーに移動）、マルヌ川の会戦でフランス軍は戦力を立て直して反撃に出た。この反攻は、順調に侵攻していたドイツ軍の戦力を分断させただけでなくモルトケ参謀総長の作戦計画に早くも再修正を加えなければならなくするほどのものだった。フランスとの戦いを短期間で終わらせてロシア戦線に反転するという当初の計画は早々と崩れ、以降、英仏軍と向き合う戦線（西部戦線）は膠着状態に陥ってしまい、大戦争は長期化が避けられなくなった。

軍勢の布陣に時間を要すると見ていたロシア軍の戦闘準備に要した時間も予想外に短かった。ドイツの国境東側防衛の戦力はごくわずか（西部戦線の八分の一程度）で、友邦であるオーストリア・ハンガリー軍によるロシア軍の侵攻阻止が期待されたが、この二重帝国の軍隊にできることは限られていた。八月十七日に東プロイセン領内に侵攻してきたロシア軍を迎え撃ち、タンネンベルクの戦いで破って領外に押し戻したのは、三年前に退役していたのにもかかわらず大将に復帰したパウル・フォン・ヒンデンブルクが率いた六個師団だった（参謀長として、ベルギー戦で戦功を挙げたルーデンドルフも急派された）。

バルカン諸国の思惑とイタリアの動き

フェルディナント皇太子夫妻に魔手をかけた「青年ボスニア」を支援したセルヴィアの「黒手組」は「反ハプスブルク帝国、統一か死か」を謳う極右組織。オーストリア・ハンガリーを排除して「大セルヴィア」の実現を志としていたが、世界大戦争への突入までは想定外だったとみられている。だが、西ヨーロッパでの戦闘状態突入よりも先にオーストリア・ハンガリーがセルヴィアに宣戦布告したバルカン地域はというと、先に軍を動かしたのはオーストリア・ハンガリー軍だった。

ドナウ川の沿岸、セルヴィアとの国境に沿って兵力を移動させていたのだが、予想通り参戦したロシア軍の動きが思いのほか早かったことから、それ以上は積極的に兵を動かせなくなって、主力をガリツィア方面に移動させてしまった。このようにオーストリア・ハンガリー側の不手際もあって、緒戦においてはセルヴィア軍が年末までに領内からオーストリア・ハンガリー軍を撃退するなど有利に戦争を進めた。

緒戦におけるセルヴィア軍にとって有利な戦況は、めざす国家体制を実現させるための政治運動を活発化させた。けれどもその方向性は、大セルヴィアの樹立（軍人層が固執）からより実現可能性のある南スラブの統一へと移っていった。ちなみに「南スラブ」を示す現地のことば（スラブ語）は「ユーゴスラヴィア」とのこと。

オーストリア・ハンガリー帝国内にも、第一次大戦開戦の年で四百万人ほどの南スラブ人が居住していた。うち二百五十万人はクロアチア人だったが、居住地域は二十世紀末の一九九一年に独立するクロアチアに相当するクロアチア、スラヴォニア、ダルマチアを包含する地域と、一九九二年に独立するボスニア・ヘルツェゴヴィナとに分断されていた。二十世紀末に再度、分離独立することになるので後になってみれば「仮初めの統一願望」ということにもなろうが、被占領、分断が長らく続いてきた一九一〇年代にあっては、南スラブの統一にこそ未来があると希望が託されていたのであろう。

ところがセルヴィア軍はその後の戦闘において、兵力の損失を拡大させた（年末までに約十万人）うえ、戦争突入による混乱はチフスの大流行を引き起こした。間もなく、ドイツとオーストリア・ハンガリーの同盟（中欧同盟）と対峙した連合国側が目指すところも、セルヴィアにおける考えと差異があることが明らかになってきた。

特に目立っていたのは、イタリアに対する考え方の違いだった。英国は例の「未回収のイタリア（トリエステ、チロル）」の戦勝後の帰属を保証して、イタリアを味方陣営に引き込む秘密条約締結の交渉をイタリアと水面下で進めていた。けれどもセルヴィア側にしてみれば、イタリアの領土要求（ダルマチア海岸）は利害の対立が予想される憂慮すべき問題だった。

そしてセルヴィア優勢の戦況が長く続かないことがわかると、もくろみが異なっていたバルカン諸国にとっては連合国側と同盟国側、どちら側に立って、いつ頃に参戦すべきかが重大事となっていった。同時に、戦闘状態にあった主要交戦国にとっても、トルコやブルガリア、ルーマニアの参戦が関心事になっていた。トルコはロシアとその他の地域の連合国との交通（また補給路）の要衝に位置していたので、連合軍側では友邦にすべきとみなされて、トルコの意に沿うような（バルカン戦争で失われた領土の回復を希望）国境線改訂案が両陣営から提案された。

欲する領土の保証を条件に両陣営から働きかけがあったのは第二次バルカン戦争で敗れていたブルガリアも同様だったが、結局、トルコ、ブルガリアとも、より望ましい条件を示した中欧同盟陣営に参加して参戦することになる（それぞれ一九一四年十一月、一九一五年十月）。列強国の開戦直後（八月三日）に中立を宣言したルーマニアにも領土保証による友軍陣営参加の働きかけが行なわれたが、ブルガリアの中欧同盟側からの参戦および一九一六年夏場のロシア軍の攻勢により、一九一六年十月末には連合国側からの参戦を決めた。

イタリア、トルコ、ブルガリアにルーマニアと、これらの国々は第一次大戦勃発の当初はいずれも「中立」を表明して参戦の時期を引き延ばしていた。戦前にドイツ、オーストリア・ハンガリーとの三国同盟を結んでいたイタリアをしてである。三国同盟の約定においては「ドイツ軍の対フランス戦闘突入にともない、イタリア軍はライン川まで進出すること」とされていたとも言われるが、不戦・イタリアを通じて必要物資が入手できるメリットも重視されて、イタリアに参戦が強要されることはなかったという。

だがいずれにせよ、これらの国々の中立の立場というのは、スイス連邦やベルギー、オランダ、北欧の国々の中立宣言とは異質のものだったように見受けられる。いずれも秘密条約や一方の陣営よりも有利な戦勝後の領有提案を受けて参戦に踏み切った。このことは中立外交が陥りがちな、もうひとつの側面だったということなのだろうか。

大戦勃発の発火点ともいえるセルヴィアでは、一九一四年十二月に南方の都市・ニシュにおいて「セルヴィアの戦争目的はセルヴィア人、クロアチア人、スロヴェニア人の解放と統一」とする「ニシュ宣言」が発せられ、ハプスブルク帝国解体を目標とする南スラブのオーストリア・ハンガリー領内の反体制組織の支援も開始した。

だが南部のニシュで宣言が発せられたのは、ドイツ、オーストリア・ハンガリー両軍の南下によって劣勢に陥った戦況の挽回が難しくなり、政府機能もベオグラードからこの地に移されていたからということでもあった。やがて戦況の厳しさは時を追って募ってゆき、翌一九一五年十月のブルガリア参戦によって年末までにセルヴィアは侵攻してきた同盟軍勢力によって被占領状態になった。

セルヴィア軍ほか、南スラブ統一を願っていた市民、周辺国民らはアルヴァニア、モンテネグロ、アドリア海沿岸へと追い詰められ、ギリシア領コルフ島まで拠点を移動せざるを得なくなる。結果的に第一次大戦中の南スラブの犠牲者数は約百九十万人（セルヴィア百二十五万人、モンテネグロ六万人、ボスニア・ヘルツェゴヴィナ三十六万人、そのほか二十二万人ほど）。住むところを追われた避難民の飢餓や伝染病での死亡者が特に多かった。

セルヴィア、南スラブは言語を絶するほどの苦難を強いられたが、それでも国外での南スラブ活動推進派に対する支援は、この地域の戦後に途を拓くある組織の活動につながっていた。ハプスブルク領内に在住していた南スラブ人の（あのクロアチア人二百五十万人を含む約四百万人の南スラブ人たちのうちの）指導者たちが、パリで「ユーゴスラヴィア委員会」を組織していたのである。

三国同盟に参加していたイタリアを連合国側に引き入れる交渉はロンドン秘密条約の締結

でまとまったが、その内容は「戦勝後はダルマチア海岸、イストリア半島、アドリア海の島々をイタリアが領有する」というものだった。だがこの地域にはクロアチア人、スロヴェニア人が六十五万人も居住しており、それらの人たちが連合国側の都合でイタリアに支配されることになる。

ユーゴスラヴィア委員会を率いたダルマチア出身のクロアチア人であるアンテ・トルムビッチは、イタリアから敵視された同委員会をロンドンに移動させた。そして、南スラブの統一を願う自分たちの志を訴え（この時点での同委員会の希望は「オーストリア・ハンガリー＋ユーゴスラヴィア」という三重帝国構想だったという）、その時点でのセルヴィアの苦境やイタリアとの秘密条約が履行された場合のクロアチア人、スロヴェニア人の立場を説明するのだった。

曲折の果てのギリシアの参戦

セルヴィアの南側の隣国、ギリシアというと戦地に近かったのにもかかわらず腰を上げない状態が長引いていた。第二次バルカン戦争の前にセルヴィアと相互軍事同盟を結んでいたこともあって、同盟国軍が南下してきた一九一四年秋冬にはセルヴィア側からはギリシアの参戦が望まれたが、動こうとしなかった。

ギリシア王国はバルカン諸国の中では最も早く一八三〇年に独立を果たしたものの内政が安定することなく、産業構造の大部分を占める農民層の貧困状態も改善されなければ、ベルリン会議後もほとんど領土を拡大することができなかった。一八七五年からは改革派のハリラオス・トリクピスと対外強硬派のセオドロス・ディリヤニスとが政権を交替で担当するかたちになっていたが、国民の豊かさにはつながらなかった。

トリクピスは経済の発展につなげられるようにとコリント運河（エーゲ海とイオニア海を連結）の建設のほか、道路や鉄道、港湾の建設、警察機構の整備に努めたが、これらの改革は財政負担が大き過ぎ、一八九三年に国家財政は破綻した。これに対してディリヤニスはクレタ島やマケドニアの領有を主張して派兵まで行なったが、列強国に封じ込められるかたちになって領土拡大も果たせなかった。内政、外交とも長らくうまくゆかないギリシアからは希望を見出せない市民の流出が続き、第一次大戦勃発までに国民人口の約一割がアメリカに移り住んだという。

そんなギリシアにとって転機になったのが、一九〇八年十月、トルコからの離脱を望み続けてきたクレタ島から発せられたギリシアとの統一の宣言だった。ギリシア政府はというと、内外での失敗続きからトルコによる内政干渉（クレタ島との統一の否定、マケドニア方面での軍事活動の停止の要求など）にも屈するばかりで、軍人層にも国民にも政府への不満が高まりつつあった。

このような日々、ギリシア軍の少壮の青年将校らは「軍人連盟」を組織して、翌一九〇九年八月にクーデターを引き起こした。軍人連盟を率いたのは、クレタ島出身のエルセリオス・ヴェニゼロス。ヴェニゼロスはクレタ島では弁護士としても働いたが、既に政治手腕を見せはじめていたこともあって、ギリシア国王ゲオルギオスの子息（第二子）のゲオルギオス総督と対立するようになっていた。

このクーデターによってヴェニゼロスは武官の大臣任用や軍部の建て直しを実現したが、一九一〇年初頭には軍人連盟に請われて政治顧問としてアテネに移り、十月にはギリシア政府の首相に就任した。クレタ島からやってきた軍人が首相になることは、議会にとって軍事クーデターよりも受け入れ難いことで、議会は議事をボイコットし、ヴェニゼロスも首相を辞したため年末には選挙が行なわれたが、中産階級や知識人を中心に広く支持を集めたヴェニゼロスの自由党が圧勝（三百六十四議席中三百議席獲得）。

けれどもヴェニゼロスは軍人層の政治介入をそれ以上は望まず、同年末には軍人連盟を解散することとした。ヴェニゼロスは国内の改革を実現するために政治家としての仕事に専念することになり、憲法（一八六四年制定）を改正して行政の公正化に努め、初等教育の義務化、労働組合法なども整備した。

こうしてギリシアの内政面はよい方向に向かい始めたが、外交面ではバルカン諸国は厳しい状況に陥りつつあった。ギリシアもバルカン連盟に組み入れられて、一九一二年十月にはトルコ討伐の第一次バルカン戦争にはいり、翌一三年半ばにはブルガリアの領土拡張要求から第二次バルカン戦争が引き起こされた件については先に触れたが、戦争中の相互援助を定める同盟関係を結んでも機能しにくいのがこの時期だった。

ギリシアは一九一二年にブルガリアと軍事同盟を結んだが、翌年には国境紛争から第二次バルカン戦争を戦う相手となった。その一九一三年にはセルヴィアと同盟を結んだが、翌一四年夏にセルヴィアが第一次大戦突入の発火点になった。ドイツ、オーストリア・ハンガリー軍の侵攻を受けたセルヴィアは、ギリシアに対して同盟の約定に基づいて支援要請したがギリシア軍は腰を上げない。

前年にゲオルギオス国王に代わってギリシア国王に即位したコンスタンティノス一世が、ドイツ皇帝であるヴィルヘルム二世と義弟にあたり、ドイツからは「スラブの支配に抵抗する統一行動を」と念を押されていたのである。それでもなんとか中立の表明にとどめていたのは「地中海の制海権を握っている英仏を刺激できない」と説明できたからだった。

一方、リベラルで進歩派の自由党を率いたヴェニゼロスにしても、三国協商側に好意的な政策を採ろうとしても、交戦相手国からやってきた国王の存在がネックになっていたため、積極的に参戦できない状況が続いた。第一次大戦への参戦を巡って、ギリシア国内は二分された。

バルカン戦線は主戦場となったフランス、ロシアからすれば二義的ともみられたが、オーストリア・ハンガリーを引き下ろすには、やはり無視できない戦線。トルコが同盟国側からの参戦を表明した一九一四年十月には、危機感が感じられたのか連合国側もギリシアへの参戦の依頼を活発化。前述のとおり、ブルガリアを含む同盟国軍の侵攻を受けたセルヴィアも一九一三年に結んだ同盟条約に基づく軍事支援を依頼した。

そこでヴェニゼロスは、自国軍の軍事介入ができないまでも連合国のテッサロニキ（マケドニアに近いテルマイコス湾内）への上陸を認めた。これについて今度はコンスタンティノス一世が「ベルギーに対する中立条約違反の裏返しの連合国に対する戦争協力」と批判して、ヴェニゼロスを首相職から辞任させた。とはいえ、ほかに代わる逸材もいなかったので既に「辞めさせては復職して」の関係になっていた。

だが戦争が長期化した一九一六年になると、コンスタンティノス一世の同盟国側への協力姿勢は一層顕著になった。テッサロニキでの連合軍の戦いに際して、ギリシア軍への参戦要請を拒否しただけでなく、ブルガリア軍には重要拠点まで譲渡した。ヴェニゼロスは野党側にあったが、テッサロニキ東方のカヴァルラをドイツ・ブルガリア軍が九月に占領すると、ついに翌月、テッサロニキに臨時政府を樹立。連合国側は新政府をギリシア政府と認め、親独派国王に圧力をかけるためピレウス港からアテネに迫った。

それでも英仏軍がギリシアの中立を尊重したのは、大西洋の向こうのアメリカ合衆国が中立の立場を崩さなかったからとされる。だが、ドイツ海軍潜水艦の無差別攻撃作戦を機にアメリカも一九一七年四月に参戦を決めると、六月十一日に連合国側は「コンスタンティノス一世が退位しなければアテネを爆撃」と最後通牒に近い通告を発した。

この通告は中立宣言国への脅しともとれるが、それを上回る違反行為を親独派国王が既に繰り返しており、スイスに亡命するしかなくなっていた。そしてようやく連合国側の一員に加わったギリシアは、六月三十日に同盟国側に対して宣戦布告した。

ドイツ軍の占領政策に虐げられたベルギー

第一次大戦勃発後、真っ先にドイツ軍の侵攻を受けたベルギーのアルベール王はアントワープに撤退したが、一九一四年十月にはアントワープも陥落。ベルギーの市民数十万人が侵攻を免れた北部のオランダへと逃れる一方、政府（ド・ブロックヴィル・カトリック政権）は、ルアーブルに近いサン・アドレスに亡命政府を樹立した。アルベール王もさらにまたエイゼル川とイーペル市を結ぶ運河まで撤退した。エイゼル川を挟んでドイツ軍と英仏軍は激しい戦闘状態になったが、河口の水門を開いてエイゼル地域を水没状態にしてドイツ軍の進撃を阻止。この川が連合国側の防衛ラインとなった。

ベルギーを占領したドイツ軍はフランデレン（東西）、エーノー・リュクサンブールに属する特定地域を補給基地化するために軍事的な支配を強めたが、そのほかの地域での占領政策もベルギー人にとって過酷なものになった。ベルギーに残されていた資材や農産物などはドイツ軍の戦争継続のために当たり前のように召し上げられた。これに反抗的な態度を示そうものなら、理由をつけて財産を没収されるか処刑を免れられず、数千人単位に上る一般市民が犠牲になったという。中立宣言国に対する国際法違反の後ろめたさなど消し飛んでしまうのが、近代戦の一側面ということなのだろう。

戦争が予想以上に長期化するとドイツに連行されて強制労働を強いられるベルギー人も増え、その数は十万人にも達した。ベルギー国内に残った人たちも、ドイツ軍の継戦能力および戦時下のドイツ人の生活を維持するために多大な税負担を課せられた。

ここまでなら戦勝国と被占領国の間でありがちな関係だったであろうが、ドイツ軍はベルギーの国内事情も占領政策に活用した。ベルギー北部では概してオランダ語に近いフランデレン語が使用されたのに対して、ドイツと国境を接する南部の地方ではフランス語系のワロン語が用いられていた。第一次大戦突入までにベルギー軍に召集された兵士の大部分は北部のフランデレン人だったのにもかかわらず（ワロン語圏での召集は遅れていた）、軍部内ではフランデレン語は低く見られており、指示命令などにはワロン語が使用されていたのである。

このことは軍人としての士気を低下させるだけでなく、フランデレン人の民族意識を高めざるを得なかった。

国王・アルベール一世とともに撤退したベルギー軍の部内（大部分がフランデレン人）でも、戦死したフランデレン人兵士を追悼するためのモニュメントを建てる動きが起こったが、ベルギー軍上層部が高圧的にこれを禁じた。軍上層部がさらにフランデレン人兵士の管理を強めるに従い、ベルギー軍部内でのフランデレン人兵士の反発は高まって、アルベール国王に対しては自治を求め、さらには連邦制を要求する運動となった。エイゼル戦線のフランデレン人兵士にいたっては「フロンティスト（前線主義者）」と名乗って、連邦化運動を推進した。

一方、ベルギーを占領したドイツ軍の総督として赴任したフォン・ビッシングは、フランデレン地域とワロン地域を分割統治することとしたが、フランデレン地域内ではヘントを拠点として当該地域の独立を目指す「若いフランデレン」運動が起こっていた。占領軍からしてみればとんでもない民族運動と解されそうなものだが、ドイツ軍はこの運動を援助した。そしてドイツ軍は「フランデレン問題委員会」まで設置を認めたのである。分裂のための運動を活発化させた被占領地フランデレン人たちは、自らを「アクティヴィスト（行動派）」と称した。やがて一九一七年以降には、フロンティストもアクティヴィストに接近するようになってきた。

一九一七年二月にアクティヴィストは「フランデレン評議会」をブリュッセルに設置した。ドイツ語に近いオランダ語の方言ともいえるフランデレン語を使う北部ベルギー出身者たちは自治、分裂化の目標を果たすためにドイツ占領軍の力を活用したい。ドイツ占領軍の側でも、ベルギーの力を結集させず解放運動を起こさせないためにも、南北を分断状態にしておきたい。互いに、利用したい組織に利用される奇妙な関係になったが、遠からぬ時期に破局はやってきた。

一九一六年には休止されていたヘント大学でフランデレン化を進める講座内容での授業を再開させた。またドイツ占領軍はフランデレン、ワロン（ともに四州から成った）の行政組織の分離を認め、年末にはフランデレン評議会が独立宣言もした。

ところがこうしたベルギーの南北分裂は、ベルギー人一般からはおよそ望まれていなかった。長期戦で祖国の解放が渇望されるようになっていた民意からは、かけ離れてしまっていたのである。ヘント大学の教授陣の多くは賛同せず学窓から去り、代わりにドイツ出身の学者を招いても学生が集まらなくなっていた。フランデレン評議会が北部ベルギーの独立宣言をしても、ベルギー全土からの反対、抗議の声でかき消され、最高裁以下各クラスの裁判所もアクティヴィストらを非難した。サン・アドレスのベルギー亡命政府からも評議会の宣言は無効とされた。

それになんといっても一九一七年春にはアメリカが参戦して、膠着状態だった戦線がドイツ軍劣勢へと傾きはじめる時期。連合軍の本格的な反攻を前に一九一八年三月には、ドイツ軍の最後の大反撃＝ソンム攻撃が実施された。この作戦を指揮したのは、かつてリエージュ攻略やタンネンベルクの戦いでドイツ軍を勝利に導いた、あのエーリヒ・ルーデンドルフ。ソンム攻撃においてもドイツ軍が勝利するかに見えたが、ドイツ軍に大規模作戦を続けられるだけの力は残されていなかった。作戦継続に必要な補給が滞ってしまい、連合軍側の反撃

オランダ
アントワープ州
ブラバント州
リンブルフ州
ベルギー国内言語分布
※ブリュッセルは複数語圏
ニヴェル州
リェージュ州
ナミュール州
ドイツ語圏
ドイツ
リュクサンブール州
ルクセンブルク

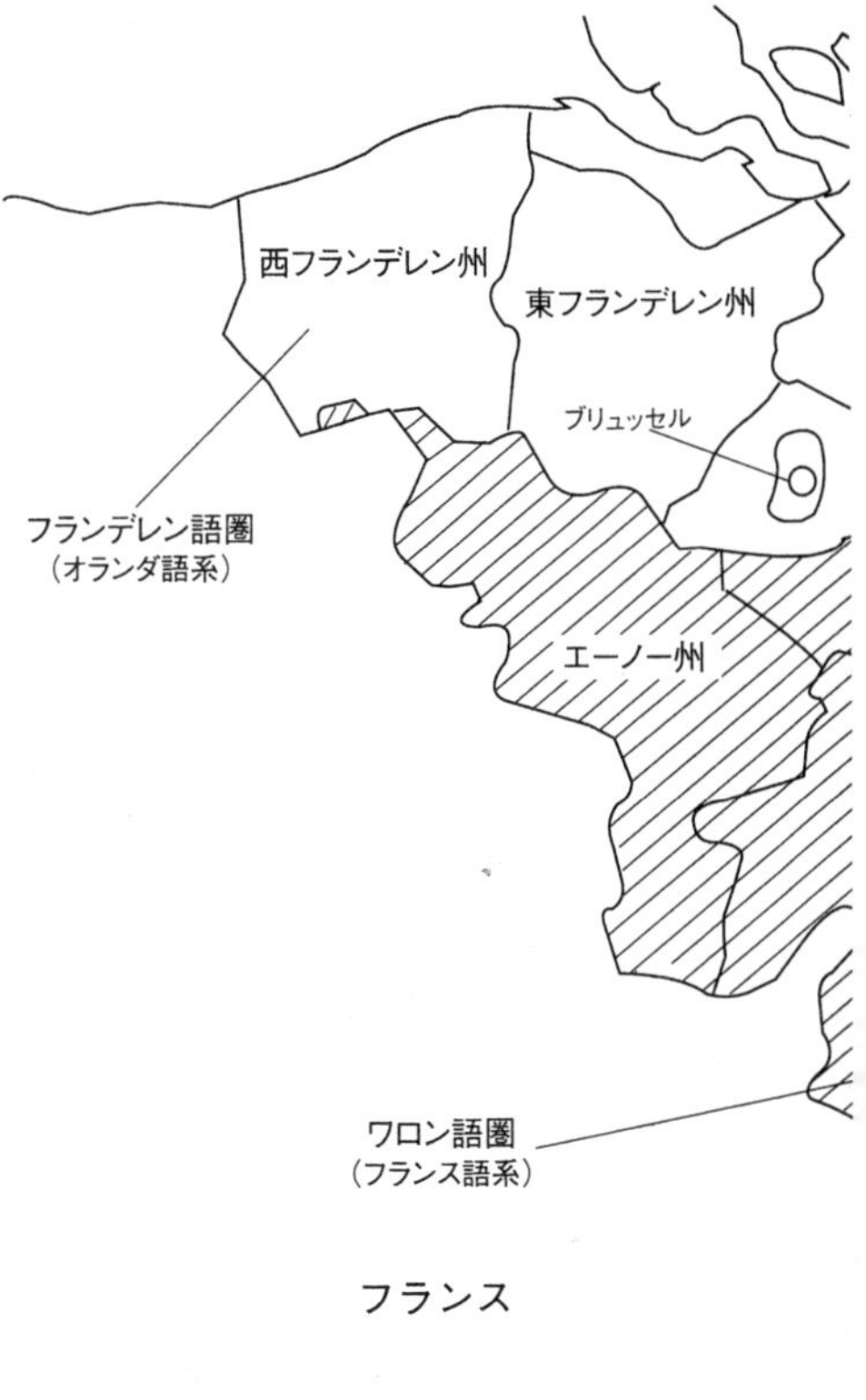
西フランデレン州
東フランデレン州
ブリュッセル
フランデレン語圏
（オランダ語系）
エーノー州
ワロン語圏
（フランス語系）
フランス

アムステルダム
オランダ
アントワープ
ブリュッセル
ドイツ
8/4　ドイツ軍中立条約違反
犯してベルギーに侵入
アルデンヌ
ルクセンブルク
フランクフルト

第一次大戦突入直後、実現できなかった
「シュリーフェン作戦」

を許すことになった。

　連合軍の反攻勢力にはアルベール国王の自由ベルギー軍も加わって、十月にベルギーの主要地域もついに解放。アクティヴィストやフランデレン評議会はベルギーに留まることもできなければ帰ることもできず、ドイツやオランダへと亡命するしかなくなった。国の分断も免れることができたが、長かった戦乱、被占領による損害は予想外に拡大していた。戦死した兵士は五万人、犠牲になった市民は六千人（ほかに負傷者一万人）、破壊された民家十万戸、工場や鉄道、道路、橋に農地、牧場の損害は甚大で、大戦争に巻き込まれた小国が失うものの大きさがいかに大きいか明確に示された。

中立宣言国も見舞われた戦争の嵐

　このように永世中立を宣言していたのにもかかわらずドイツ軍の都合で第一次大戦に巻き込まれたベルギーは苦難の時代を過ごすことになったが、参戦を遅らせるための中立宣言だった国々は別として、戦火を避けるための中立政策を採っていたそのほかの北欧、低地の国々はどのような戦時を送ったのだろうか（スウェーデンやスイスについては弊著『中立国の戦い』で略記）。

　防衛力強化による「厳正中立」が尊重されて、ドイツ軍による領土内通過を免れることができた北側の隣国オランダは、戦争勃発直後の一九一四年十月に九十四万人にも上るベルギーからの避難民を受け入れた。また東側の国境線の大部分がドイツと接していたこともあって、民族的にも言語的にもドイツに近かったが、ドイツ軍によるベルギーに対する中立条約違反や占領後に行なった高圧的な支配および残虐行為には、怒りの感情を抱かざるを得なかった。よって、内外において政策的に中立を維持することには、やはりそれなりの忍苦を強いられた。

多大な資源を持たざるオランダの経済、市民生活は海外との輸出入によって成り立っていたが、連合国側のオランダ監視委任国は輸出入を監理する監督官を派遣して、オランダの海運、貿易を厳しく規制した。オランダに輸入物品を同盟国側に転売させないようにするためであった。当然、このような規制は長引くとオランダ経済に悪影響を与えた。オランダの農業では自給率も充分ではなかったが、工場の操業に必要な石炭はなけなしの食糧をドイツに送ってなんとか確保させてもらうという状況。それができなくなればオランダの工業はストップするしかなかった。

一九一七年二月以降にはドイツ海軍が無差別潜水艦戦の実施に移るが、これに対抗して英国では商船に武装を装備。海上交通を破壊するこれらの絶望的な作戦は、交戦相手国にとどまらずオランダほか中立宣言国にとっても脅威となった。海上戦闘のあおりで失われた船舶は、オランダだけで三百九十八隻（商船百四十七隻、漁船百五十一隻）にも上った。さらに長引くようならドイツ自身の首をも締めることになった（その結果、最も恐れていたアメリカ合衆国の参戦につながったのだが）。直接に戦闘に関わる交戦国にならずとも、中立国もちょっとどころでは済まない災いに見舞われるのが近代の戦争であった。

またオランダは、ドイツ軍が道路の修復や塹壕造成のために使用する土木資材の領内運河の通過を認めたが、その一方で中立条項にしたがって英海軍の武装商船の領内港湾への寄港については拒否。これは明らかに中立国としては抗議を受けても仕方ないことであり、英国からの厳しい批判を招いた。これを受けて以降のドイツ車両等の領内通過を制限すると、今度はドイツ軍が激怒してもう少しでオランダ侵攻を実施という事態を招いた。

オランダと同様、英独両海軍の動向によって中立政策を揺さぶられ、貿易面で悪影響を受け、また、国内の産業も窮地に陥ったのが北欧の中立国だった。大戦争の予感が漂ってきた一九一二年十二月、スウェーデン、デンマーク、ノルウェーの三国は互いに中立の外交方針を確認しあい、止むを得ず中立から逸脱せざるを得なくなる場合には事前に通告することとした。この取り決めによって、第一次大戦勃発直後の八月八日に三国は、共同で中立を宣言した。

けれどもこの頃には永世中立国・ベルギーの国境がドイツ軍に突破されており「弱い防衛力が中立にとって安全」（デンマークが中立外交に転じた際の左派政党の主張）という考え方よりも、スウェーデン流の防備を固めた武装中立国の方がより現実的とわかってきた。そして列強交戦国の都合によって戦争協力を強いられ、中立を尊重されないどころか、武力侵攻まで受けて果ては軍事的に支配されることさえあり得るということも。

中立宣言をしたといっても、関係国でそれを認め、尊重してもらえなければ戦争の災禍が降りかかることはベルギーをみても明らか。北欧において真っ先に戦火に巻き込まれかけたのはデンマークだった。じつはデンマークは共同宣言より三日前の八月五日に、ドイツからバルト海に通ずる国際航路である大海峡（ストーラベルト）およびオーレスンド海峡への機雷敷設を要求されていたのである。

この要求の意図は、やはり大西洋で最大の脅威である英海軍をバルト海に侵入させないことにあった。シュレスウィヒ戦争でのドイツへの恨みが残るデンマークなら、英仏側に戦争協力しないとも限らない。バルト海南岸にはドイツ海軍の軍港がひしめいている。これも国際法に反する要求だったが、ドイツ軍はこの要求に従わないデンマークならば武力侵攻、沿岸部制圧も辞さない構えだった。つい先日にベルギーを襲ったドイツ軍なので、再度の中立国侵攻はあり得ないことではない。

かといってこれに従うことは、デンマークにとってドイツと並ぶ主要貿易相手国でもある英国の利益に明らかに反する。戦争を回避するにはデンマーク側（左派政党のサーレ内閣）はドイツの要求を呑むしかなかったが、このときは英国もデンマークの立場を理解して、制裁には至らなかった。このようなバルト海との海上交通を遮断するための機雷敷設の要求は、後にスウェーデンに対しても突きつけられることになる。

だがこの一件はまだ序の口というか、交戦する両陣営の間で北欧の国々が本当の試練に見舞われるのはそれからのことだった。機雷敷設に対抗措置を講じなかったのは中立国の状況を理解したからだったが、この地域で戦闘状態になることは連合軍にとっても対応しかねる過負担になるからでもあった。だが連合国にしてみれば、ドイツの戦争継続につながる物資が中立国から流入することは見過ごせないことだった。事実一九一六年頃までは戦禍を免れられた中立国諸国は両陣営を対象に、かなりの貿易額を挙げられたという。交戦国に比べると軍備負担をはるかに少額に抑えられたことも、これらの国々の良好な経済状態に寄与していた。

それでもこの時期、ノルウェーがもう少しで戦争突入という危機に見舞われたことがあった。ドイツはノルウェー産の海産物を購入していたが、これを見咎めた英国がノルウェーへの石炭、石油の輸出制限を示唆。ノルウェーは英国側の要求を受け入れたが、ドイツに渡るはずの海産物も英国に引き受けてもらうことにした（さらに、多額の英ポンドの流入により、ノルウェー経済はインフレにも見舞われた）。このような両国の関係を知ったドイツは報復措置として十隻以上ものノルウェー船を潜水艦で撃沈した。これを受けてノルウェー国内では、連合軍側からの参戦も止むを得ないという世論が高まった。このノルウェー参戦の危機にはスウェーデン、デンマークも同調する意向だったという。

だがここでドイツは一旦我に返って、最後通牒を突きつけたノルウェーに対して「最悪の事態は落着」と通告した。これには、北欧の国々をも連合国側に回すのはドイツにとってもいかにもまずく、糧食確保の面においてもやはり海産物を輸入すべきと判断されたからとみられている。もっとも、北欧の国々にとっても国民を賄えるだけの食料の確保は常に潜在的な心配事であり、かつドイツの命で敷設した機雷に触れて犠牲になった船舶も相当数あったのだが。

北欧の国々は先に述べたとおり、スウェーデン、ノルウェー、デンマークの三国が並立する体制になるまで不安定な情勢が続いたが、その経験は有事における食糧難への配給制や造船、海運立国の産業を維持するための保険制度整備などにつながった。それゆえ、にわかに市民まで戦渦に曝された国々よりも冷静に対応できたというが、一九一七年初めからドイツ海軍がまたも中立規定を違反して実施した無差別潜水艦戦には、おおいに苦しめられることになった。

ドイツ軍はUボートによって連合国、中立国の艦船を無差別に、無警告で撃沈する作戦に切り替えたのだが、北欧で最も大きな被害を受けたのは商船の運航便数が多かったノルウェーで、一九一七年三月には十万トン以上もの船が沈められた。それでも重要産業である海運事業は継続され続けなければならなかったため、ノルウェーの商船は英国に徴用されるかたちにして英国流の防御用武装も施すという苦肉の策が採られた。これにより喪失する隻数も次第に減っていったが、ノルウェーで保有されていた船舶の半数近くが失われたのだから、大戦争が中立国の海運に大打撃を与えたことには変わりなかった。

多数の軍用機や戦車などが組織的に運用されるのが近代戦とされるが、道義や後先も考えられなくなるのも近代戦ということなのだろうか。ドイツの糧食のかなりの部分はノルウェー産の海産物で占められていた。そのノルウェーの船舶を半分近く沈めてしまったドイツ帝国に残されていた時間は、そう長くなかった。

第一次大戦の終幕と二重帝国の崩壊

緒戦でこそ勝利したことはあったものの軍備、兵力とも劣勢だったセルヴィア軍がオーストリア・ハンガリー軍、その後はドイツ、ブルガリア軍まで向こうに回して戦えたのはロシアが後ろ盾になってくれるという支えもあったからとみられている。けれどもそのロシア軍は、軍備の近代化や兵力の育成が全くもって遅れた状況のまま参戦したため、連合国側では最大規模の犠牲を強いられていた。

大戦突入直後のタンネンベルクの戦いにおいて死傷者三万人、捕虜九万人も出して敗れると、翌一九一五年春〜夏のドイツ軍、オーストリア軍による大攻勢に押しまくられて、ポーランド地域が占領されてしまった。やがてロシアでの国民の動員は千五百万人にも達し、さらなる税負担が課せられる一方、先の見えない戦争の長期化により、一般兵士や市民の王朝、政府に対する不満、絶望感はさらに高まっていった。

さらに軍需物資の生産を優先する政府方針は、ロシア国民を食糧難の窮地に追い込んだ。これに抗議する婦人運動からはじまった一九一七年の「二月革命」はやがて、ゼネスト、ニコライ二世の退位、ロマノフ王朝の崩壊につながった。だが市民をも巻き込む政情不安は、前線のロシア人兵士たちの戦意をも著しく減退させた。

その一方、各地で組織された武装集団「赤衛軍」の活動は次第に高まりを見せ、労働者や兵士の代表が組織したソビエト軍事革命委員会は数万人もの一大勢力に膨れ上がった。そして、同年十一月に起こった「十月革命」(露暦の十月だったためこう呼ばれる)は史上初の共産主義革命となり、実質的に壊滅状態にあった軍部を建て直すためにドイツとの単独講和という仰天外交(一九一八年三月)を行なった。当然これは、ロシア時代の友軍である連合国側諸国に、容易には拭えない不信感を植え付けることになった。

セルヴィア王国を支援するどころか国としての体も維持できなかったのは、やはりクリミア戦争や日露戦争での敗戦からも見て取れたとおり、ロシア帝国が既に行き詰まっていたからだった。ロシアが体制崩壊してバルカン半島で孤立しかけたセルヴィアが同盟国軍への降伏を免れられたのは、やはりあのユーゴスラヴィア委員会が連合国側で南セルヴィアの窮状を理解してもらうための活動を行なっていたからであろう。

そしてロシア国内で革命勢力が街頭デモンストレーションを行なっていた一九一七年七月、コルフ島に逃れていたセルヴィア政府はユーゴスラヴィア委員会に呼びかけてその後の方針を固める会談の場を持った。その結果、セルヴィア人、クロアチア人、スロヴェニア人（＝三民族合わせて南セルヴィア人）のための立憲君主国の建設を目指す「コルフ宣言」が発表された。この後程なく、オーストリア・ハンガリー帝国内の南セルヴィア人が集って「ユーゴスラヴィア人クラブ」が結成されるが、これは二、三年前のオーストリア・ハンガリー・ユーゴスラヴィア三重帝国構想とは異なり、二重帝国に敵対する立場を採っていた。

オーストリア・ハンガリーの脅威対象だったロシアが精強さに欠けたのに対して、バルカン半島での戦いの形勢をひっくり返すお膳立てをしたのはやはり英仏連合軍だった。前述のとおり、ドイツ皇帝とつながっていたコンスタンティノス一世の存在ゆえに長らく参戦できなかったギリシアは英仏から尻を叩かれ続けたが、一九一七年夏にようやく参戦。そして翌一八年九月からのテッサロニキを起点とする連合軍二十八個師団による大規模反攻にはギリシア九個、セルヴィア六個師団が参加したが、先鋒を務めたのはセルヴィア軍だったという（ほかに英仏伊各国からは八、四、一個師団が参加）。

これによりブルガリアが九月二十九日に、英国と激闘を続けてきたトルコも十月三十日に降伏したが、これでオーストリア・ハンガリーは南東、南西から連合軍勢力に追い詰められるかたちになった。だがそのオーストリア・ハンガリー国内でも、ユーゴスラヴィア人クラブが民族運動を活発化。二重帝国内での民族の自治を求める動きはハンガリーやチェコ、スロヴァキアにも波及し、この年の秋には永年維持されてきたハプスブルク体制はついに崩れ去った。そしてアメリカの参戦により西部戦線を維持できなくなったドイツ帝国も、国内が革命状態になった十一月末に連合国側との休戦協定を結んだ。

こうして四年以上にも及んだ史上初の世界大戦争を戦勝国として終えることができたセルヴィア＝ユーゴスラヴィアであったが、戦災で多くを破壊された国土を立て直すだけでなく、新国家建設というさらなる課題に立ち向かわなければならないのだった。

共産主義革命時の独立国

ロシア、オーストリア、プロイセンに分割された旧ポーランドは、それぞれの体制下で新たな途をあゆみつつ、追いかけるかのように醸造された民族意識に基づいて、国家としてのポーランド再生が模索されるようになっていた。例えばロシアに占領された地域には親ロシアの派閥になったポーランド人もいれば、ロシアの支配を認められず、フランスに逃れてナポレオン軍隷下のポーランド軍団に参加して多くのポーランド人兵士が戦場で命を落とすという具合だった。ちなみに、現ポーランド国歌「ドンブロフスキのマズルカ」は、ヤン・ヘンリク・ドンブロフスキ将軍率いる軍団の団歌だったという。

その後もポーランド人たちは占領国に対して武装蜂起を繰り返したが、一八六三年一月からの一月蜂起ではポーランドの自由を求める反抗勢力が大敗。以降、ロシアではロシア化政策、プロシアではゲルマン化政策が強められたが、オーストリアに分割された地域では一八六七～七三年の間にポーランド人による自治が認められた。しかしそのほかの被占領地域では、独立運動への支援を期待したフランス軍が普仏戦争（一八七〇年）で敗北したことにより、独立をかち取るための活動は沈静化するしかなくなっていた。

その一方で、ロシア領のポーランドは産業革命の恩恵にも浴しており、一八七七年から一九一〇年にかけての工業生産は九倍もの成長を遂げ、これにともなって人口も大幅な伸びを示したという。だが間もなく人口の急激な増加が経済成長を上回るようになって、一八七〇～一九一四年におけるほかの国への移民数は約三百六十万人にも上り、うち二百六十万人がアメリカ、四十万人がドイツと、この両国で八割を超えた。

そして一九一四年に迎えたのが第一次世界大戦だったが、分割占領されてきたポーランド人たちは次なる大戦争を「独立を回復するチャンス」と捉え、支配者側も「戦勝後の自治権附与」を戦争協力の条件として約した。だがポーランド人の協力を引き出すのに最も力を入れたのは、多民族国家として行き詰まりつつあったオーストリアだった。オーストリア領ポーランドでは約七千人が軍事訓練を受け、やがて「ポーランド軍団」が設置されることになる。

翌一九一五年秋には東部戦線での反攻に成功したドイツ・オーストリア軍連合が、ロシア領内の旧ポーランド王国、ルブリン地方を占領した。その統治はドイツ側にゆだねられたが、オーストリア領ポーランドと統合されてかなりのところまでポーランド化された行政、司法、教育も認められるようになった。

一年後の一九一六年十一月にはドイツ、オーストリアの皇帝が揃ってポーランド王国の建国を宣言したが、このポーランドは当然、中欧同盟陣営とみなされ、かつドイツの友邦というよりもドイツ軍を支援する国家と位置づけられた。大戦突入一年目に編成されたポーランド軍団も「ポーランド補助兵団」さらには「ポーランド国防軍」へと格上げされていったが、これはオーストリア軍の弱体化に対してポーランド人の兵力が高く評価されたからでもあった。

これに対してロシア領内のポーランド人に対してもペトログラードで二月革命が起こった際に、「国家的・国際的に独立する権利を有する」と宣言される一方、「ロシアと自由な軍事同盟で結ばれる」とされ「ポーランド最高軍事委員会」(ポーランド人部隊)が創設された。そして一九一八年八月には、かつて三次にわたってポーランド分割を実施した際の条約の破棄も表明された。けれどもポーランド人部隊は、革命後の争乱が激しくなるにしたがい、ポーランド人富裕層、地主らの財産保全に勤めるなどポーランド側のために活動するようになる。

だがドイツ、ソビエト・ロシアのどちらに独立、主権を認められようとも、ポーランド人はこれから独立した主権国家を作ってゆかなければならなかった。そんなポーランド人たちにとっては、これら崩壊しかけた帝国、革命後の不安定な国家体制から保証されるよりも、同じ年の初頭のウィルソン合衆国大統領によるポーランド再建の支持の方がよほど現実味を帯びていたのだろう。ドイツが休戦することになる十一月には連合国側各国の支持を得て、念願の「ポーランド共和国」を成立させた。

国家主席の座に就いたのは、独立運動への日本政府からの支援を引き出すために一九〇四年に来日したことがあったヨゼフ・ピウスツキ。ピウスツキも一九一四年にオーストリアで軍事訓練を受けた七千人のポーランド人のうちのひとりで、ポーランド軍団第一旅団長として務めるという経歴もあった。

ソビエト・ロシア政府はポーランドにも講和条件案を示したが、ピウスツキが望んでいたのは一七七二年に行なわれた第一次分割の前のポーランド領土。一九二〇年春にポーランド軍はウクライナに侵攻してソビエト－ポーランド戦争に突入した。

コシチューシコ飛行隊のエンブレム

1920年代のポーランド独立戦争の際にアメリカ義友飛行隊が用いた星条旗とポーランド農民帽、大鎌を図案化したマーク。ポーランド空軍111飛、英空軍303飛行隊（自由ポーランド空軍）にも継承された。

アメリカは合衆国の独立戦争当時、ポーランドのタデウシ・コシチューシコが援軍に加わった当時の恩を忘れていなかった。アメリカ人義勇兵による「コシチューシコ飛行隊」を編成して赤軍との戦闘に参加したが、この飛行隊のエンブレムは白円状の星条旗にポーランドの農民帽と大鎌を重ねてデザインしたもの。このエンブレムはその後のポーランドの自由を求める戦いにおいて、精強な飛行隊に受け継がれることになる。

これよりも以前にソビエトは、一九一七年十二月にはフィンランド地域に戻ってきたグスタフ・マンネルハイム将軍率いる白衛軍との独立戦争にはいっていた。この白衛軍に積極的に武力支援を行なったのは、フィンランド地域をロシアに割譲する以前の領主だったスウェーデン。中立国になっていたため領土奪還の意思はなくなっていたが、旧領地が自由圏に復帰することは望ましかった（超大国ソビエト・ロシアと直接に国境を接しなくても済んだ）。エリック・フォン・ローゼン伯に至っては、スウェーデン国産のツーリンD偵察機を駆って独立戦争に参加。このとき機体に描かれていた「幸運の青十字」がその後しばらくフィンランド軍のインシグニアとして使われるようになる。

さらにまた、一九一八年五月にチェコスロヴァキア軍団がウラル南部のチェリャビンスクで起こした反乱を機に、いわゆる連合国側一四ヵ国から派遣された軍隊および独立を希望する地域、反革命派の軍隊（白衛軍）と革命軍（赤軍）とが対峙した「干渉戦争」に突入していた。そして自由主義側各国は、表立ってまた陰からと、独立を目指す反ソビエト・ロシアの白衛軍への武力支援を行なった。共産主義革命が成ったとはいえ、連合国側各国にとっては自由主義経済を脅かしかねない共産主義への不信感が強く、それよりなによりも激戦が続いている時期にドイツと単独講和したソビエト・ロシアの姿勢が許せるものではなかった。

ソビエト－ポーランド戦争においては、はじまった頃はキエフを占領するなどポーランド軍が優勢だったが、やがてミハイル・トハチェフスキー（後に赤軍労農本部参謀長の地位にまで上り詰めるが、スターリンとの確執により真っ先に粛清されてしまう）が赤軍の西部方面軍司令官に着任すると流れは変わった。ソビエト・ロシア軍はキエフを奪還してさらに西進し、ポーランド領内にも侵攻した。けれどもこの時点で赤軍の補給路は伸びきっており、ピウスツキが投入した予備軍の総攻撃を受けて赤軍初の侵攻作戦は失敗に終わった。この結果、ようやく両国間で講和条約が結ばれて、西ウクライナおよび西ベラルーシまでがポーランド領とされた。

このように、機を見て、有力国の支持を得てソビエト・ロシアからの独立を果たしたポーランドやフィンランドに対して、バルト海沿岸のリトアニアとラトヴィアは第一次大戦の初期段階でドイツ軍の侵攻を受けて、リトアニアは短期間の戦闘で占領された。悲惨な眼にあったのはラトヴィアで、大戦中のほぼ全期間、国土が戦場になった。

ロシアが革命によって混乱状態になると民族自決の考え方から、一九一八年二月にエストニアとリトアニアが、同年十一月にラトヴィアが独立を宣言したが、その直後にエストニアはドイツ軍の侵攻を受けて占領状態になる。けれどもそのドイツ帝国も十一月には休戦。だが、これに乗じて赤軍が再支配を企図してエストニアに侵攻。この赤軍相手に独立を目指す戦いが、エストニアにとっては第一次大戦以上に苦しい戦いとなった。

ラトヴィアでは、休戦したはずのドイツ軍が一部の地域の占領を続けているところに赤衛軍が介入して、それぞれの立場から認めた政権がいくつも成立する異常な事態に陥った。またリトアニアでも、複数の連合政府が樹立される不安定な政情になっていた。

このような流れが記述されている小森宏美氏・橋本信也氏共著の『バルト諸国の歴史と現在』によると、この参加国の独立が混乱した理由として、1・バルト・ドイツ人が諦めきれず、ソビエト・ロシアによる支配を恐れた連合国側がドイツ軍によるラトヴィアの一部支配継続を黙認　2・ロシア白軍（反革命軍）がバルト地域を拠点にボリシェヴィキ（社会民主党左派）との戦争を継続　3・連合国側が様々な思惑からこれらの民族の独立承認を遅らせた……と指摘されている。結局、これら三国の独立を最初に承認したのはソビエト（エストニア＝一九二〇年二月、リトアニア＝同年七月、ラトヴィア＝同年八月）で、英仏は一九二一年、アメリカは一九二二年の承認となった。ドイツとソビエト・ロシアという、いずれ列強国として周辺国に影響を及ぼす恐れがある両国に挟まれた地域の国々に対する、不安含みの独立承認となった。

第一次世界大戦後には、事実上の敗戦国であるオーストリア・ハンガリー帝国が崩壊したこともあってこの地域以外の独立国も少なくなかった。外交面でも軍備の面でもできることが限られている小規模国家にしてみれば、第一次大戦後に発足した「国際連盟」の力も必要とするところだった。

だが、新たな国際社会における国際連盟の力はいかほどのものなのか、樹立されたばかりの小規模国家群は列強国各国の圧力に屈することなくわたりあって行けるのか、第一次大戦勃発の発火点となったバルカン半島の新国家では民族的な対立は起こり得ないのか、列強国間での戦争につながりうる懸念材料は本当にもうなくなったのか、そしてあの二国はいつ頃までおとなしくしていられるのか……後になって気づくような不安ばかりが並べられた和平が、一九二〇年代前半になんとか整えられた。

第3章　長続きしなかった平和

大戦終了で失ったものと得たもの

途中の過程も省いて、極めて大雑把にいうと、連合国側に加わった英、仏、露、日、伊、米、セルヴィア、ベルギー、ギリシア、ルーマニアと、ドイツ、オーストリア・ハンガリー、トルコおよびブルガリアとが四年以上にわたって戦った第一次世界大戦（いわゆる海外の統治領は宗主国の方針に準拠）は連合国側の勝利という終わり方になった。だがこれまで述べてきたとおり、各国の参戦に到る経緯は単純ではなく、戦勝国・敗戦国の線引きもかなり複雑になったのが第一次大戦であった。

敗戦国に位置づけられるはずのオーストリア・ハンガリー帝国は解体してしまい、オーストリア、ハンガリー、チェコスロヴァキアという新たな国家群が分立するが、旧帝国の南側のかなりの領土は、大戦中に建国の運動がはじまっていたユーゴスラヴィアの領土として組み入れられた。さらにチェコ人、スロヴァキア人がボヘミアに建国した新たな二重国家・チェコスロヴァキアは、大戦下の指導者層が同盟国軍から敵視され、かつチェコスロヴァキア

軍団がロシア共産主義革命に続く「干渉戦争」の時期に連合国側の一員として戦ったことも
あって、敗戦国側に列せられることを免れることができた。

もっと複雑だったのが、共産主義革命が起こったため、打倒された帝政ロシアに替わる共産主義国＝ソビエト連邦だった。様々な経緯を踏んでロシア帝国領になったものの独立の回復を望んでいたポーランドやいわゆるバルト三国の復権については先に記述したが、スウェーデン領からロシアに割譲された地域もソビエトとの独立戦争を経て、フィンランドとして独立を果たした。いずれも待ち望んでいた主権国家としての独立だったが、それはソビエト連邦にとっては領土の喪失にほかならなかった。

オーストリアの皇太子夫妻暗殺事件に端を発する戦争が世界大戦になり、しかも四年以上にも及ぶ長期戦になることはどの国にとっても予想外のことだった。よって生活必需物資、食料品の生産、供給よりも武器類の高性能化、軍需物資の製造が優先されて、ヨーロッパの大部分の国々の経済活動はひどく混乱した。もともと戦争というものは、消費が財政支出を果てしなく拡大させるばかりで再生産に結びつくことがない、贅沢の極みでもあった。

そのような国民経済の乱れが顕著になってきたのは、やはりドイツ海軍が無差別潜水艦戦を開始した一九一七年春ごろからで、食糧の原材料の相当部分を海上輸送で賄っていた各国の台所事情は一気に悪化した。この年はまだ備蓄があったとしても一九一八年にはいると糧食の不足は兵士や市民の健康面、衛生状態にも深刻な影響を及ぼすことになって、間もなく懸念されたスペイン風邪（インフルエンザ）が大流行。ヨーロッパにおける感染死亡者数は戦死者数を上回ったという。食糧不足に苦しめられたのは交戦国、非交戦国（中立国）の別がなく、よってスペイン風邪の流行も各国で拡大し、罹患死亡者数の増加に耐え切れず、大戦の休戦が早められたとさえみられている。

中立宣言国の場合は交戦国との貿易により経済的には潤ったとしても、輸送船や漁船の被害拡大や経済制裁などによって、必要な原材料、エネルギー（石炭）の入手難から物資不足に陥り、経済活動は混乱させせられた。では、実際に戦闘状態になった国々、また、中立政策を維持し続けた各国は、いかなる戦後を迎えたのか。

ベルギーにとっては独立時の条件となっていたあの二十四ヵ条条約での「永世中立」が「自身としては守ろうとしても、列強国の勝手さで破棄されたようなもの」で、防衛政策の足かせとすらみなされた。それゆえ、第一次世界大戦の戦後処理を決めるヴェルサイユ講和会議ではまず中立条約の破棄をかち得た。さらに、独立前の一八一五年にドイツ領に移されていた諸地域が領内に戻され、国際連盟に加盟するとドイツから取り上げられていたアフリカのルワンダとブルンジの統治が委任された（すぐ西側隣のコンゴがベルギー領だった）。

けれどもスヘルデ川などオランダの領地がベルギー側の防衛上のネックとみられたことなどを理由とする領土要求は、およそ認められなかった。ヴェルサイユ会議での決定権限を握っていたのは、事実上、欧米の列強戦勝国。ベルギーの場合は小規模国家という以前に、列強国の多数の兵士が戦死した「ヴェルダンの戦い」や「ソンムの戦い」へのベルギー軍派兵をアルベール国王が拒否していたことが好印象を与えられなかったともみられている。もっとも、アルベール国王にしてみれば、貴重な兵士たちには「参戦する気もなかった戦争に巻き込まれた国土の奪還や復興のために働いてもらいたかった」のだろうが、小規模国家の言い分など斟酌してくれないのが戦勝列強国ということなのだろうか。

ところで、ロシアでの革命拡大への懸念などにより、終戦までまだ一年近く間があった一九一八年初頭にアメリカ合衆国のウッドロー・ウィルソン大統領は「十四ヵ条の講和原則」を発表していた。そのうちのひとつである「オーストリア・ハンガリー帝国内での民族自決権の承認」は民族を主体とする新国家の独立の根拠とされた。この条文が大戦後の新国家の樹立のみならず、新たな国境線、領土画定においても大きく関わることになった。

例えばデンマークの場合、一八四〇年代と一八六〇年代にユトランド半島の付け根に当たるシュレスウィヒ、ホルスタインの領有を巡って旧プロイセンと紛争状態になり、その結果一八六四年に、国境線を大幅に北上させられていた（第一次、第二次シュレスウィヒ戦争）。この地域にドイツ系の農民が相当数居住していたことを理由とするドイツ（プロシアとオーストリア）側の領土要求だったが、実際は第二次シュレスウィヒ戦争終了後に、国境線が移動した地域での人民投票に図られることになっていた。この地域のデンマーク語使用住民たちがドイツ化を拒絶していたからだった。

結局、人民投票が行なわれることはなかったが、ウィルソン大統領の民族自決権の承認にまつわる条文は、ドイツ化を拒否してきた住民たちのデンマークへの復帰の願望を実現に向かわせる根拠となった。シュレスウィヒ戦争が終わってから、この時点でかれこれ半世紀以上。ヴェルサイユ条約においては、シュレスウィヒ北部（第一地帯）、同中部（第二地帯）に分けて一九二〇年二、三月に、人民投票を実施することと決まった。

この投票の結果、北部の第一地帯では七十五パーセントという過半数越えでデンマーク復帰が望まれ、中部の第二地帯では既にドイツ化が相当進んでいた（住民の四分の三がドイツ語圏）ためデンマーク復帰の希望が少数派と判明した。この結果を受けて、ドイツとの新たな国境線は、アルス島の南、フレンスブルクのすぐ北からユトランド半島を横断するところと、再画定されることになった。

デンマーク国内では「シュレスウィヒ戦争はドイツ・プロシア軍による侵略戦争だったので旧国境線に戻すように」主張された。だが半世紀以上も経過し、事実上、ドイツ化していたシュレスウィヒ南部までデンマークに戻すことは非現実的と、国内の識者からも指摘されていた。デンマークは大戦に参戦することなく一度失った領土の相当部分を取り戻すことができた。そしてこのとき決まった国境線は、今日に到るまで尊重され続けている。

このようにデンマークはユトランド半島での失地回復のために巧みな外交を展開したが、もう一方では前世紀末の一八九九年からアイスランドの行政権拡大……自治の要求に直面していた。デンマークが自由主義政権に変わった後の一九〇四年になってアイスランドにも自治権が認められたが、総督からアイスランド担当大臣への役職換え後に就任したハネス・ハフステインはアイスランドに常駐して道路や通信網、病院、学校などの公共施設の整備に努めた。産業革命による漁猟の機械化はアイスランドにも波及したが、このような労働、生活水準の高度化は経済活動の発展、権利獲得への意欲にもつながり、自治が達せられた後の独立要求に結びついた。

その後、アイスランドに現われた複数政党（自治党と独立党）の対立、宗主国デンマークの独立運動に対しての態度硬化などにより、自治から独立への動きは締め付けられることに

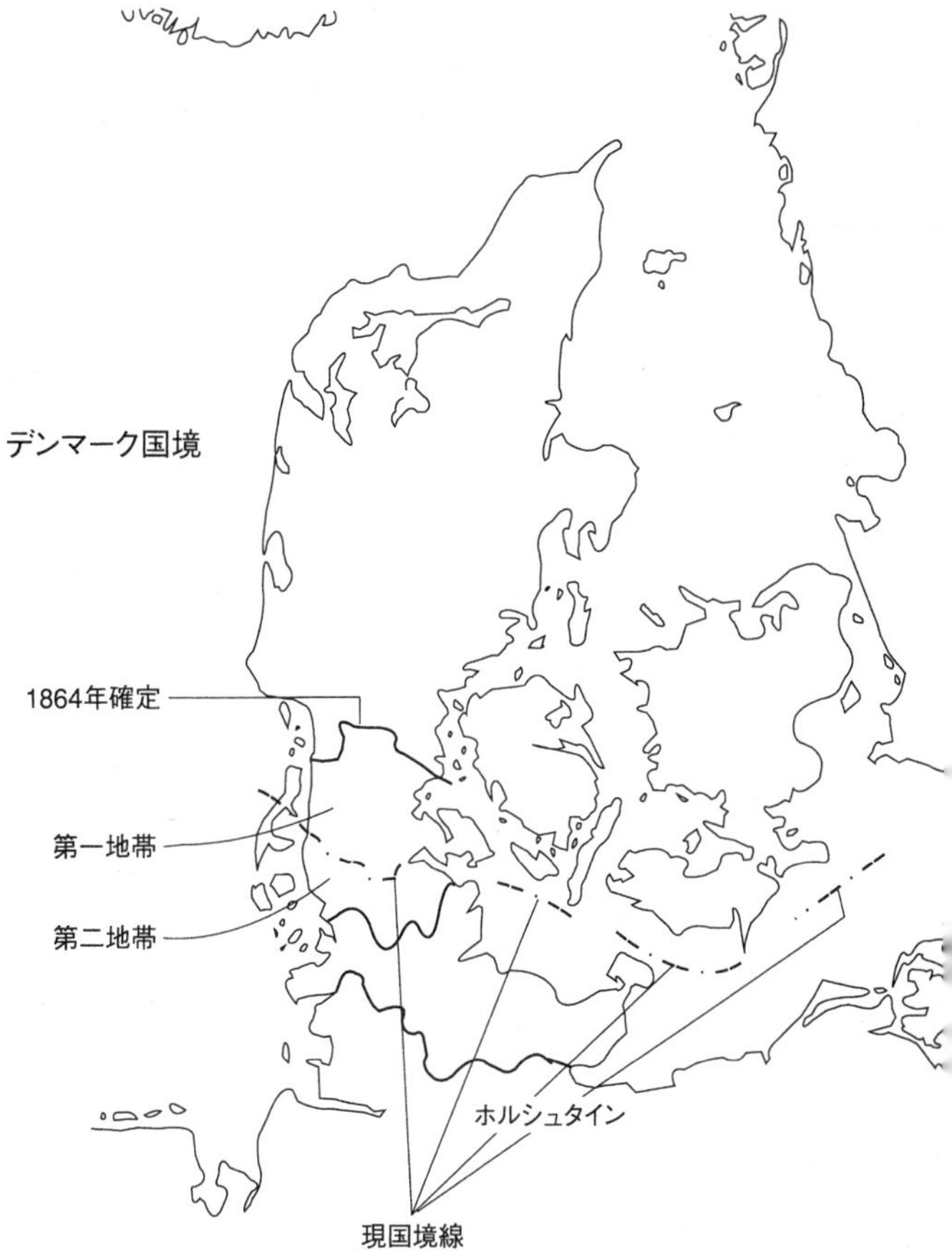
デンマーク国境
1864年確定
第一地帯
第二地帯
ホルシュタイン
現国境線

なる。けれども第一次大戦の勃発によってデンマークとの往来が不自由になる一方、北米や英国などとの交易は拡大し、アイスランドの国力が高められていった。

そして一九一七年には、ウィルソン合衆国大統領が提唱した民族自決の原則が独立を希望する民族の注目の的になったが、それはアイスランドにおいても同様だった。デンマークもシュレスウィヒ戦争での失地回復の根拠をこの原則に求めたため、アイスランドの独立への希望を押さえつける訳にはゆかなくなった。デンマークはアイスランドでの国民投票を受けて一九一八年末には、アイスランドの主権と独立が尊重されることになった（この時点ではまだ、外交と防衛についてはアイスランドの意を受けてデンマークが代行することになっていたのだが）。

一筋縄ではいかなかったバルカン半島の終戦直後

ウィルソン合衆国大統領が唱えた民族自決権の理念は、既に大戦中に運動が巻き起こっていた南スラブの統一への動きにも適用されようとした。けれどもこの理念をバルカン半島での複数民族による統一国家建設に当てはめるとすると、どうしても不自然さが感じられた。セルヴィア人、スロヴェニア人、クロアチア人という民族の違いにとどまらず、それぞれの歴史や宗教、言語、文化に至るまで異なっていたからである。相違点の多い隣接地域の統合の難しさは、十九世紀中の西ヨーロッパ低地における、オランダとベルギーの分裂の原因にもなっていた。

事実一九一七年にはいるまでクロアチア人にとっては、連合国側の戦勝後にダルマチア地方がイタリアに渡るという英伊秘密条約の方が関心事だったという。それを三民族による統一国家樹立に移させたのが、ユーゴスラヴィア人クラブ（オーストリア・ハンガリー帝国内の南セルヴィア人たち）の活動でもあった。大戦の趨勢がほぼ決していた一九一八年十月には、南スラブ統一を目的とする「スロヴェニア人・クロアチア人・セルヴィア人民族会議（民族評議会）」が創設され、十月末には旧オーストリア・ハンガリー帝国領内における南スラブ地域の建国が宣言された。

けれども翌十一月初めのジュネーブ会議においては、民族会議が進めていた立憲君主制（君主には、セルヴィアのカラジョルジェヴィチ王朝を予定）の統一国家は認められず、南スラブでの政権樹立が先に伸びたこともあって地域内は混乱した。さらにまたイタリア軍も戦勝国側に加えられたこともあって、英国との秘密条約に従ってダルマチアに上陸した。民族会議にしてみれば、一九一七年七月のコルフ宣言に盛り込まれた、南スラブ人のための立憲君主制国家の建国が急がれた。

傍目にも難しそうな複数民族の統合新国家の樹立ゆえに、当然、反対派の抵抗もあった。クロアチア人のクロアチア農民党や民族主義を謳うフランク派はクロアチアの自治および領土の保全を求めて、民族会議の中では反対勢力となった。けれども、結局、ベオグラードに集った民族会議の代表からセルヴィアのアレクサンドル公（摂政）に白紙委任されて、一九一八年十二月一日に「セルヴィア人・クロアチア人・スロヴェニア人王国」（長いので「第一のユーゴ」とも記述される）の建国が宣言された。

駆け足で建国された南スラブの新王国はさっそく、一九一九年のパリ平和会議において国境線画定を巡ってイタリアと激しく対立。イタリアは新王国を「セルヴィア代表団」としかみなさなかったが、連合国側も五月一日からは「ユーゴスラヴィア代表団」と認めた。イタリアの領土についてはオーストリアとこじれる原因になった「未回収のイタリア」＝トリエステ、南チロルはイタリア領としたものの、ダルマチア地方についてはユーゴスラヴィアの主張を支持した。これを受けて翌年十一月にイタリア・ユーゴスラヴィア間で結ばれたラパルロ条約では、トリエステに近いイストリア半島はイタリア領になったもののダルマチアはユーゴスラヴィア領と確認された。

ところでこの新立憲君主制国家・第一のユーゴは、セルヴィアを中心とする中央集権制が採られたうえ、多民族性を打ち消すかのように民族の名称を排して地名を冠した行政区分（三十三県）が敷かれた。公用語を「セルヴィア・クロアチア・スロヴェニア語」と定めたことも、言語学の考え方（同じ言語に括られるのは方言くらいまで）とはかけ離れていた。

だが、国家としてこのような無理を重ねることは、統一された民族間にも納得しにくい我慢を強いることになった。やがてそのような無理、不自然さは矛盾点やわだかまりを拡大させ、問題が表面化することになる。その代表的な問題が、一部が統一時に反対を表明していたクロアチア人による根強い独立要求「クロアチア問題」となってゆく。

このユーゴスラヴィアの南側のギリシアにおいては、首相ヴェニゼロスと国王コンスタンティノスとの対立から連合国としての参戦までに曲折があったが、敗戦国となったオスマン・トルコの領土割譲を巡って、イタリアとこじれかけた。イタリアは一九一七年四月に結ばれたサンジャン・ド・モリエンヌ条約によって、黒海、エーゲ海、地中海を隔てる小アジア

（アナトリア半島）の相当部分を支配することになっていた。これに対してギリシア人の居住者が多いスミルナ（小アジアの西端、イズミル）とその周辺地域の領有を主張した。

この対立はギリシア、イタリア両軍が新たな兵力を上陸させるなどきわどいところまで進んだが、この時点において余裕がなかったのは内政不安を抱えていたイタリアの方だった。イタリアはギリシアによるスミルナ占領を認めることにし、トルコの戦後処理を決めるセーヴル条約（一九二〇年八月）にもトルコによる五年間のスミルナ行政権が盛り込まれた。これによりギリシア本国の領地と合わせて、エーゲ海を取り巻く陸地の大部分をギリシアが支配することになった。大戦中にクレタ島（ヴェニゼロス首相の出身地）がギリシアへの併合を宣言していたから、列強国以外ではギリシアが例外的に領地を拡大できたと言えるだろう。

けれども財政的に豊かとはいえないギリシアにとって、バルカン戦争から数えて第一次大戦終了までの長期間に及んだ戦争状態の継続はやはり荷が重過ぎた。参戦しようが、せずに中立を守ろうが、大戦が終わる前後のヨーロッパ各国はかなり疲弊しており、国内的にも相当の混乱状態に見舞われていた。ギリシアの場合は、長きにわたった戦争によって軍、国民とも疲れきっていただけでなく、首相のヴェニゼロスとドイツ帝国の皇族の親戚の国王との対立がなおも尾を引いていた。新国王のアレクサンドロス一世は不慮の事故で早世したが、その後を狙ったのがスイスに逃れていた、父に当たる前国王のコンスタンティノスだった。

アレクサンドロス一世の死から一ヵ月後の一九一九年十一月にギリシアでは総選挙が行なわれた。普通に考えれば、戦勝により国土を拡大させたヴェニゼロス首相が信任されそうなもの。けれども、長期の戦いの後でさらにトルコへの派兵を行なってきた首相は、国民から信任が得られなかった。自身、苦労が報われることがなく落選の憂き目をみたヴェニゼロスはギリシアから英国へと逃れるが、政敵が去った後に国王の座に舞い戻ったのがコンスタンティノスであった。

ところが今度は、親独派の元国王・コンスタンティノスの復権に賛成しなかった戦勝国側が、ギリシアへの財政支援をストップ。そうなると王制派は、スミルナからさらに小アジアの深部への武力侵攻の挙に出たが、ギリシア軍内が旧ヴェニゼロス支持派と王制派と二分状態だったうえ、さらなる戦闘実施には嫌戦の雰囲気も漂った。それより何より、列強国から財政支援を打ち切られたギリシアには戦争を続けられるだけの予算など残っていなかった。

敗戦国・トルコの軍備は旧式化していたが、被支配者の立場を味わった残存兵力は精強だった。被占領地となっていたスミルナの市民の反ギリシア感情も手伝って、ギリシア侵攻軍に対するトルコ側の反撃は予想外に強力なものになった。ギリシア派遣軍はたちまち大混乱に陥り、前首相のときに得た領土・アナトリアを手放して本国に逃げ帰るか近傍の島々に脱出するしかなかった。

これだけの失敗をすればコンスタンティノス国王もついに退位せざるを得ず、王位は長子のゲオルギオス二世に譲られた（一九二二年九月）。王制派政府の主要閣僚や軍事責任者も責任をとらされた（処刑）が、ギリシア軍の大失敗はトルコ軍をさらに進撃させて、コンスタンティノープルに展開する英派遣軍と衝突寸前にもなった。

だがそこで折れて見せて実を取ったのはトルコの方だった。十月には休戦協定が結ばれて、英国との八ヵ月にも及ぶ粘り強い講和会議の結果、以前、ギリシアと結んだセーヴル条約よりもずっとトルコ側に有利な条件（賠償支払いなし、戦勝国による内政干渉も撤回、そのほか東トルキアや海峡近くの島々もトルコに返還）のローザンヌ条約が締結された（一九二三年七月）。

けれどもギリシアにとってもっと大きなことは、ローザンヌ条約締結の半年前の一月三十日に、ギリシア・トルコ両国の住民強制交換の条約が結ばれたことだった。この種の母国への帰国・送還に関する条約は、ギリシア、ブルガリア、イスラム圏の間で結ばれたが、外国に移住して生活の場を定着させてきた住民たちにとっては、不承不承の帰国や納得しかねる移住となることも多かったという。これも、あの民族自決権の理念を重視する大戦後国際関係のあり方のひとつだったのであろうが、長年の生活習慣や培ってきた人的交流の場も失われてしまうという、負の事例となったようである。

提唱者・アメリカの国際連盟不参加

十八世紀も終わりに近づく一七九五年にイマニュエル・カントの「永遠平和のために」が刊行されて以来、国際平和を実現するための国際法や国際体制が議論の対象になってきたが、カント自身は「将来の戦争の種を密かに保留して締結されたものは平和条約とみなされない」と批判していた（木畑洋一「国際体制の展開」）。事実、十九世紀は領土を巡る国家間の紛争が起こっては講和が図られる……の繰り返しになった。

ところが、産業革命によって科学技術が飛躍的に発展し、戦争に使用される武器、兵器が格段に威力を増すと、いつまでも国家間紛争を繰り返していられる状況ではなくなった。そのことを多くの国々の人間が身をもって体験した最初の戦争が第一次世界大戦でもあった。平和の実現を目指す国際体制作りについての考察は既にはじめられていた。

にもかかわらず、時代は欧州列強国がアジア、アフリカに進出して競うかのように利権を獲得する帝国主義の時代に突入していた。さらにまた極東の島国・日本はアジアの国々の中でもいち早く、欧米の諸制度や科学技術、文化などを取り入れることに成功していた。さらに伝統的に同盟関係を結ぶことに否定的だった大英帝国から、一目置かれる存在になって日英同盟が結ばれるに到った。この日英同盟をも含めて、列強国で形成された同盟間の利害対立が極まって突入したのが第一次世界大戦だった。

このような世界規模に拡大した大戦争の戦火が止んだときは、その後の平和を維持するための国際体制が必要とされる時期でもあった。第一次大戦が休戦になると、ロシア帝国および オーストリア・ハンガリー帝国の解体にともない小規模の国家がいくつも独立したが、新国家には概して先進列国の流儀ともいえる国家や経済、軍事の枠組みが求められがちだった。バルカン半島の国々などには、先進国にとって都合のよい国境線や領土があてがわれたという印象すらあった(やがて、二十世紀なかばから植民地が独立するようになると、領土を決める際にもともとの宗主国が主導権を握ることが多くなる)。

けれども財政面で限りがある新興国にとっては、列強国並みの防衛力を有することはまず不可能だった。ドイツの戦後処理や賠償、制限事項を定めたヴェルサイユ講和条約については、休戦直後のパリ講和会議で論議されたが、この会議において平和な国際関係を実現するための新組織「国際連盟」の設立を議題として提示したのが、アメリカ合衆国のウッドロー・ウィルソン大統領だった。

プリンストン大学総長からニュージャージー州知事を経て合衆国大統領に就任したのは一九一二年暮れのこと。今日のアメリカ合衆国とはまるで別の国のようだが（例のライト兄弟の原理特許問題などもあって、要するに軍事産業が未発達だったのだろう）、第一次大戦がはじまると参戦せずに中立の立場から早期和平の方策を探りはじめた。そしてロシアで発生した共産革命による国際社会への影響をも踏まえて、新たな枠組みとして提示されたのが国際連盟だった。

それまでの国際体制が個々の主権国家による防衛政策のうえに成り立ち、勢力均衡によって平和を維持しようとする、ずっと以前にカントが指摘した「将来の戦争の種を留保した平和条約」から脱却できない制度とすると、国際連盟においては全く新しい平和維持の原則が盛り込まれていた。いわゆる「集団安全保障」の制度である。

勢力均衡では対立国の利益関係国の陣営が互いに勢力を均衡させて戦争突入を踏みとどまらせる、もしくは戦争突入に到ったなら共同（参戦もしくは支援）するという考え方だったのに対して、集団安全保障においては対立する立場の国をも平和維持を約束する制度内に取り込むという考えかただった。そしてその約束が破られた際に、約束を守っているほかの国々が集団で平和な状態を取り戻すというのが集団安全保障の考え方とされる。平和を取り戻すための制裁措置としては、経済封鎖など非軍事的措置（十六条）と軍事行動（十六条二項）が規定されていたが、行使される軍事力については国際連盟から当事国に動員すべき兵力を提案する義務を負うという程度だった。

各国が協力して平和を目指すという考え方としては画期的だった。本当にこの制度が機能すれば、財政面で苦しんでいる新興国も国防予算の負担から解放され、列強国も技術行政の面でいびつなほどの軍事技術の突出という事態を防ぐことができるはずだった。ところがこの制度には、理想に走り過ぎているところが少なくなかった。

平和を維持し続けようという枠組みは、すべての主権国家の参加が前提となるところ、敗戦国・ドイツや国際連盟が発足した時点で干渉戦争の交戦国という状態にあったソビエト・ロシアは対象外とされていた。さらにまた、あろうことか国際連盟の発足を提案したアメリカ合衆国自身が国際連盟に加盟しなかったのである。第一次大戦が終わると合衆国内では外交よりも内政重視に傾いただけでなく、一九一七年春から参戦し、長期化していた大戦においての決定的な役割を果たした己の力を自覚したのか、連盟に対して様々な留保条件を突きつけたのである。これらにより連盟参加国の間では浮いた立場になったアメリカは加盟を見合わせてしまったのである。外交上の「どんでん返し」と言えばそれまでだが、これを上回る珍事はなかなかないだろう。

不明確なところも問題だった。どのような段階で不法的な武力行使と見るのか、宣戦布告をともなわない一時的な紛争なのか、それともほかならぬ軍事的侵攻なのか。どういう状況になったときに、武力衝突の当事国とみなされるのか。連盟が介入すべき状態になっても、帝国主義的な利害の面から黙殺するようなことはないのか……。

さらに挙げるなら、大戦後のヨーロッパ各国のあり方となったヴェルサイユ体制も「会議が踊りまくった」末の産物だった。軍備を縮小させるための徴兵制の廃止も結果的には見送られ、日本から提案された人種や国籍による差別の撤廃案も、多くの植民地を有する古株帝国主義国（英仏）の反対で潰された。敗戦国・ドイツに対する賠償請求も、様々な制限を課したうえでの実現困難な請求金額……会議で決まった事柄に恨みや疑問が多かった。

もとより提唱者であるウィルソン大統領のアメリカ合衆国が参加しなかったことからしても、信じるに足るかどうか疑わしさがあった。いずれドイツやソビエト・ロシアの国際連盟加盟はあり得るのか。そうなったら近傍の新興国への影響はないのか。

不安に思われるところも少なくなかった。けれども列強国のような防衛力を持つことは小規模国家群、新興国には難しい。以降の平和維持を目指すなら、ほかに選択肢はなかなか見つからなかった。

早くも現われていたファシズムの影

「第二次世界大戦は第一次世界大戦の続きか」という議論はさまざまなところでなされてきたが「敗戦国ドイツに対する賠償金などの制裁が尾を引いたから」「共産主義革命により国際関係から除け者状態になったソビエト・ロシアが旧ドイツ帝国の軍人、軍事技術者と結びついたから」「極東の戦勝国・日本が以降、帝国主義にひた走ったから」などの諸説以外に、もうひとつ重要なファクターがあった。第一次大戦中に早くもイタリア国内において、初期のファシズム（全体主義）が芽生えていたのである。

大戦が勃発した当初、イタリアも「中欧同盟」ことドイツ帝国、オーストリア・ハンガリー帝国と同盟関係にあったことについては先に述べた。けれども「未回収のイタリア」を巡ってオーストリアとの間は領土問題があり、ここから連合国側に切り崩されて戦勝後のイタリアの領土拡大を保証する秘密条約を英国と結んで、連合国側に参加したことについても触れた。

このように政策が大きく揺れると、イタリア国内も混乱しない訳がなかった。ただしイタリアの場合は大戦がはじまった当初は「中立」を表明したため「不戦か、参戦か」の対立の方が大きかった。イタリア議会の下院でも中立維持＝反戦主義派の議員の方が多数派だったが、それを一九一五年五月という戦争突入から一年も経たない時期にそれまでの同盟関係を破棄して連合国側からの参戦を決めた（参戦を決める権限を政府に委任することを決めさせた）のも、かなり暴力的な手段が採られたからともみられている。

そして国を挙げての動員体制になると、一気に事業が拡大したのはイタリア北部の軍需産業ばかりだった。エンジン、車輌メーカーのフィアットや軍用機産業のアンサルドなどである。これらの軍需産業と国家とが結びついて国家独占資本主義に近づいたが、逆にこれにともなう財政負担を強いられた国民の不満感は高まった。農民層が大半を占めるイタリア南部との経済較差も拡大しており、終戦成ってからのイタリアは内政が大きな問題になった。オスマン・トルコの戦後処理において、アナトリア半島のスミルナ支配を巡ってギリシアとこじれかけた際にイタリアがさっさと引き上げたのには、こんな事情があったからでもあった。

一九二〇年六月から政権を担当したジョバンニ・ジョリッティは、相変わらず議会で多数派を占めていた中立派＝反戦主義派＝社会主義勢力の議員勢力を弱めるためにベニトー・ムッソリーニが率いる一派「ファシスト」を利用することにした。一九二〇年前後というと、史上初の共産主義化を目指す革命が成ってソビエト・ロシアに体制が変わったばかりの時期。自由主義圏各国の指導者たちが労働運動や社会主義者たちの言説に神経質になっている時期でもあった。そこでイタリアでは、暴力的なファシストを利用して、市民から支持を集めている反戦主義政党の議席を減少させ、その後、ファシストの暴力的な性格を薄くさせようという、都合の良い（というか「勝手な」というか）考え方が採られた。

だがこの頃のファシストは、非合法の軍事力を有するなど暴力的なところが疎んじられたりもした（社会主義者の市長が就任したボローニャ市の市庁舎襲撃など）。それでも左派思想と相容れない独占資本主義者、地主や農業資本主義者層、軍部内の国家主義者グループなどからも支持、支援を集めるようになっていた。軍部に至っては、ファシストのメンバーに訓練の便宜も与えたという。一九二〇年末からのわずか一年でファシストの組織も八十八支部二万人から八百三十四支部二十五万人へと急成長。この時代のイタリアがファシストに過度の幻想を抱いたということなのだろう。

首相のジョリッティはファシストの力をもって左派議員を排除しようとした。けれども利用しようとする方が、逆に利用されてしまうことは珍しいことではない。ファシストの代表・ムッソリーニが目指すところは、社会主義、自由主義をも排除した全体主義を骨子とする独裁体制の樹立だった。一九二一年五月の選挙では三十五議席を獲得して、十一月にはついに「ファシスト党」が結成された。

ところがその年からは、大戦下では好況だった景気が後退局面にはいって政府の基盤も不安定になった。これに対してファシスト党は、国王やローマ教会からも期待される存在になっていた。翌一九二二年には全国のファシストがローマに集って（ローマ進軍）、まだ連立政権だったがムッソリーニ政権が成立した。そうなるとイタリアはもう、反対意見は暴力で封じ込めて、ムッソリーニに独裁者（統領＝ドゥーチェ）として絶対権力を認める全体主義（ファシズム）にまっしぐらだった。

イタリアの政情不安のなかで誕生した初のファシズム政権に対して世界は、また周辺の新興国家群ではどのように考えたであろうか。ムッソリーニのファシスト政権は、国内では早くも既存の法律をも踏み越えた軍中心の国家という姿を示しはじめていたが、外国へのファシスト政権の影響はまだ微々たるものだった。むしろ、関心を示していたのはミュンヘン一揆で投獄されたオーストリア出身のアドルフ・ヒトラー。ヒトラーはムッソリーニやファシスト党を模範にドイツの全体主義化を模索することになる。

新興国、小規模国家群にとってファシズム国家が脅威の対象と認識されるようになるのは、やはりナチスドイツの存在が明らかになってからであろう。だがナチスが形成される前に、第一次大戦で失ったものを取り戻して戦勝国（英米）に報復せんともくろんでいたドイツ人たちが関心を抱いたイタリアの全体主義は大戦直後の政情不安のなかで、左派政党と対抗するために拡大したのだった。

大戦間の小規模国家群・低地、北欧

最初に国土がドイツ軍に踏み荒らされたベルギーでは被占領地に残った市民、近傍国に逃れた難民、それに亡命政府ともども四年以上もの不遇に耐えなければならなかった。ルアーブルに近いサント・アドレスに設置されたベルギー亡命政府にとって戦後の復興は最初に取り組むべき課題だった。だが共産主義革命の影響も懸念され、労働者階級と資本家階級による対立も考慮して自由党、カトリック党、労働党による連立政権を組むこととし、またアルベール一世の意を受けて普通選挙が行なわれることになった。以降、ベルギーでは一九五〇年まで二十八代に及ぶ連立政権が内閣を担当する（「国王問題」による混乱もあったが）。

ドイツによる賠償金（二十五億ベルギー・フラン）はベルギーに優先的に支払われることとなり、それを前提に国立銀行は戦後復興のための融資を活発に行ない、住宅や耕地、工業、鉄道の復興もかなりのピッチで進められた。これらに対して、大戦中にベルギー軍を難渋させた複数の公用語、フランデレン語地域出身の兵士をワロン語で統率して軍組織において混乱を招いた言語問題は、なかなか解決方法が見出されなかった。それぞれの言語圏内にもう一方の言語を使用する大学を新設したり、学生に受講する講座の三分の一はもう一方の言語の授業科目の履修を義務付けたりと工夫したが、一時的な対策に留まった。

やがてさらに大きな問題になったのは、巨額の賠償金を負わされたドイツからの支払いが行き詰まったことだった。ドイツの賠償金を必要としたのは国土が戦場になったフランスも同様。そこで両国は一九二三年早々にルール工業地帯に侵攻して、何箇所かの鉱山を取り上げた。それでもドイツからの支払いを前提に融資を拡大し過ぎたベルギーの財政状態は破綻に瀕した。

ここで絶妙の財政建て直しを行なったのは、大戦中にアメリカに設置されたベルギー救援委員会が送ってくる食糧の受け入れを担当した国民救済・食糧委員会の議長を務めていた新蔵相のエミール・フランキだった。一九二六年五月に就任した時点で向こう半年以内に八十億ベルギー・フランの短期公債を返済しなければならない、火中の栗を拾うような役職への就任だった。だがこれを四分の一は新税徴集で賄い、また国家償還基金を設置して返済が迫る半分の公債は国鉄株と交換させて窮地を脱することができた。これにともない対英為替レートが安過ぎる問題も、一ポンド二百五十ベルギー・フランもしたところ、百七十五ベルギー・フランまで落ち着き、一九二〇年代後半は国内経済も安定した。

独立する際の条件となった永世中立については、第一次大戦の戦禍を免れられなかったベルギーとしては既に望んでいなかったため、これを破棄してフランスとの秘密の軍事協定を締結。国際連盟に加盟して列強国との関係を深めるとともに、できる限り精強な軍隊を育成する防衛政策に転換した。一九二五年に結ばれたロカルノ条約は、ドイツによる再度の国境線突破に際して、英伊両国による防衛の保障を約したものだった。

なんとか中立政策を貫けた隣国・オランダは、国土が戦場になる最悪の状況だけは防ぐことができた。けれども大戦後半になると、食糧や原料の海上輸送での入手が困難になり、危機的な経済状態を迎えたのは同様だった。

復興がベルギーより労を要さなかっただけに工業生産力の活発化も早かったが、その分、終戦後、特需景気の終わりにともない生産超過になるのも早かった。そこにインフレによる物価や公費の高騰という追い討ちがかけられたが、ヘンドリック・コーレインら一九二〇年代半ばの厳しい時期を担当した蔵相たちが公共事業の中止や増税、公務員給与の引き下げといった緊縮財政政策を採り、また、インフレ抑制策を実施して財政および国内経済の建て直しに成功した。

以後オランダは、しばらくの間好調な時期が続くが、航空機製造事業などは小規模国家とは似つかわしくないほどの実力を持つに到る。第一次大戦中にドイツ軍のために、連合軍が震え上がるような傑作戦闘機群（フォッカーEⅢ、DrⅠ、DⅦなど）を相次いで開発してきたアントニー・フォッカー（じつは連合国側から厳しくマークされたお尋ね者だったのだが）が生まれ故郷の国への帰国を果たしたからでもあった。

だが小党分立による連立政権の繰り返しは重要な決定事項（オランダ領東インドネシアを防衛するための艦隊建造法案など）を否決させてしまうこともあれば、次期政権の成立を遅らせる政治空白にもつながった。防衛に関連してはオランダも国際連盟に加盟したが、ベルギーとは国防問題を解決するためにリンブルフ州内を通過してライン河とアントワープを結ぶ運河を認めて「オランダ・ベルギー条約」を締結。けれどもこれに反対したロッテルダムの主張を受けた上院が、条約を批准しないという事態になってしまい、両国間の関係の難しさがまたも浮き彫りになった。

もともと中立国には国際連盟設立時における交渉の場に加わる権限が認められていなかったが、ノルウェー、デンマーク、スウェーデンにとっても、大戦中に戦乱に巻き込まれたベルギーの苦難を見て、それまでの中立政策のままで国防が達せられるとは認識できなかった。だが国際連盟の側に対しても、先に挙げたような不安要素が指摘されていた（アメリカ、ソビエト・ロシアの不参加や紛争の程度の判断など）。よって、それまで採られてきた中立政策と国際連盟の平和維持のあり方の間に不自然さ、矛盾がないのかどうか検討された。

考え方からすれば、集団安全保障が完璧に機能するなら、中立政策は無意味になるはずだった。「将来起こりうる戦争を防止する」ことが集団安全保障の意図するところだからである（『中立国の戦い』にも記述）。けれども設立交渉時に早くも列強国のもくろむところから手を加えられ、判然とすべきところもあいまいな表現に留められてしまった。ゆえに中立維持に保守的な考えをもつ向きからは「集団安全保障への参加によって発生する義務と中立政策の維持とが両立できなくなる」という反発を招いた。

それでも北欧の国々が国際連盟への参加を決めたのは、列強国の意に支配されがちな国際政治の場に意見できる機会を確保せねばならず、かつ、伝統的な中立政策では戦争の回避は不可能（ベルギーの例）と認識されたからだった。そして、集団安全保障参加による義務と中立政策が対立する場合には、前者の方が優先されるとも考えられた。一九二〇年の年初めから年末にかけて、デンマーク、スウェーデン、ノルウェー、それに新たに独立を果たしたフィンランドと、相次いで国際連盟に参加することになった。

加盟した以上、国際連盟の平和維持の機能の強化に積極的に関わるのが、列強国による支配や領土要求に悩まされ続けてきた北欧の国々であった。特にカール・ヨハンの治世以来、中立政策に基づく調停役を務め続けてきたスウェーデンにおいては「軍縮政策が平和維持に結びつく」と認識されていた。小規模国家にみなされたはずの国々の意見も無視できなくなり、やがて特別軍縮局（一九二二年）、特別軍縮委員会（一九二五年）が北欧主導で設置されることになった。

敗戦国ドイツが国際連盟の対象外とされてきたことも国際平和実現の観点から見れば不自

然だったが、ドイツの連盟加盟も北欧諸国から強く要望され続けた結果、一九二六年に実現された。「はじめからドイツも国連の一員とみなされて公正かつ妥当な関係が築かれていれば、あのラパロ条約＝ソビエト・ロシアとの秘密の軍事協定＝を結んでいたかどうか」というのも、もうひとつのタラ・レバ話であろう。

考え方のうえでは、全ての国々が国際連盟に加盟してこそ集団安全保障が機能するという件については先にも触れたが、ソビエト・ロシアが参加していないことに危機感を感じたのはやはり長大な国境線を接しているフィンランドだった。スウェーデンなどほかの北欧圏の国々にしてみれば「革命後の戦乱で軍備を消耗し切ったソビエト・ロシアの力が弱まって、バルト海から脅威が姿を消した」くらいの認識だったのであろう。

ただし、フィンランドがソビエト・ロシアとの独立戦争を経て独立、また、スカンディナヴィア半島がかの共産主義国と距離的にも近く、かつて帝国時代にはバルティック艦隊がバルト海を支配していたことは、地理的にも歴史的にも事実だった。それゆえ、北欧の各国は国内の労働運動や左派政党に対しては、緊張感を持って注視せざるを得なかったということである。

大戦間の小規模国家群・バルカン

どうみても異なる民族にしか見えないセルヴィア人、クロアチア人、スロヴェニア人を統合させてひとつの国として独立した「第一のユーゴ」だったが、はやくもクロアチア人が不協和音を奏ではじめていた。南の隣国、ギリシアもトルコの小アジアでの無謀な侵攻に失敗して、王位に復帰したコンスタンティノス一世の再退位という政情不安を招いていた。そんな状況下のギリシアで起こったのが、ギリシアとアルヴァニアの国境の策定を担当したイタリア人委員が殺害される事件だった（一九二三年）。欧州の火薬庫はまたもや危ない地域になりかけていた。

既にイタリアはムッソリーニが政権を握っていた時代。ギリシアから賠償金が支払われるまでコルフ島を爆撃して支配するという、力押しの外交に打って出た。ここで両国の調停に乗り出したのが国際連盟だった。各国の世論はイタリアに厳しかったが、列強国は賠償金の支払いをギリシアに勧告して、イタリアには軍を退去させることができた。

ギリシアでは、トルコ国内での領土拡張の大失敗により王制派である人民党の立場は失われ、一九二三年末の総選挙では共和主義政党がほぼ全議席を獲得した。コンスタンティノス一世の後を継いだゲオルギオス二世もギリシアを去ったことにより、共和国宣言が採択されて翌年の国民投票では圧倒的多数で共和制が支持された。

だがギリシアは国土の特性上、逃れることができない問題を抱えていた。もともとバルカン諸国が抱える農業人口の割合は非常に高く、一九二三年の時点でルーマニアが人口千七百五十万人中七十八パーセント、ユーゴスラヴィアが千二百万人中七十六パーセント、ギリシアが五千五百万人中六十パーセント（ブルガリアに至っては八十パーセント）と大変高い割合だった。

数字的にはギリシアの農民割合はルーマニア、ユーゴより低かったが、ギリシアの場合は農業に適している土地は国土の四分の一に過ぎなかった。それでも農民人口割合が高いまま、産業構造の適正化が図られることもなかったため、国民の経済状態、生活水準はいつまでたっても貧しいまま。言ってみれば、共和制派と王制派の政争、トルコなど周辺国との領土紛争も国民の多数派とは離れたところでの問題だった。

やがて帰国して首相に復帰したヴェニゼロスも国境紛争が多発するバルカン半島においては、国情の改善まではなかなか実施できなかった。その後も外交上の平和維持に努めるのがやっとだったが、一九三〇年代以降のトルコとの良好な関係、また、後のバルカン連盟樹立に至る周辺諸国との関係の改善はヴェニゼロスの功績だった。

一九一八年末に独立が宣言された「セルヴィア人・クロアチア人・スロヴェニア人王国」（第一のユーゴ）においては、セルヴィアの王制に重きを置いた中央集権制が敷かれたものの、早くもクロアチアが統一国家に異を唱えたことについて先に触れた。一九二〇年十一月には憲法制定議会の選挙が行なわれたが、議席数で一、二位を占めたのはセルヴィアに拠点を置いた民主党と急進党で（それぞれ九十二、九十一議席）、三民族の左派を合わせた共産党、それにクロアチア農民党が三、四位を占めた（五十八議席、五十議席）。クロアチア票のほとんどがクロアチア農民党に集まったことが、クロアチア人が統一国家を支持しない意思表示でもあった。

だがこの選挙によって僅差ではあったが、高度にセルヴィアに権力が集中した「ヴィドヴダン憲法」（採択された日が「聖ヴィドの日」だったことに由来する）が新憲法となることが決まった。セルヴィアのアレクサンダル国王が軍を統帥したほか、内閣、公共機関の要職がセルヴィア人に占められ易いように定められていた新憲法にも、クロアチアでの反感は強めら

ハンガリー
ヴォイヴォディ
スラヴォニア
ベオグラード
セルヴィア
モンテネグロ
ブルガリア
アルヴァニア
ギリシア

「第一のユーゴ」建国に参加した国々

れた。

一九二三年以降の選挙では急進党とクロアチア農民党が議席数を伸ばして与党、野党第一党となるが、クロアチア側の党首・スティエパン・ラディチは、強硬な反対姿勢と協力姿勢とを巧みに使い分けながらクロアチアの自治権拡大、租税の平等化などを引き出していった。やがて一九二七年になると、元民主党のプリビチェヴィチと手を握って、連邦制への移行を要求する強力な反政府勢力を形成することになる。

ところが、翌二八年六月に議会内でモンテネグロ出身の急進党議員が引き起こしたピストル発砲テロ事件に巻き込まれて、ラディチは命を落としてしまう。当然、クロアチア出身の議員たちはこれまでにない強い抗議の姿勢を示し、クロアチア域内でも大規模デモなど抗議活動が活発化した。

もともとアレクサンダル一世は自身に権力が集中する専制政治を望んでいるふしがあったというが、この時点でいったん、クロアチア農民党における連邦制以降の希望の内容について聞き取って、これをセルヴィアの要職者らに通知。こちらもクロアチアの要求を聞き入れられる訳がないので、強く反発するのを受けて一九二九年早々に実力行使に出る。それは、あのヴィドヴダン憲法の廃止、議会の解散、政党活動も禁止して、自身による独裁体制樹立の宣言だった。そして、その年の十月には国名も「ユーゴスラヴィア王国」に改めさせた。

アレクサンダル一世が意図したところはセルヴィアとクロアチアの対立を終わらせて、統一国家全土に愛国心を植え付けようという、自信に満ちたものだった。事実、膝元ともいえるセルヴィアの政治家たちはこの意図に乗ってセルヴィア色が濃い体制（大セルヴィア主義）

へと突っ走って行く。これに対してクロアチア側では独裁王政への協力も拒むようになり、ますますセルヴィアとの対立を鮮明にするのだった。

大戦間の小規模国家群・ポーランド

十八世紀後半に行なわれた三次にわたる分割によって国土を失ってから、第一次大戦が終わる時期にポーランドが主権国家としての地位を回復するまでに百二十年もの月日が経過していた。行政が機能しなくなった隙を衝かれたようなところで被ったロシア、プロシア、オーストリアによる分割統治で、事の重大さに気づいてからポーランド人の間で主権回復の意識が目覚めたようなものでもあった。然るに、主権の回復には渇望するものの、自身の行政能力については未知数というのが、独立回復が成った頃のポーランド共和国ということなのだろう。

一地域として支配を受けていた訳ではなかったことがポーランド行政の再出発を複雑化させたが（ワルシャワの摂政政府、オーストリアのポーランド清算委員会、人民政府、ソビエト・ロシアの労働者代表評議会、パリの国民委員会ほか、行政組織が乱立していた）、ヨゼフ・ピウスツキは摂政会議から、かつての独立運動の士・タデウシ・コシチューシコのみが任ぜられたことがある、国家主席に任ぜられた。オーストリア領ポーランド出身のピウスツキは第一次大戦中にソビエト・ロシアと戦うためにポーランド軍団を率いたが、それをポーランド独立のための行動とみなしたドイツが身柄を拘束し、ポーランド独立時は釈放されたばかりだった。

ピウスツキは社会党出身だったため保守派から国民主席として認められることを重視した

が、その実は、国民民主党（保守派）からは不信の眼で見られ、左派政党（社会党、農民党の一部）からは社会主義からの離反と咎められて、こちらからも厳しい視線を向けられた。そんなこともあって、ピウスツキが首相に指名した政治家、元軍人らがいずれもどこかしらの派閥、国民から厳しい批判に曝されて行き詰まりかけた。

そんなときに大戦中にアメリカでピアニストとして活躍し、国民委員会に属する政治家に転じたイグナシ・パデレフスキが帰国したため、一九一九年一月にようやくパデレフスキ政権が発足。さっそく立憲国会の選挙が行なわれて、右派の国民民主党が勝利。同党の意を反映させたごく基本的な小憲法がまず採択されたのだった。

政府、新憲法が認められるのにも手数を要したが、ポーランドの新たな国境線策定も難問題になった。というのは周辺の各国、ソビエト・ロシア、ドイツ、オーストリアがいずれも大きな政変を迎えており、支配された期間が一世紀以上にも及んでいたポーランドとしては領土拡大を企図したいところだったが（大国でなければ国として生き残れないという恐怖感）、本来はその後の外交ビジョンを反映させるべきだった。

領土問題の決め手となるのは軍事力と外交能力とされるが、このときのポーランドには両方を担当し得る外交の専門家がおらず、ピウスツキが軍事面を、往時に国民民主党を結成して、英仏とも交渉ができたロマン・ドモフスキが外交を担当するという、分担制が採られることになった。なおドモフスキ自身は、反独・親露ないしは親英仏を外交方針とする単一民族国家を構想していたという。

一九一九年三月にドモフスキがパリ講和会議に出席した際も英仏両国からは、ポーランドのソビエト・ロシア、およびドイツに対する領土要求の行き過ぎに難色が示された。ヴェルサイユ講和条約においてはバルト海に至るいわゆる「ポーランド回廊」など旧ドイツ領の三地方の移管を認めただけで（東プロイセンのダンツィヒが自由都市となり、ほかに二地方が住民投票にかけられることに）、少数民族保護条約の締結まで納得させられた（これが後に、再度の世界大戦における空前の悲劇につながるのだが）。これを受け入れなければポーランドの独立は認められないというのが、列強国流のやり方だった。

一方、軍事面を担当したピウスツキはドモフスキとは逆に反露・親独外交の連邦制を主張して、あの第一次分割以前のポーランド領土を希望していた。ロシアでの革命、ドイツ軍の撤退にともない、リトアニア、ベラルーシ、ウクライナが共和主義政権を起こしたが、ソビエト・ロシアはこれら共和主義政権地域を高圧外交で領内に編入。やがてポーランドとソビエト・ロシアによる領土紛争も多発するようになった。

ピウスツキはミンスク、東ガリツィア支配と武力介入を活発化させるが、白衛政府軍支援の問題も加わって事態は複雑化する。そして一九二〇年春に、ポーランド軍はウクライナに侵攻し、キエフを占領してソビエト-ポーランド戦争に突入。この戦いの顛末については前章の「共産主義革命時の独立国」で言及したが、戦況をひっくり返してポーランド領内まで侵攻してきたトハチェフスキー率いるソビエト・ロシア軍を再度押し返したところで戦線は膠着状態に陥り、両国は一九二〇年十月に講和することになった。

結局のところポーランドの領土要求は、東西の国境とも希望したとおりにはならなかった。ヴェルサイユ講和条約によって住民投票に掛けられることになったドイツ領内のシロンスク、マズーリ、ヴァルミアでもドイツ帰属の票が上回った。この結果を巡って暴力的な紛争が起こったシロンスクでは連合国から、分割して事を納めるよう勧告され、一九二一年十一月にシロンスクの二十九パーセントがポーランド領に移管された。

ポーランドが東西で引き起こした領土紛争は発足したばかりの国際連盟にとって悩みの種になったが、一九二三年三月までに新生ポーランドの領地として認められたのは、一次分割前からみれば半分にも満たない四七パーセントに過ぎなかった。連邦制を敷こうにもポーランド人の割合が多く、逆に単一国家にするには民族構成が複雑だった。さらにまた周辺諸国との紛争、軍事対立は多大な恨みを残すことになり、ソビエト・ロシア、ドイツだけでなく、リトアニアやチェコスロヴァキアなどもポーランドには厳しい眼を向けざるを得なくなるのだった。

このように外交面でも問題が多かったが、百二十年以上も分割統治が続いたため国家、政党、市民社会のつながりが希薄になっており、行政、経済・産業、司法にわたる諸制度も、ゼロから構築してゆかなければならなかった。ヨーロッパ諸国にとっての第一次、第二次大戦間は、工業生産が著しく拡大する時期でもあったがポーランドだけは例外で、最高水準に達した一九二九年（世界大恐慌が起こった年）をして、大戦前の八十六パーセント程度に留まった。

バルカン諸国ほどではないにしても、六十四パーセントに近かった（一九二一年）農業人口割合の他産業への転換がうまくゆかなかったことも、やはり諸制度が機能していなかったからであろう。かつてのシュラフタ（貴族層）の成れの果てに当たる大地主たちが領地明け渡しに激しく抵抗して、時代の流れに合わせる改革の足を引っ張ったこともポーランドの工業化を遅らせる原因になった。

民族的にもこの当時はポーランド人七割に対して、三割強がウクライナ人（十四パーセント）、ユダヤ人（十一パーセント弱）、ベラルーシ人、ドイツ人に占められていたこともピウスツキの主張した連邦制の方が実情に即していた。ところが実際はドモフスキの同化主義（単一民族構想）が採られたため、民族抗争も発生した。やがてこの国の少数民族問題は周辺国との外交上の問題となり、次の世界大戦での最悪の民族迫害事件へとつながることになる。

だが一九二〇年代半ばまでは内外に様々な問題を抱えていても、ポーランドでは議会制民主主義が保たれていた。ところが、一九二五年末にドイツとの関税戦争が起こるとその後の政権樹立が困難になり、翌二六年五月十三日にピウスツキがクーデター（市街戦が三日間続く）を起こすと、その後は権力がピウスツキに集中することになった。ここまでやればピウスツキも独裁者の範疇に加えられるとしても、今日に伝えられる評伝では名だたる独裁者とは同列にはみられていない。

ピウスツキについては「明確な政治理念の欠如」「場当たり的な判断」「軍事行動の指示、命令はしたものの優柔不断気味でリーダーシップにも乏しい」など厳しいものも少なくない。五月クーデターにしても、その目的が判然としていない。その一方で、ユダヤ人もウクライナ人と同様、ポーランドを形成する一人種とみなしたため、単一民族主義の右派から批判されている。

1772年の分割前の国境線

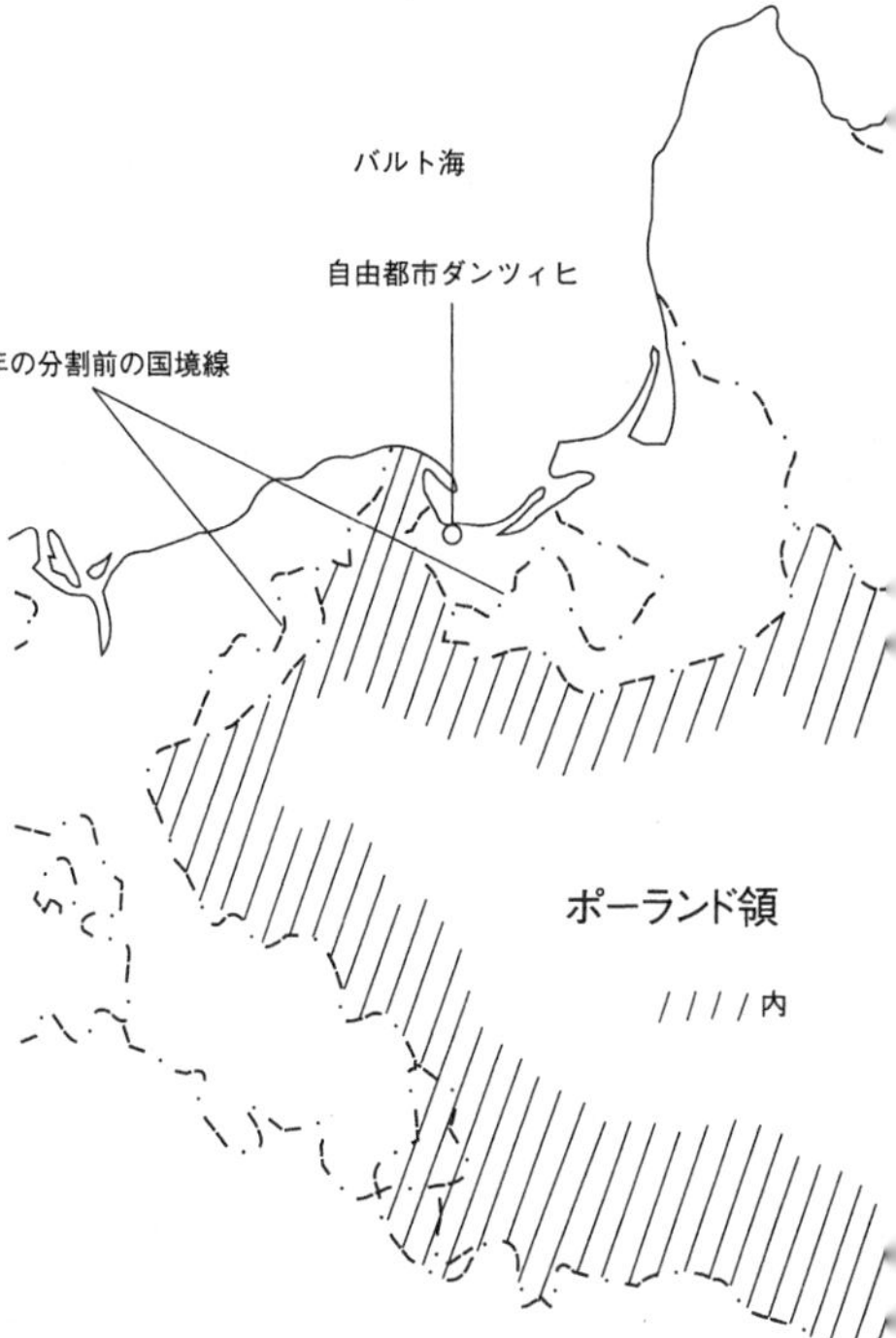

1923年に確定された
独立回復後のポーランド領土

希望した分割前の領土は回復できず

そして、クーデター後の約三年、失業者減少や産業構造の適正化（移民による農業人口の縮小）などの経済政策がうまく運んだのは、ピウスツキに推薦された勤労党のK・バルテルの政権下、有能な蔵相、商工相に恵まれたからとみられている。結局この時期、ピウスツキ自身も国防相に専念することができたが、考え方としては明らかに右派とは異なるものの、やり方に暴力的手段がとられることもあったため、コミュニストともファシストとも断じ得ない微妙な存在になったのだろう。

しかしながら一九二八年三月の選挙の後、ピウスツキと国会との間は再びこじれて、与野党の緊張が高まった。そして一年半後には世界大恐慌が発生。ピウスツキは軍部を率いて国会に乗り込み、再び強硬策に転ずるなど、ポーランド国会の安定性はまたもや失われてゆくのだった。

世界大恐慌の影響

戦災からの復興後に拡大し続けた各国の経済は、一九二九年十月二十四日にニューヨーク・ウォール街で起こった株価大暴落に端を発する世界大恐慌の時代に突入した。経済活動の減退幅は経済大国ほど大きかったが、小規模国家もそれぞれの国情によって多少の違いはあったものの、どの国も深刻な打撃を避けることはできなかった。世界が被った大恐慌による影響として、欧米列強国の経済指標（生産力や失業率、株価指数など）の推移が示されることが多いが、ここではこれまで述べてきた国々の経済状態についてまとめてみることにする。

オランダは、経済活動の規模は小さかったが、中継貿易や農産物の輸出によって世界経済とつながっていたため比較的早く一九二九年十月中に恐慌の影響が出はじめたという。だが国際貿易による流通規模が縮小したことはこの国の主要産業である海運業に深刻な打撃を与え、ひいてはオランダ経済も減退を免れることはできなくなった。さらにまた一九三一年五月にオーストリアではじまった金融恐慌はオランダの金融業界も巻き込んで、経済活動をさらに低下させ、この年の失業者数は十万人を突破し、物価も一九二〇年の水準まで下落した。

けれども大恐慌にとりわけ弱かったのは、近隣国の保護主義政策によってなかなか輸出額を伸ばすことができなかったうえ、生産調整も難しい農業分野だった。さらに農産物の主要輸出先である英国が保護主義を強め、デンマークの農産物と英国の工業製品とをバーター制（等価交換）にしたことがオランダ農業をさらに苦しめた。そうなるとオランダでも保護貿易体制を強めざるを得ず、輸入割当制や特別関税を財源とする農業対策基金を設けて自国の農業を守るしかなかった。

一般労働者にとっては失業にまで至らないとしても、賃金下落や消費支出の減少といったしわ寄せが及んで労働争議も多発。なかでも一九三三年初めにオランダ領東インドネシアで起こった、オランダ海軍の軽巡洋艦ゼーフェン・プロヴィンツェン号乗員の反乱事件は政治問題にまで発展した。艦長や士官の一部が上陸している間に反乱を企図した水兵が艦を乗っ取って出港してしまう事件だが、コーレインは強硬策による鎮圧を主張。一九二〇年代前半～半ばの特需景気後の不況、財政悪化を緊縮財政で立て直した、あのヘンドリック・コーレインである。蘭印軍の爆撃機でゼーフェン・プロヴィンツェン号を攻撃して、反乱を失敗に終わらせたのである。

脱走巡洋艦の乗員に死亡者まで出した強硬策には労働党による激しい抗議を招いたが、その年の総選挙ではコーレインの反革命派が支持を集め、連立による危機突破内閣が組織されることになった。この政権では財政支出拡大による失業者救済を実施したが、経済状態の悪化は予想外に長期に及んだため増税、歳費縮小につながり、逆に失業者をさらに増加（一九三五年に四十万人を突破、三六年には四十七万人超）させてしまった。

大恐慌が起こった一九二九年から次の大戦争が勃発する一九三九年の経済指標の動きを見ると、輸出入が五十七パーセント、五十二パーセントも低下、国民所得も二十六パーセント減少。平均株価に至っては四分の一にまで減少。長期化した不況から脱するきっかけになったのは、結局、金本位制を諦めてギルダー引き下げに踏み切ったことだった。

大恐慌による影響はベルギーでも深刻だったが（直前の一九二八年と一九三二年との比較。輸出額で四十七パーセントに、株価も三十九パーセントまで減少）、支払われた失業手当も一九三〇年は三千万ベルギー・フランだったところ三二年には十億ベルギー・フラン超と二桁も飛び越えた。これではとても政府予算で対応しても行き詰まるとみられ、好況時に大公共事業委員会が計画したアルベール運河の建設、アントワープ港およびヘント港の改修工事、スヘルデ川のトンネル建設など大規模公共工事などの実施による雇用者拡大（失業対策）が図られた。

ベルギーにおいても一九三五年からのゼーラント政権で採られたベルギー・フラン二十八パーセント切り下げという為替レートの変更が効いて、三六年には輸出額が倍増し、失業者数も前年の三分の一の十万人まで減少。大恐慌対策に費やされた財政投融資分も取り戻せる目途がついた。

だが国内的にはフランデレン語問題が再燃したため、暫定的に採られていた二言語主義が、一九三二年には地方言語だけ使用する一言語主義に基づく新言語法に改められた。二言語主義では、フランデレン語、ワロン語それぞれの言語圏ではもう一方の言語も身につけることになっていたが、実態はワロン語圏ではフランデレン語がほとんど使用されないのに対して、フランデレン語圏ではワロン語も使用されていた。言語を身につける負担はフランデレン語圏の方が大きかったため、こちらの地域では再び独立を求める声が沸き起こったが、政府としては一言語主義による新言語法を推進させた。

世界大恐慌が北欧各国に及ぼした影響も、一九三二〜三三年の失業率にしてスウェーデンで三十一・五パーセントというのはまだ低いほうで、ノルウェー四十二・五パーセント、デンマーク四十二・八パーセントと深刻を極めた。ノルウェー、デンマークが四十パーセントを越えたのは農林業の占める割合が大きかったからで、都市部のような労働争議を起こしたがらない保守的な農民層でも、デンマークでは請願を求めるデモ行進を行ない、また資本家層に対しての実力行使が呼びかけられたという。デンマークでは、英国が結ばせた帝国特恵関税法によりニュージーランド産バターが安価で輸入されたことが国内酪農業を苦しめたため請願を求める事態になった。

この時期のノルウェーというと、北欧および低地諸国に呼びかけて結成された、対外的には保護主義、域内では自由貿易を行なう「オスログループ」の発起人という印象が強いが、この貿易協定は実質的には不況対策としてはさほど貢献しなかったという。やはりノルウェーでも農業、林業分野における経済的損失が深刻化したため、農林業者の支持を集めた農民党が政権を握った。だが労働運動が過激になって衝突が起こると、農民党政権でも軍部の力を動員せざるを得なかった。

このときに国防相を務めていた軍人出身のヴィトクン・クヴィスリンクは極右の反ユダヤ主義を表明していたが、農民党の比較的柔軟な内容の施策がもの足らなかったため、一九三三年五月には農民党よりもファシズム色を強めた国家統一党を旗揚げ。反ユダヤ、反共産主義を掲げて同年および三年後の選挙に挑戦するが、ノルウェー国民からはほとんど全く支持されなかった。これで存在感がなくなりそうなものだが、次の大戦中にクヴィスリンクはノルウェー人として最も有名な部類のひとりとなる。その件については追って記述すべきだろう。

このように世界大恐慌は農民層の方がより深刻な影響を被っていたが、農民人口割合が大部分を占めていたバルカン諸国においては「農業恐慌」という言い方も使われている。大恐慌の以前に農民人口が過剰だったのに、農産物の流通価格がさらに下落したうえ、各国ともこの分野で特に保護主義が強められたからだった。

ウォール街での株価大暴落が起こったのは、アレクサンダル一世が第一のユーゴの国名をユーゴスラヴィア王国に改めた月の月末のこと。国政が大セルヴィア主義に舵を切っていたことは先に述べたが、農業恐慌はユーゴの王制に対しても不信感を高めることになった。産業構造の問題がさほど改められないままユーゴ経済も市場経済に組み込まれていたが、新たな王政が愛国心の喚起を煽りだしたと思ったら大恐慌に見舞われてしまったので、農業中心の国民生活は壊滅状態にならざるを得ない。そうなると独裁制を敷いたアレクサンダル一世への批判や不満は、クロアチアに留まらず、膝元であるセルヴィアの市民の間でも高まるのが必定だった。

政情不安になったのはギリシアも同様だが、同じ農業中心でもギリシアの場合は、輸出用産品がタバコやオリーブオイル、干ブドウなど嗜好品中心で、必需品の穀類は輸入に頼っていた点がもっと悪かった。産出品の都合上、国全体が主食すら事欠くようになり、恐慌への有効な対策も打てなければそれまでの政治腐敗も明るみに出された。ヴェニゼロス率いる自由党は国民からの支持を失い、一九三二年九月の選挙で過半数割れしてからは選挙のたびに議席を減らすようになっていった。

このように農業恐慌下においては、ユーゴスラヴィア、ギリシアとも国政の信頼が失われていたが、そうなると逆に周辺国同士が共同して大恐慌を脱出する方策を探りはじめるようになった。一九三〇年中には八、十月に東欧八ヵ国経済会議が開催され（ワルシャワ、ブカレスト）、またその年の十月からはギリシアの呼びかけによってバルカン諸国による連邦制の可能性を話し合うバルカン会議が催されるようになった（第一回はアテネ）。

以降、年一回のペースでバルカン会議が開催され、イタリアが政治や経済のバックに就いたブルガリアだけはほかのバルカン諸国との対立の溝を深めていったが、ギリシア、ユーゴスラヴィア、ルーマニアおよびトルコは互いの協力体制を築き上げ、相互の防衛、安全保障を維持するバルカン協商（第三次）を一九三四年二月に締結するに至った。大恐慌による行き詰まりがバルカン諸国の関係を良好にさせたのは皮肉といえば皮肉だったが、一九三〇年代前半には、新たな関係を築かなければならないもうひとつの理由が深刻化しつつあった。前のバルカン協商（第二次）は第一次大戦直前に結成されたが、第三次協商では大恐慌後にヨーロッパで台頭してきたドイツ、イタリアのようなファシズム国家を念頭に置かざるを得なくなっていた。またルーマニアは、東の大国・ソビエト連邦の脅威を意識していた。よってバルカン協商参加国は、イタリアとの関係を深めていたブルガリアは敵対関係と仮想せざるを得なかった。

この年の十月には独裁制を改める考え方に変わっていたともみられるアレクサンダル一世が訪仏中にマルセイユで暗殺され、王政派から武装襲撃されるなどつけねらわれるようになったヴェニゼロスも翌一九三五年にはギリシアから脱出。アレクサンダル一世暗殺の実行犯（マケドニア人）はイタリア、ハンガリーから支援を受け、ヴェニゼロスの向かった先もイタリア領。バルカン諸国に狙いを定めたファシストの暗躍は既に始まっていた。

くすぶりはじめる領土紛争の火種

ポーランドも産業構造上、農業が六割以上にも及んでいたためバルト諸国と同様、世界大恐慌にひどく痛めつけられたが、より深刻だったのは恐慌からの脱出にほかの国々以上に時間がかかったことだった。もともとポーランド国内の産業では国民を養いきれるほどの経済力がなかったので外国に働き口を求めた労働者が少なくなかったが、大恐慌に見舞われたヨーロッパ各国でも失業者があふれたため、これらの出稼ぎ労働者層も帰国せざるを得なくなった。

暴力的手段に走ったもののビジョンやポリシーに欠けたとされる権力者・ピウスツキも晩年は健康を害したため、政務を「大佐グループ」と呼ばれる一九二六年のクーデター以来の元側近・取り巻きたちに委ねがちだった。この取り巻き勢も、ピウスツキのことばの解釈を巡る堂々巡りを繰り返し、ほかの国々のように恐慌から抜け出るための手立てがなかなか講じられない。結局、ピウスツキ自身は国内経済が好転しはじめるようになる前の一九三五年五月に亡くなる。

だがこの頃のポーランドでは「国防上の必要性」を名目に、政界にとどまらず官界、財界にも軍人たちが進出し、産業の国有化も積極的に進められた。軍閥政治どころか、国を挙げての「武士の商法」が行なわれ、軍人官僚のような国になったということなのだろうか。けれども再独立を果たした後のポーランドは、領土確定の際に後の紛争につながりかねない火種をそこかしこに残していた。そのため周辺諸国とは良好な関係を作りにくくなってしまい、好意的に接してくれたのはラトヴィアとルーマニア（軍事同盟を締結）くらいだったという。

それでも遅まきながら一九三六年頃からポーランド経済が大恐慌から脱しはじめたのは、ピウスツキ以後の内政の混乱（後継者不在、一時的なファッショ化など）を経て、副首相兼蔵相のオイゲニウス・クフャトコフスキが介入主義の経済政策に転じたからとみられている。介入主義はニューディールや計画経済ほど表立って国側がリーダーシップを発揮する経済政策ではなかったが、貿易や為替取引を国の管理下に置いたうえ、一九三六年中に投資四ヵ年計画を、翌三七年には中欧工業地帯案も発表して、国内経済の健全化（農業問題を克服した産業構造の適正化や国内東西地域の経済格差の是正）を目指した。この政策転換によってポーランドの生産力は一九三六～三七年中に大恐慌以前の水準を突破して右肩上がりになり、一九三九年上半期で一九二八年を一〇〇とした場合の一三〇近くにまで達することができた。

ウクライナの領有権争いがソビエト－ポーランド戦争につながったソビエト連邦は、秘密の軍事条約（ラパロ条約）を結んだ敗戦国ドイツから、一九二〇年代にあっては比較的高い軍事技術を提供されており、一九二八年からは第一次五ヵ年計画によって農業国から工業国への転換も図っていた。世界大恐慌による影響が少なかった共産主義国だけに、一九三〇年代早々には自由圏の列強国も驚くほどの軍事大国になっていた。

けれどもそこに至るまでにポーランドの周辺国は、裏街道を歩むような、復讐の爪を研ぐような、暗澹としたときを過ごしつつあった。ヴェルサイユ講和条約で定められた賠償金の支払いや制限規定によって屈辱的な一九二〇年代を過ごしたドイツも世界大恐慌によってさらなる荒廃を免れられなかったが、この時期にヴェルサイユ条約を批判して恐慌に打ちのめされた市民から支持を得はじめたのが、アドルフ・ヒトラー率いるナチス党だった。ヒトラーはイタリアのムッソリーニが短期間で巨大化させたファシスト党を模範にナチス党を育成。暴力的手法だけでは政権に近づくことができなかったので、人心をつかむための煽動の重要性についてもムッソリーニから学んでいた。

そしてラパロ条約の相手国だったソ連や、ヴェルサイユ条約の禁則逃れのために中立国（スウェーデンやスイス）ほか友好国（イタリアなど）に移って、軍事利用に転用可能な技術の開発に携わっていた技術者、元軍人たちをドイツ本国に呼び戻して結集。ナチスがまっ先に敵視したのは共産主義だったため、ソ連国内で密かに軍事技術の育成、訓練に勤しんでいたドイツ人たちを引き上げさせたということでもあった。

一九三〇年代前半には新たな軍事組織を密かに作り上げて、ナチス党が政権を握った一九三三年からドイツの対外的な態度は豹変することになる。ヴェルサイユ条約で定められていた賠償金の支払い打ち切りを一方的に宣言し、新生ナチスドイツ軍の存在を世界に示した。それとともに、北欧諸国の要望によって一九二六年に加盟が実現した国際連盟からも脱退してしまったのである。

このような両国に東西から挟まれるところに位置していたポーランドも、ピウスツキがまだ健在だった頃の一九三二年七月にソ連と、一九三四年一月にはドイツと不可侵条約を結んでいた。この時点ではドイツもまだ、バルト海に抜け出られるポーランド回廊や自由都市・ダンツィヒに向けられるであろう恨みを見せることもなかった。ポーランドにしてみれば、これで東西の国境線の安全は保たれるかに見えた。だが対外的に強硬姿勢に転じたナチスドイツのこと。かつて領土を譲り渡した相手国、それに仇敵共産主義国にいつまでも甘い顔をし続けるはずがなかった。

さらにまた、ポーランドがドイツとも不可侵条約を結んでしまったことは、第一次大戦後の欧州国際関係の枠組みとなっていたヴェルサイユ体制をぶち壊しにした国（ナチスドイツ）を認めたこととも受け取られ、「ヨーロッパ各国を驚かせた」のひとことでは済まない問題と評する見方もあった。後にポーランドに対するソ連による侵略、また重大事における英仏の冷酷さにつながろうとは、まだポーランドは知る由もなかった。

そして一九三五年秋にソ連軍が実施したキエフ大演習では、列国の軍事関係者を招いて鍛え上げられた軍事技術を披露するが、翌一九三六年夏に勃発したスペイン市民戦争では共和国政府軍を支援する義勇軍部隊を派遣して、積極的に軍事介入するようになる。だが、このときのソ連とドイツとの関係は既にかなり危なくなりかけていた。

機能しない集団安全保障

第一次大戦での敗戦国、一度は世界を敵に回しかけた共産主義国とはいえ、ナチスドイツやソビエト連邦が周辺諸国を驚愕させるほどの軍事力にまで育成できたのは、やはり列強に類する国々だったからであろう。先に述べたような、世界大恐慌から立ち直るのがやっといういう一九三〇年代を過ごした小規模・新興国家群にしてみれば、「かつて英仏を苦しめたドイツが新体制で再軍備……さっそく防衛力を強化しなければ」と焦っても、簡単に進められることではなかった。技術的蓄積もなければ、破産状態から立ち直るのがやっとの財政状態では、再生産に結びつかない軍事費拡大には慎重にならざるを得ない。

そうなると国防面ですがりつけそうなのが、国際連盟の基本ルールとなった「集団安全保障」であった。けれども、早くも一九二〇年代には国際連盟における問題点が明らかになっていた。それは理事国が紛争当事国になった場合だったが、もともと常任理事国の英仏両国は洋の東西を問わない海外各地に統治領を有する「最たる列強国」「帝国主義の見本」とも言える存在。フランスに至ってはドイツの賠償金の支払い遅延への苛立ちから、ベルギー軍とともにルール工業地帯に武力侵攻したことがある（一九二三〜二五年七月）。

ルール工業地帯が踏み込まれた同じ年の八月にバルカン半島で起こった、ギリシアでのイタリア人国境策定委員殺害事件が、イタリア軍が出動する国際紛争にまで拡大したコルフ島占領事件だった。このときはギリシアが国際連盟に提訴したもののイタリアは国際連盟の介入を認めようとせず、列強国の外相会議が国境策定委員殺害事件の賠償金を支払うようにギリシア側に勧告して決着を見た。この二年後の一九二五年十月に起きたギリシア・ブルガリア国境紛争事件における国際連盟の裁定（双方賠償金を支払い、侵攻したギリシア軍は兵を退かせる）とはかなり異なる決着のつけ方だった。

武力侵攻し、占領した側のイタリアに対する国際世論は批判的だったが、列強国はイタリアに厳しくなれなかった。もとより「最たる列強国」には外国に踏み込んで統治領を拡大してきた歴史があったからである。このようなことがあると、ムッソリーニ率いるファシズム国家の対外政策は、大胆にならない方が無理だったろう。

世界大恐慌に見舞われた際、世界中に統治領を有する大英帝国も自らの経済圏での取引を重んずる「ブロック経済」という経済政策で恐慌を乗り切ることができた。米英は域内経済圏の有効需要を拡大する保護主義に基づく経済政策（アメリカはニューディール）が採られたが、軍政に傾きつつあった国々は海外での統治領を拡大する政策で大恐慌を乗り切ろうとした。「満州国建国」こと一九三一年秋からの日本軍による中国東北部支配、および一九三五年秋からのイタリア軍によるエチオピア侵攻である。

国際平和の維持に国際連盟の力を必要とした多くの国々は、このときの国外への武力侵攻に対する連盟理事会の裁量に注視した。満州事変を引き起こした日本に対してはまず「日本軍の満州鉄道付属地まで撤兵完了し、日中関係を修復すること」が求められた。けれども日本軍がこの決議に従うことはなく、日本側の意に沿ってリットン調査団による現地調査が行なわれることになった。

ところが一九三二年九月にまとめられた同調査団による調査結果（「自発的な真正の独立運動ではない」）により、あらためて満州政権が否定された。そして再度の日本軍の撤退・和解が勧告されると、日本は国際連盟からの脱退を決めた。このことは、国際連盟を大揺れにさせるはじめの一歩でもあった。

集団安全保障が実現されることを希望していた連盟加盟国（多くの小規模国家）からは、規約の第十六条＝通商・金融上の断絶……経済制裁が行なわれて不安定状態が解消されることが望まれていた。にもかかわらず経済制裁が行なわれなかったのは、英国（「日没なし」と言われるほど世界中に領地を持っていた帝国）が実際の制裁発動に否定的だったうえ、日本が国際連盟から脱退してしまったからである。これで大日本帝国は、国際連盟理事会や連盟加盟国にも気兼ねすることなく、中国大陸での権益拡大に勤しめるようになったようなものだった。

ナチスドイツの連盟脱退（一九三四年）も、ヴェルサイユ体制との決別、自由な軍備拡大、対外的に領土割譲要求の積極化を宣言したようなものだったのだろう。脱退すれば集団安全保障の原則から離れて、思いどおりに軍備を拡張させて、ファシズム国家への途を歩むことができるようになった。

それから一年後のエチオピア侵攻により、イタリアには規定の十六条（経済制裁）が発動されることになった。集団安全保障に基づく制裁措置が実際に行なわれた最初の事例となった。だがこのときも、英仏両列強国は制裁発動には消極的だったうえ（この両国はイタリアによるエチオピア支配さえも認める方針だったという）、取り扱い禁止品目からは石油が対象外になっていた。そしてイタリアも、日独防共協定に参加直後の一九三七年十二月に国際連盟から脱退することになる。

国際連盟の目玉とも見られた集団安全保障を機能させせようとしない列国・理事国に失望した国々は少なくなかった。この間にもナチスドイツはザール復帰（一九三五年一月）、ラインラント進駐（三六年三月）と、第一次大戦で失われた勢力圏の奪還を進めた。満州国を巡る勧告に抗議して日本が最初に行なった「国際連盟から脱退して思い切った対外政策」というのはファシズム国家、軍国主義国家に途を示した悪しき事例になったということなのだろう。結局、次の大戦争に突入する頃には、北欧での旧領土奪還をもくろんだソビエト連邦までもが、このやり方を踏襲することになる。

「風前の灯」となった平和維持

嵐をもたらす黒い雲のようにファシズム（全体主義）が世界中に拡大した一九三〇年代後半、「自由主義を貫くか」「ファシズムに迎合する利点はあるか」の議論は列強国、小規模国家、新興国の別なく繰り返され、自由圏の砦と自認した英国や合衆国においてすらファシストの団体が出現した。今日にもその名が伝えられてきたアメリカの政財界人、文化人で「じつは全体主義の信奉者……もしくは、ファシズム支援者だった」と聞いて驚かされた例は少なくないだろう。

けれどもこれらはドイツ、イタリア、日本とも離れたところの、別の大国におけるエピソードのようなものだった。日々勢力が拡大するナチスドイツや共産主義国家ソ連の脅威を目の当たりにするヨーロッパの各国においては、祖国のこれからについての決意を秘めた議論が行なわれていた。例えば第一次大戦の直後に「永世中立」を捨て去ったベルギーは、財政難の戦間期においてもフランスとの軍事同盟を重んじて、できる範囲で軍備の充実を図ってきた。ところがナチスドイツがラインラントに進駐してしまうと、独仏両国の戦争にベルギーが巻き込まれかねないと悟った。そこで連合国の一員としての防衛政策を見直されることになった。

オランダやルクセンブルク、それに北欧の四ヵ国は中立政策を継続してきたが、恐慌対策を意図して一九三〇年末に結成された保護主義貿易国家群・オスログループにはベルギーも参加。そして一九三六年にはこのグループ参加国による連名の声明として、「侵略国に対する軍事制裁義務を留保（国際連盟軍としての侵略国への武力制裁には加わらない）」と表明。ベルギーは以前の中立外交に戻ったことを意思表示した。

前次大戦で中立政策を維持できた隣国のオランダでは左右両派の団体が乱立したが、支持者が多かったのは国民の利益を主張した国家社会主義党（NSB）で、ファシズム、共産主義とも対決姿勢を示した「民主主義による統一」協会も支持者数を延ばした。だが防衛力整備の面から見るとオランダの場合は、本国がナチスドイツを意識しなければならなかったのに留まらず、東南アジアのオランダ領インドネシアでは日本軍の南進にも備えなければならなかった。引き続いての中立政策については、ナチスドイツは尊重すると表明していたものの、懸念というよりも「おそらく中立の維持は困難」とみられる事象が、国土が戦場になる以前に続発していた（一次大戦でも多発した、船舶、輸送船の損害）。

北欧のデンマーク、ノルウェーも第一次大戦において船舶を攻撃されたり、海峡への機雷敷設を強要されたりと交戦国の戦闘活動に巻き込まれかけ、戦闘突入寸前という事態に陥ったことがあった。国際平和実現のために積極的に関わってきた国際連盟も、集団安全保障がほとんど機能しないことが一九三〇年代の中頃まではわかってきたが、懸念されるのはナチスが政権を握ったドイツと軍事大国となったソビエト連邦だった。

第一次大戦時を上回る規模の戦渦の生起も予想され、北欧諸国は一九三五年から外相会議を開催したが（一九三八年七月の会議には低地諸国からも参加）、各国の防衛政策および中立政策についての考え方の違いから、なかなか有効な協力体制を築くことができなかった。そんななか、独ソの軍備に注視して一九三六年から防衛力増強に着手したのがスウェーデンだった。そしてスウェーデンのリカルド・サンドラー外相はある程度の防衛協力を考慮した「北欧中立」を周辺国に提案したが、検討に応じたのはフィンランドだけだった。デンマーク、ノルウェーにとっては、第一次大戦中にドイツから受けた、戦争協力にもつながりかねない高圧的な要求がトラウマになっていたということなのだろうか。

だが防衛力整備が既に絶望的な状況にあることを自認していたのがデンマークだった。デンマークは国際連盟に加盟して以来、三回にわたって軍備の大幅縮小を実施していた。独ソの再軍備、軍事大国化など思いもよらず、あの集団安全保障を信じきっていたとみられている。よってナチスドイツが失われた領土の奪還、また、オーストリア併合、チェコスロヴァキアの解体・チェコ併合などを実施するとデンマークは「防衛力の育成はもはや不可能な状態。英国から援軍を派遣してもらうにしてもユトランド半島のデンマークはドイツに地理的に過ぎた」と認識するしかなかった。結局、ナチスから北欧諸国への「不可侵条約」締結の誘いに従うのは、デンマークだけとなる（一九三九年五月）。

バルト海沿岸の三ヵ国、エストニア、ラトヴィア、リトアニアも「バルト三国」とくくられることが多い割には歴史、民族、政治経済、文化の面での差異が大きかった。そのため独立後の各国経済は協調するよりも輸出の競争となり、外交面での協力体制作りは後回しにされた。リトアニアがかつてポーランドの一地域となっていた歴史もあるが、ポーランドの軍事大国化も三国にとっての懸念材料になっていた（ヴィリニュスの領有問題）。

だが共通の、また最大の脅威と認識されたのは、やはり東側に国境を接しているソビエト連邦の存在。ラトヴィアとエストニアは早くも一九二三年に共同防衛同盟という関係を結び、大恐慌後の一九三四年にはリトアニアもこの同盟に参加して、「バルト三国軍事同盟」となった。軍備を増強するソ連、ナチスドイツを前に、バルト三国軍事同盟は連携した、また協力関係にある防衛体制作りを進めなければならなかったが、大恐慌後の混乱が後を引いており、協力関係は限定された分野に留められていた。国際連盟の集団安全保障も、侵攻を受けた国々を守ってくれないことが明らかになっていた。そうなると、戦争の危機が迫ったときは、戦闘状態突入を回避する途を選ぶ以外、破滅を免れられなくなるということだった。

欧州の火薬庫ことバルカン半島にも危機が迫っていない訳がなかった。アルヴァニアではバルカン諸国の中でも例外的に国民の多数がイスラム教を広く受け入れており、オスマン・

トルコとの関わりを深めていた。ところが一九〇八年にトルコで起こった青年トルコ党革命以降、アルヴァニアも自治権を要求するようになり、第一次バルカン戦争でトルコがバルカン諸国に敗れたのにともない、アルヴァニア王国として完全独立を果たした（一九一二年）。だがこの時点で、アルヴァニアの政治経済、社会資本の遅れ（鉄道もないほど）はほかのバルカン諸国と比べても如何ともし難い状態になっており、議会が設置されるのは第一次大戦後の一九二〇年となった。

民主化の旗頭となったファン・ノーリとの政争に勝利した軍人上がりのアフメド・ゾーグは一九二五年春から独裁主義的な政治を行なったが、その琴線に触れたのは列強国に名を連ねていたイタリアの存在。イタリアもアルヴァニア近代化への協力を約束したが、独裁主義国としてはイタリアの方が数枚も上手だった。友好と安全保障条約の取り決めは間もなくアルヴァニアの軍組織をイタリア軍に取り込み、早くも一九二七年には属国状態にした。

一九三〇年代にはいると、ファシズム国家としては後輩格だったはずのナチスドイツが恫喝外交で領土を拡大してゆくさまに、ファシストイタリアも焦りはじめた。スペイン市民戦争への義勇軍派遣に際してはイタリアと同僚であるドイツも、かつての先輩イタリアを「領土を拡大できるところはアフリカ大陸ぐらい」と見下すようになっていた。そんなこともあって、ナチスドイツがチェコスロヴァキアを解体にした一九三九年春には、ファシストイタリアもアルヴァニアを占領状態にした（一ヵ月遅れだったが）。次にイタリア軍がバルカン半島で軍事行動を起こすときは、アルヴァニアを前進基地とするはずだった。

大恐慌を乗り切るために結成されたバルカン協商も、経済的なつながりから政治・軍事面でさらに強化させるバルカン連盟に発展させようと音頭をとっていたユーゴスラヴィアのアレクサンダル一世が一九三四年に暗殺されたあたりから変質しはじめていた（暗殺の黒幕は枢軸国説が有力）。独伊の領土拡大には、国際連盟の集団安全保障も機能しなければ、英仏両国も抗議に留めるのみ。よって一九三六年五月のバルカン協商の会議は戦争を回避するための話し合いの場となった。

その後はルーマニア、ユーゴスラヴィアがアルヴァニアを属国状態にしていたイタリアとの戦争突入を回避できる政策へと大きく舵を切った。バルカン協商が敵対国とみていたブルガリアも大戦間のうちにイタリアとの関係を深めていたため、必然的に友好国扱いに転じられた（一九三八年三月に友好不可侵条約を締結）。バルカン諸国がファシズムの勢力圏にはいるのも目前かとみられた。

ユーゴスラヴィアにおいてもクロアチア問題が長引いていたが、アレクサンダル一世没後のユーゴスラヴィアでは、新たに首班指名されたミラン・ストヤディノヴィッチの改革が成果を挙げられなかったことから時間ばかり浪費していた。そして一九三〇年代末が迫る頃には、クロアチアがナチスドイツの勢力圏拡大に活用されることが懸念されるようになり、クロアチアとの間で「ユーゴスラヴィア全領土の二十七パーセントを領地とする自治州」という協定（スポラズーム）が結ばれて、ようやく決着を見た。ドイツ軍がポーランド侵攻を行なうまで一週間を切っていた一九三九年八月二十六日のことだったが。

バルカン半島南端のギリシアでも共和派を指導してきたヴェニゼロスが国外に脱出したため、ロンドンに逃れていたゲオルギオス二世が帰国。ところがこの新国王は共産主義を嫌ったため、軍出身で極右のイオアニス・メタクサス（銀行家）を首相に指名。右傾化する政府と対立状態を深めた共産党はゼネストを引き起こしたが、これに硬化した国王はメタクサスに独裁体制の権限まで与えてしまった。

当時の流行という訳でもないだろうが、独裁権限を手にしたメタクサスはナチス、ファシストもどきの「民族青年組織」を作り上げて、「神の国」まがいの怪しげな国史まで書きあげたという。だが、冷静かつ冷ややかに抵抗したのは知識人たちであり、ギリシア国民一般も暴力的抑圧を深めるメタクサスの独裁制を受け入れることはなかった。

ほかのバルカン諸国がファシズム迎合の流れに傾くなか、ファシズムを本心においては認めようとはしなかったギリシア。そのギリシアが、間近に迫っていた大戦争においてやがてターニングポイントへの伏線になるということは、まだ「神のみぞ知る」であった。

第4章　二度めの大戦争の嵐にさらされる諸国

小規模国家群が揃えることができた軍備

極々大雑把に見ると……世界大恐慌が起こったことから自由主義圏各国の経済は危機的状況を迎え、そこから抜け出ようとする列強国の対外政策が保護主義と対外領土拡張とに分かれたことから次の大戦争につながったということになるだろう。世界大恐慌に見舞われた小規模国家群が受けた衝撃は列強国を上回るものがあったであろう。

列強国が来る大戦争に向けての準備を進めたのに対して、小規模国家群はずっと小さな懐の財政をやり繰りして防衛力を整えなければならなかった。第一次大戦においてもこれに近い状況を既に経験したことがあったものの、来る大戦争の戦禍の過酷さには前次大戦をはるかに凌ぐものが予想された。どう見ても大戦争の嵐に巻き込まれたらひとたまりもないとみられる小規模国家群だったが、第二次世界大戦への突入期に整備することができた防衛力には概要、次のようなものが挙げられた〈交戦状態になった非枢軸国に限定〉。

ポーランド

兵力／百十万人　陸軍力／PZI・7TP軽戦車＝百七十輌、PZI・TK－3豆戦車＝三百輌、PZI・TKS豆戦車＝四百輌（機関砲搭載型十輌も含む）、wz・34およびwz・29装甲車＝計百輌、装甲列車「シミャウィ（勇敢）」、ほかに輸入車輌としてルノーFT戦車（仏）＝六十七輌、ルノーR－35戦車（仏）＝五十三輌、ヴィッカースMk・E六トン戦車（英）＝五十輌、ほかにボフォース製（スウェーデン）の対戦車砲、対空砲　海軍力／駆逐艦ウィッチャー、バーザ、グロム、ブリスカウィカ、潜水艦ヴィルク、リス、ズビク、オーツェル、セブ　空軍力／国産機では、戦闘機としてPZL・P・11、同・P・7、爆撃機としてPZL・P・37、偵察爆撃機としてPZL・P・23、偵察機としてRWD－14、ルブリンR－XIII（一部は水上機型）が部隊配備されていた。ライセンス生産された機種としてはフォッカーF－VIIBが輸送機（旧式爆撃機）、ポテ25が偵察爆撃機として使用されていた。

デンマーク

兵力／六千六百人　陸軍力／イタリア製のフィアット3000B以外の機甲車輌は英仏から試験的に購入した程度、ほかにボフォース社製の対戦車砲　海軍力／海防戦艦ニールス・ユール、水雷艇ドラゲン、バーレン、ラクセン、潜水艦ダフィネ、ドライデン、ハプマンデン、ハブフルーエン、ハブカーレン、ハブヘステン　空軍力／それぞれ十数機～数十機程度ライセンス生産されたフォッカーDXXI、グロスター・ゴーントレット、ホーカー・ニムロッド、デーンコック（ウッドコックのデンマーク型、生産年代は一九二七年）を戦闘機として、フォッカーC・VE、ハインケルHe8水上機を偵察機として配備。また輸入機のグロスター・グラディエーター（英）を使用。

ノルウェー

兵力／二万五千人　陸軍力／ボフォース社製の火砲類をライセンス生産して多数基使用　海軍力／海防戦艦ノルゲ、エイズボルト、ハラルド・ハールファグレ、トルデンスコルド、駆逐艦アーレサンド、ZN5、水雷艇スレイプニール、エーガー、ジレール、潜水艦B1～B6、港湾には魚雷発射装置も設置　空軍力／国産機はヘーフェル（ホーバー）MF-11水偵のみ、ライセンス生産機でフォッカーC・V偵察爆撃機と少数のダグラスDT-2水上雷撃機、ほかに輸入機のハインケルHe115水上機（六機）、カプロニCa310軽爆（四機）、グロスター・グラディエーター戦闘機（九機）という小規模軍事力。

オランダ

兵力／二十七万人　陸軍力／国産のファンダーンM39装甲車ほかルノーFT17軽戦車砲型（仏）や対空火器類を使用　海軍力／プロヴィンツエン型、デ・ロイテル型、スマトラ型、トロンプ型という四タイプの軽巡八隻、トヨルク・ヒッデス型、バン・ゲーン型などの駆逐艦七隻以上、六タイプの潜水艦を二十隻以上保有するが、軽巡三隻と駆逐艦数隻はオランダ東インド艦隊に所属して太平洋戦争に参加　空軍力／フォッカー社製の各種軍用機（DXⅦ、DXXI戦闘機、GI戦闘爆撃機、TV中爆撃機、TⅧW水上機、CV偵察機、CX偵察爆撃機、

CXⅣ水偵など）が実戦態勢にはいっていたほか、コールホーヘンFK56偵察機、FK58戦闘機の生産が始まっていた。本国とは別にオランダ東インド陸、海軍隷下に航空隊が存在したが、こちらは輸入機（一部ライセンス生産機）が中心だった。

ベルギー

兵力／六十万人　陸軍力／T－13対戦車自走砲（国産）＝車輛数不明、AMC－35中戦車（仏）＝十二輛、T－15（カーデン・ロイドM1934軽戦車〈英〉）＝四十二輛、一九二〇年代にはルノーFT軽戦車を七十五輛購入、国産の四十七ミリ対戦車砲やボフォース四十ミリ対空砲も使用　空軍力／国産機としてはアヴィオン・フォックス戦闘偵察機（英国製のフェアリー・フォックス直協機の発展型）、ルナールR31偵察機やスタンプSV5練習機兼直協機も保有したが、実戦での主力機となったのは輸入されたホーカー・ハリケーン、グロスター・グラディエーター、フィアットCR42戦闘機やライセンス生産されたフェアリー・バトル偵察爆撃機だった。

ギリシア

兵力／四十三万人（一九四〇年十月）　陸軍力／ルノーFT17軽戦車砲型（仏）、ルノーNC・2軽戦車（仏）、フィアット3000B（伊）や対空火器類を使用　海軍力／一九一四年に米海軍から購入したキルキス、レムノスの戦艦二隻は旧式化していたが、敷設巡洋艦イエロギオフ・アヴェロフ、イドラ型駆逐艦四隻、駆逐艦バシレフス・ゲオルギスおよびバシリッサ・オルガ、カッツォーニス型潜水艦二隻、プロテウス型潜水艦四隻を保有　空軍力／すべて輸入機で、戦闘機の主力はPZL・P・24（ポーランド製）、ブロッシュMB151（仏）、軽爆撃機はブリストル・ブレニム（英）、ポテ633（仏）、直協偵察機はヘンシェルHs126（独）、ブレゲー19（仏）、ポテ25TOE（仏）、偵察機はアブロ・アンソン（英）、フェアリー3F水偵（英）、ドルニエDo11水偵（独）などから成っていたことから、連合国、枢軸国どちらの陣営からも働きかけがあったのだろうとみられる。

ユーゴスラヴィア

兵力／十五万人　陸軍力／ルノーFT17軽戦車機銃型、砲型（仏）、ルノーR35軽支援戦車（仏）やT-32軽戦車（チェコのスコダS-Idの改良型）、対空火器類などを使用　海軍力／駆逐艦ドブロブニク、ベオグラード、リュブリアナ、ザクレブ、潜水艦オスベトニク、スメリ、フラブリ、ネボージャを保有　空軍力／国内に航空工業を有し、イカルスIK2、ロゴジャルスキIK3といった戦闘機やロゴジャルスキR-100軽爆、同Sim-14H水上機などを開発、製作するが、その数はいずれも十数機という少なさ。主力を務めたのはライセンス生産されたブレゲーBr19やポテ25、ツマイ・ホーカー・フューリー、ドルニエDo17K（いずれもオリジナルとは別エンジンを装備）、ハリケーン、ブレニム、それにドイツから輸入されたメッサーシュミットBf109Eだった。数的にも能力的にも主力になったのがドイツで開発された戦闘機、爆撃機だったので、枢軸国の同盟に加盟するのかとも見られていたのだが……。

独ソ不可侵条約で命運を決められた国々

ポーランドに迫っていた脅威

一九三八年三月にオーストリアを併合したナチスドイツはその後、約半年の間隔をあけながら、同年十月にズデーテンラント併合、翌一九三九年三月にチェコスロヴァキア解体＝チェコ支配と、領土拡張を続けてきた。例の「民族自決」が理由として通用するのは、ドイツ人居住者が多いズデーテンラント併合までで、事実、ヒトラーもこれを「最後の領土割譲要求」と宣言していた。ところが守ったのは領土拡張のインターバルだけで、明らかに別民族のチェコを支配し、スロヴァキアも保護国として独立させてしまった。となると、さらにそれから半年後にまたどこかの地を我がものにするはず、それはどこか。

この後のことは一九三九年九月にポーランドがドイツ軍の侵攻を受けていわゆる「第二次世界大戦」に突入した歴史が重視されてか、ナチスからの「国際自由都市・ダンツィヒの返還とポーランド回廊における縦断道路建設要求」の要求をポーランドが拒否してヒトラーが恫喝外交に転じ、ポーランドも硬化……その後のことにソ連も係わることになる独ソ不可侵条約の締結、ポーランドもこれに一日遅れで英仏と結んだ相互不可侵条約による援軍到着を期待してドイツ軍との戦闘に突入……という流れが記述されている資料が多数派になっている。

ところが、松川克彦教授（京都産業大学）著の『ヨーロッパ１９３９』においては、それら多数派の経緯よりもずっと複雑なプロセスが記述されている。政府機関等の公文書などを調べ上げて、なかなか表に出ることがなかったやり取りまで紹介され、その頃のヨーロッパの「複雑怪奇な」国際関係が解明されている。同書は学術書のカテゴリーの図書だが、「その実はどうだったのだろう」「その結果、どうなったのだろうか」と、読んでいてワクワクさせるものがあった。以下の記述は、同書を基に不明確だったところを調べ直させてもらった旨、付言させていただきたい。

ポーランドが独ソ両国と個別に結んだ不可侵条約に対するポーランド外交の考え方も、一九三八年十月に独外相リッベントロップからポーランド大使リプスキに示された八項目の極秘提案に込められたドイツ側の意図も、簡単に恫喝外交に結び付けられるほど単純な内容ではなかった。「国際連盟が弱体化……ポーランドは各国との直接外交を進めてゆけば、望んでいた『均衡政策』を実現する可能性があった……ところがドイツからの提案には（ダンツィヒの返還やポーランド回廊での道路、鉄道の建設も盛り込まれていたが）より重要な、第七項「ポーランドの防共協定への参加」が盛り込まれていた。これは自主的外交を行なってきたポーランドの外交政策に方針転換を迫る内容でもあった。」

そして「一九三八年末当時のヨーロッパではむしろ、ドイツ軍によるオランダ侵攻の噂が広まっていた……東西二正面での戦いを避けることは鉄則なので、ポーランドとの関係改善が最優先……同年十一月二十二日の大使リプスキとの会見では国際連盟管理下にあるダンツィヒなどへの要求も取り下げられ、ユダヤ人の相互追放についてもポーランド側に譲歩」と述べられ、領土を渡さないことへの苛立ちや恫喝の雰囲気の記述は見られない。

「(ポーランド外相) ベックはポーランド国内の反独感情を爆発させないためにドイツからの『八項目提案』を公にすることもなく、ヒトラーもポーランドによる提案受諾を静かに望み続けた……が、この一九三八年の夏～秋はズデーテンラントを巡って、ドイツ圏に対するソ連軍の軍事介入も起こらないとは言えないほど緊張が高まっていた。ソ連軍はチェコに爆撃機を派遣するなど軍事的支援を実施するが、ポーランド軍は領空侵犯があれば撃墜も辞さずと警告……ポーランドとソ連の関係は急速に冷え込み……ソ連側では、ドイツ、ハンガリー、ポーランドを『ファシスト国家』と分類した……。」

このソ連との関係悪化を回復させるのがポーランド流の「均衡政策」なので、外相ベックは十一月末に急遽モスクワを訪ねて二十七日には「外務人民委員のリトヴィノフ、最高会議議長のカリーニンと会談……両国間は一九三二年の不可侵条約で調整……経済関係を強化……最近の国際問題を含め、懸案を解決努力」という共同宣言を発表。崩れかけた関係をたちどころに修復してみせた。

このように対立する立場の間でうまく泳いできても、例の「八項目提案」への答えを示さなければならないというところが均衡政策の限界だった。ポーランドは英国に接近することにより、ドイツの要求（ダンツィヒ返還や防共協定への参加など）への譲歩は考え難い状況になっていった。だが八項目の提案に対するポーランドの拒否は、ナチスドイツにとって容認できない回答だった。

明けて一九三九年の春には長引いていたスペイン市民戦争も、フランコ将軍を代表とする全体主義陣営が勝利する見通しが立った。三月十五日にはドイツ軍がチェコ領内に進駐して、翌十六日には「チェコはボヘミア＝モラヴィア保護領になる」と発表された。ポーランドに八項目の提案が示されてから、かれこれ半年近くの時間が経過……妥協もできなければ、時間稼ぎもできなくなりつつあった。二十日には、リッベントロップは大使のリプスキを呼びつけてあの提案への回答を求め、外相ベックの訪独も要請した。

これまでナチスドイツの思い通りに領土要求が通ったのは、要求された側がドイツを脅威として受け止めたからだった。ここでポーランドが要求を拒絶することは、ナチスにとって初めての経験になるはず。要請に従ってベルリンに行けば要求をのむことと同じ。「ベルリン行き」の意味は、オーストリア、チェコが併合されたときのシーケンスからも明らかだった（訪問予定の前日に併合が発表された。「ベルリンには行かない」という言い回しはスイスの経済相オブレストも用いるなど、ナチスドイツに屈しないことを意味する表現となった）。だがポーランドの場合は、訪問もせず要求受諾を拒否すれば、ダンツィヒが無事に済むとは考えにくい……ここまでの予想はついていた。

ベックは三月二十四日の外務省職員に対する訓示のなかで、ポーランドに迫る危機と領土要求には屈しない方針を説明。その際に遂にドイツを指して「敵」ということばも使った。この前後からはポーランド国内でも軍隊の動員や空襲警報の発令、灯火管制も敷かれれば、避難訓練も行なわれるようになった。二十九日にはワルシャワで独大使のモルトケが提案された頃と同様の言い回しで趣旨説明をしたが、このときのベックは先延ばしもしなければあいまいな表現も弄さず、提案の拒否を貫くだけだったという。

だがこのあたりから各国が、ドイツ‐ポーランド間で実際の武力行使に至らないように外交交渉に取り組むのが、第一次大戦の主戦場になったヨーロッパだった。特に英国は仏ソ、ポーランドとの四ヵ国共同宣言や、ドイツ東側での対独ブロック形成（ポーランド、ルーマニア、ユーゴ、ギリシア、トルコ）なども企図した。さらにまた英政府も、開き直るかのように要求拒否に転じたベックへの信用を一気になくしてしまっていた。「本当はもう、ダンツィヒは返還されているのでは」「ドイツと対立するポーランドを保障すると、（ナチスの）矛先は英国に向けられる」「戦争突入の決定はポーランドに委ねられてしまう」「軽はずみな武力衝突やナチスへの挑発はあってはならない……」

ポーランドの均衡政策の対象国になってしまったがゆえの大英帝国の身悶えのようでもあったが、対外的失墜は避けなければならなかった。そこで英国は三月末に「ポーランドを保障する」宣言を一方的に発したのだった。それも、ポーランドがルーマニアを支援するならば、どんな行動を採るにしても英国だけには事前連絡するならば、脅威勢力が領土を侵すというよりも独立を脅かす存在であるならば……など、実行も難しければ、内容的にも哲学者の問答のような条件が付けられていた。単純にみれば「大英帝国はポーランドの味方だ」と解されるが、真意においては「条件が満たされなければ、実際に支援がなされるかどうかも怪しい」内容をともなわない「片務保障宣言」とさえ言われる文言だった。そして四月六日には、訪英したベックとともに両国の関係を「双務的かつ永続的な関係にする」旨、共同宣言が発せられた。

けれどもこの保障宣言を皮相的に読んだヒトラーは「ポーランドが枢軸国陣営に加わることはなくなった」と捉え、ベックがロンドンを訪問した四月三日には、ヒトラーは軍部にポーランド侵攻「白作戦」（ファル・ヴァイス）の準備を着手させた。これがその後七十四号に至るまでアドルフ・ヒトラーが発することになる作戦指令書の第一号だった。

その内容を少し検《あらた》めてみると、一項では「独東部国境域はこれ以上容認できない状況となり、平和的解決を目指す政治的手段が尽き、武力による解決を決意」とし、八項目提案が受け容れられなかったがゆえの戦争突入を決意している。三項で「西部正面においては英仏に先に手を出させ、開戦責任をとらせる……西部国境はどの地点でも余の命令無しでは越境を認めない」と消極的な態度を命じているのは極力二正面作戦を避けようとしていたとうかがえる。四項の「英仏が戦端を開く場合は、西側正面での戦力の消耗を防ぎ、対ポーランド戦での勝利を第一とし……」としながらも「海軍は英国を主対象に商船隊に対する作戦を実施する」と指示して、陸軍、空軍にはいわゆる座り込み戦争の継続を求めながら、海軍には通商破壊作戦の実施を求めている。開戦五ヵ月前に出された戦争計画指示書の段階で、開戦から半年以上先までの戦況を見通していたのである。

ポーランドへの対応に話を戻すと、ドイツ側では「英国からの保障を得られたポーランドは対外的に非妥協的になり過ぎた」として四月二十七日には、ドイツ‐ポーランド間で一九三四年に結ばれた、あの不可侵条約がドイツ側から破棄されてしまったのである。このようにこじれてくると、再度の大戦争への突入を回避するために試みられた英国の外交努力の結実も困難にならざるを得ない。

「ナチスドイツは中欧諸国に領土を要求する恫喝外交を繰り返して領土を割譲させたが、要求をはねつけたポーランドに武力侵攻して第二次世界大戦に突入……」と一言で記しても誤りではないだろう。だがもう少し丁寧に踏み込んで、周辺諸国での思惑や当事国の思惑なども探ってみると、ごく短時間で関係の良し悪しがひっくり返ることも珍しくなかった当時の複雑な国際関係も明らかになり、そこから得られるものも少なくないであろう。

急速に悪化するポーランド-ドイツ関係

ポーランドの外交担当者上層部の間で「八項目の提案」の内容が秘められていた頃はまだそうでもなかったとしても、その内容が公になるとポーランド国内での対独感情は急速に悪化した。ドイツが行なったポーランドとの不可侵条約破棄は独ソ間の距離を一気に縮めたとされるが、英国には一九三九年早々から両国接近の徴候が伝わりはじめていたという。前年初めには、二億マルクの借款がソ連に供されたという経済面での協力が伝えられていたが、明けてこの年にはいってからは軍事面でも協力関係が築かれつつあったと英国では把握されていた。

だがこの時期には、ドイツと防共協定（日独伊三国防共協定・一九三七年十一月締結）を結んでいた極東の同盟国・日本とソビエトとの関係は対立を深めており、満州国との国境近くでは一九三七年六月にはアムール川の中州のカンチャーズ島でソ連船撃沈事件が、三八年七月には国境紛争・張鼓峰事件が引き起こされていた。ドイツとポーランドの関係が修復不能になった直後の一九三九年五月は、国境紛争と呼ぶには規模が拡大し過ぎた「ノモンハン事件」（日本側の呼び方、ソ連側では「ハルヒンゴールの戦闘」）に突入したばかりの時期でもあった。［第二次世界大戦突入時、極東においてはノモンハンで対峙した日ソ両軍の戦闘が終盤にさしかかっていたが、この戦いが第二次大戦中の戦いとしてカウントされている資料はなかなか見当たらない」

当然、日本側ではドイツに対する不信感を抱かざるを得なくなる（防共協定が軍事協定に格上げされた「鋼鉄の同盟」には日本不参加）が、かつてのナチスと共産主義者との「見つけたら生かしておくな」と恫喝しあったほどの険悪さは消えうせて、独ソ間の関係は親密さを深めていた。その鎹《かすがい》になっていたのが両国によるポーランド分割計画とされ、それにまつわる噂が一九三九年春夏には中欧、北欧のそこかしこで聞かれたという。

噂・デマに過ぎないのか、本当に計画されているのか、情報収集に懸命だった英国を驚かせたのが、リッベントロップによるモスクワ訪問（八月二十一日）であり、その直後の「独ソ不可侵条約」締結の知らせだった。中欧での戦争突入の危険は大いに高まったと認識せざるを得なかった（もっとも極東の同盟国日本も、これには「欧州情勢は複雑怪奇」とのことばを残して平沼騏一郎内閣が総辞職するほどの仰天ものだったのだが）。

戦争があり得るかどうかは戦争準備ができているか否かにも係っていたが、ドイツ軍の戦闘能力はこの年の春まで二年九ヵ月ほど続いたスペイン市民戦争に義勇軍名義で派兵して、空軍力と地上軍とを連携させた新しい戦い方を実行するなど、世界に類を見ないほどの精強さを示していた。だが英国ではドイツ軍の戦いぶりに驚愕するだけではなく、至らないところも指摘していれば、戦争継続に必要な資源の備蓄にも疑問を持った。「ドイツが独力で全面戦争を続けられるのはせいぜい五ヵ月。資源難を克服するための独ソ不可侵条約なのかどうか……」不可侵条約に付帯する諸条項を見極める必要に迫られた。「領土割譲要求など、両国の対外国領進出計画も盛り込まれているのだろうか」

英国としてもその春にポーランド外相ベックとの共同宣言が発せられたこともあり、軍事支援を盛り込んだ同盟締結が行なわれることとされていた。だが独ソ関係の進展などもあって、同盟関係を定める条約の内容が問題になってきた。ポーランドは既に国際連盟の集団安全保障の原則が当たり前に破られるようになっていると認識していた。英国が真剣に援助しなければ、それまでの恫喝外交に屈してきた国々と同様、ナチスの提案を受け入れるようになるかもしれない。逆に英国からの派遣兵力が大きすぎると、新たな危険の火種になりかねない。

だがポーランドには必要とみられる防衛力を整備するだけの予算もなかった。先に挙げたような戦車、軍用機類の多くは旧式なものばかりで、精強なドイツ軍との戦いを考えると質量とも貧弱極まりなかった。確かに、PZLで開発、製作された戦闘機や爆撃機を購入した国々もあるにはあった（ルーマニアやブルガリア、ギリシア、トルコなど）。けれども、断じてポーランドの兵器開発技術が優れていた訳ではなく「ポーランドが兵器類を売ってくれた」もしくは「ポーランド製の機材が（それらの国々の）防衛予算に見合っていた」といったところが実情だったのであろう。主力戦闘機のPZL・P・11は一九三一年に初飛行した旧式機で開放式操縦席の固定式車輪。この時代の世界最高水準ともみられたドイツ空軍のメッサーシュミットBf109Eとの能力差は如何ともしがたかったが、機数も少なかった。

陸軍力として挙げた各機材も軽戦車よりもさらに小さい豆戦車か旧式戦車ばかりだが、軽機銃とサーベルを抱えた兵士が軍馬にまたがった槍騎兵連隊が主力というのが実情（よって銃火が飛び交う実際の戦場では、馬から降りて銃をとって戦わざるを得ない)。ピウスツキ時代の末期にポーランドの国政を任された、あの「大佐たち」は近代戦についての研究も、新型兵器類への更新もとことん怠っていたのだった。

加えて指摘されることは、ヨーロッパ内陸にある国名（平原の国）のとおりの地勢。侵攻してくる外敵をさえぎる山谷もなければ、海にも面していない土地柄。強力な軍事力にも欠けていれば障壁になるものもない、やはりかつて分割統治されただけの、侵略を防ぐのが難しい地理的条件の国だったのである。

英国は不可侵条約を結ぶとなると、ドイツやソ連の軍事力の目の前に差し出された、かくも近代戦には向かない国を守る覚悟をしなければならなかった。事実、同盟を締結する直前の交渉の際にはポーランド銀行の総裁を務めていたコーツ大佐（ポーランドでは軍人が政治家から役人、財界人も兼ねていた）が巨額の経済協力も要求して、英国の財務当局の腰を抜かさせたという。

それでも独ソ不可侵条約の締結とは一日遅れで、八月二十四日に英、仏、ポーランド相互援助条約が締結された。この条約の締結には、自由圏の大国という立場上、フランスも参加することになった。だが既に、兵力約百五十万人規模のドイツ軍の侵攻作戦実施部隊が、東プロイセン、ポンメルン、シュレージェン、スロヴァキアの国境近くまで移動させているところだった。

ポーランド侵攻「白作戦」は八月二十六日に開始される予定だった（独ソ不可侵条約締結後で、それより前は九月一日とされていた）。それが一時見合わされたのは、ポーランドと英仏との相互援助条約締結が発表されたから。前次大戦で西部戦線、東部戦線の二正面作戦で長期戦、苦戦に陥ったこともあって、背後の西側国境から英仏軍に攻め込まれる事態にはナチスドイツも驚愕した。「ポーランドの国境を破ると、今度は英仏の軍隊がルール工業地帯に進駐してくるのでは……」

それから八月末までの数日は、ドイツ陸軍のハルダー参謀総長が辞任したり、協定で定まっていた英国への通知なしにポーランドで総動員令が発令されたりと、ヒステリックな状態で経過した。援助条約が結ばれたとはいっても英仏にとっても事態が急過ぎて、戦争突入回避への有効な手段も講じられないまま時間が経過し、八月末日にはポーランド軍の軍服を着た遺体がみつかった。

ドイツ側が発表するには、国境線を破って侵入してきたポーランド兵の射殺体とされた。その正体は、ドイツ東部の強制収容所から連れ出された四人たちで、ポーランド軍の軍服に着替えさせられた後に殺害されて射殺体状態にされたのだという。ところがこれはドイツ軍保安情報部による演出で、ポーランド軍が先に戦端を切ったことを示す証拠写真として偽装されたのだという（やはり公的機関、組織が偽装、捏造を行なうようになると、その国はもう道を踏み外しているということなのか）。

突破されたポーランドの国境

九月一日に戦端を切ったのは午前五時四十五分にヴェステルプラッテのポーランド軍駐屯地に向けて発砲したダンツィヒ停泊中の独海軍巡洋艦シュレスウィヒ・ホルスタインとされ

ている。旧式艦とはいえ大砲を装備した大型軍艦が、かねてナチスドイツが要求していた自由都市ダンツィヒ沿岸までやってくれば宣戦布告前でも何をするか予想がつきそうなもの。そのため、第一次大戦中に犠牲になった軍艦、乗組員の慰霊祭のための来訪ということになっていた。結局、シュレスウィヒ・ホルスタインによる艦砲射撃は数日にわたって続けられて、五日後にヴェステルプラッテの駐屯地も降伏。そこを足場にして艦に同乗していた陸戦隊員がポーランド内地へと足を踏み入れていった。

だが白作戦で定められていた作戦シーケンスは、ドイツ空軍（第一、四航空艦隊）の戦闘機（メッサーシュミットＢｆ109、Ｂｆ110）、爆撃機（ハインケルＨｅ111、ドルニエＤｏ17など）千四百五十機が、ポーランドの飛行場を、続いて交通網（道路、橋、港湾、鉄道）や通信施設を破壊。独空軍機による急降下爆撃に続いて独陸軍の機甲師団、自動車化歩兵師団、そして歩兵師団本隊が続くという編成。北部軍集団の三軍（東プロイセンからワルシャワへ南進）、四軍（ポメラニアから東へ）、それに南部軍集団の八軍、一〇軍、一四軍がそれぞれ北部（ワルシャワ）に向かって突破してきた。

この時点でポーランド軍の兵力は百万人（戦闘期間中に百二十万人まで拡大）で、ドイツ側の国境線の守備についていたのは、ナレフ、モドリン、ポモルツェ、ポズナニ、ウージ、クラクフ、カルパティアの七個軍。その兵力は、三十個師団と予備十個師団の計四十個師団から成っていた。ただし装備は貧弱で旧式化というのが偽らざるところで、四十個師団の内訳は、歩兵師団二十五個、山岳兵師団四個、騎兵旅団十個、国民軍師団一個で、あの旧式な槍騎兵連隊から成る騎兵旅団が全体の四分の一も占めていたのに対して、自動車化、機械化は

ポーランド領内に侵攻するドイツ軍

ポーランド軍	ドイツ軍
A ナレフ軍	北部軍集団
B モドリン軍	3軍
C ポモルツェ軍	4軍
D ポズナニ軍	予備
E ウージ軍	南部軍集団
F クラクフ軍	8軍
G カルパティア軍	10軍
	14軍
	予備

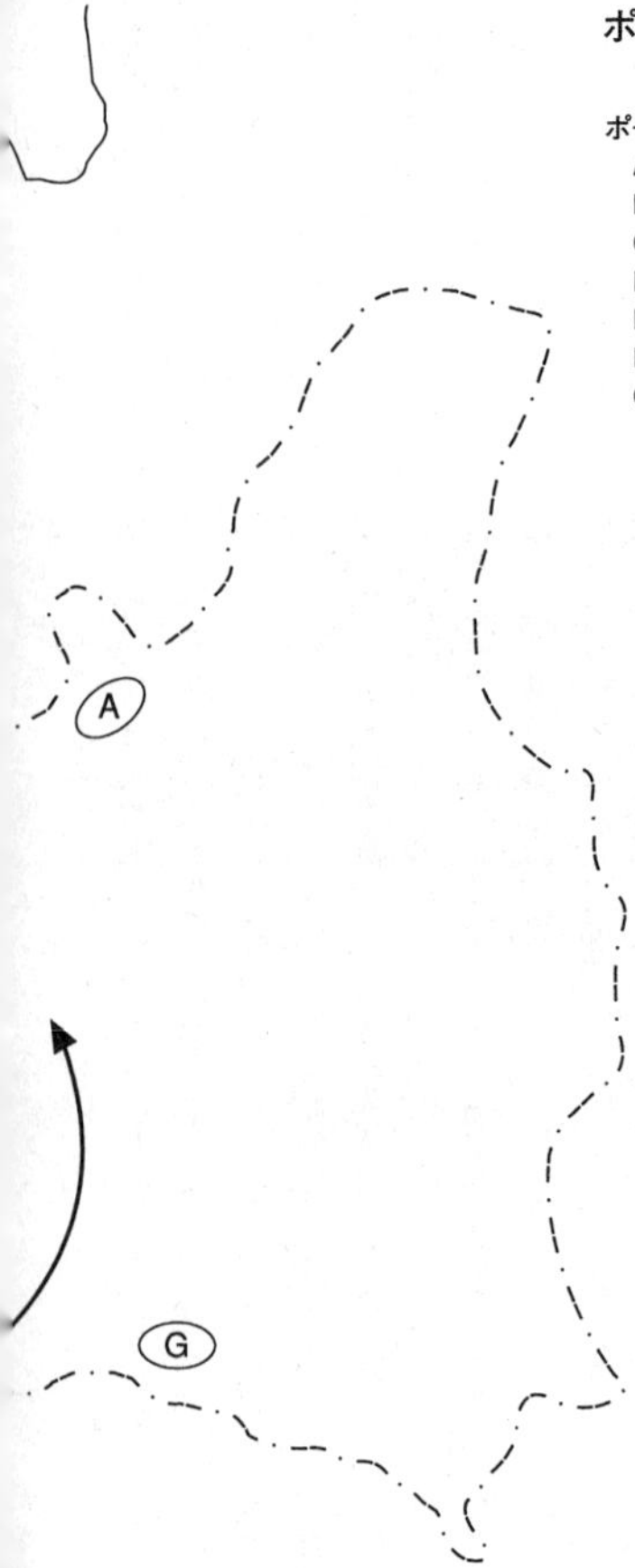

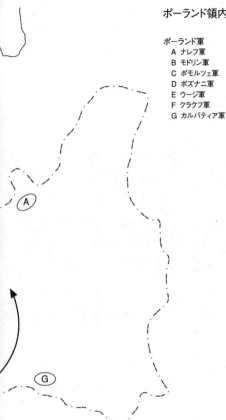

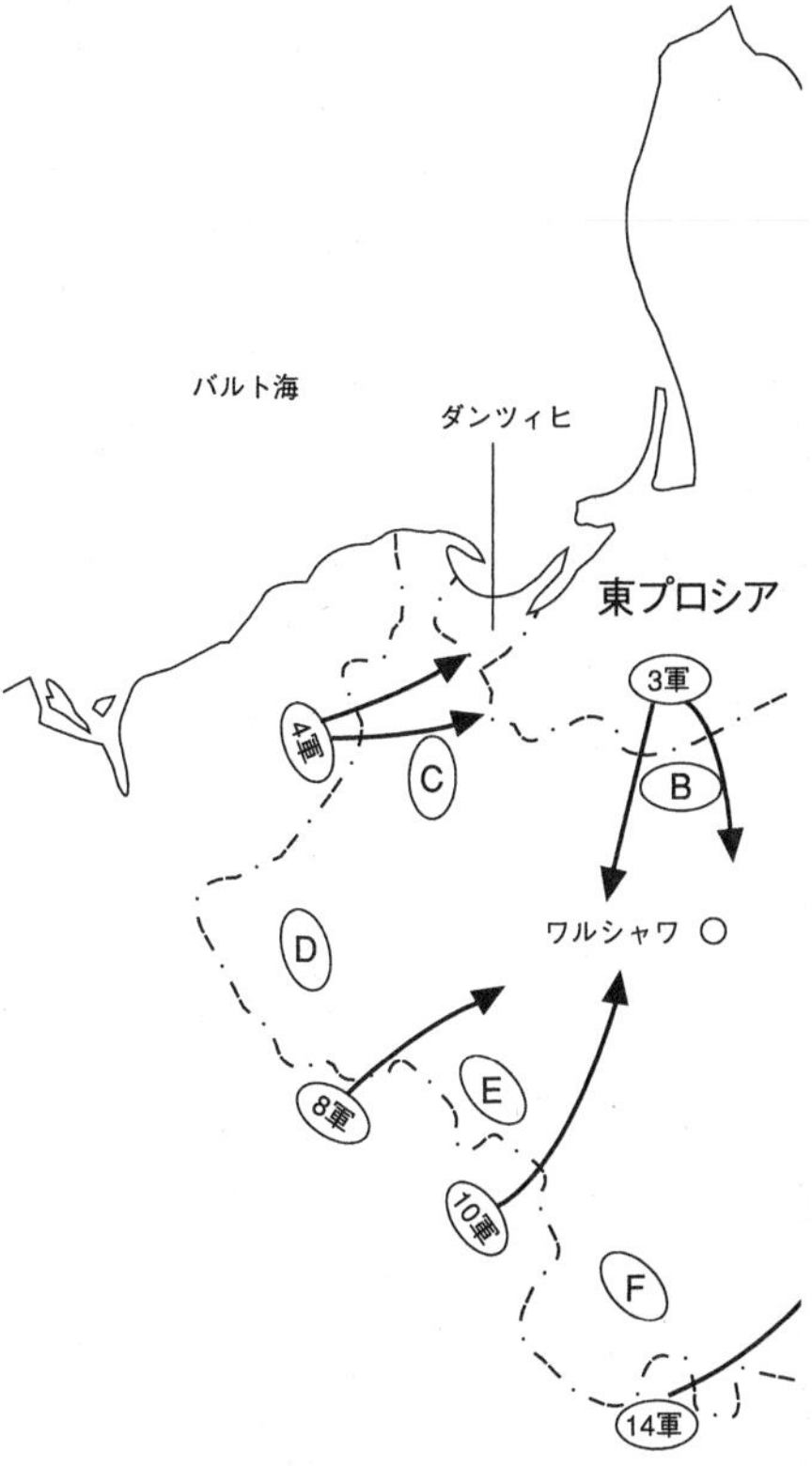
バルト海
ダンツィヒ
東プロシア
3軍
4軍
C
B
ワルシャワ
D
8軍
E
10軍
F
14軍

著しく遅れていた。

このようにポーランド軍はおよそ近代戦には不向きな軍備、編成だったが、それだけにとどまらず陣地も築かなければ、後背地での戦力建て直しなどは考えに入れられていなかった。ポーランド回廊側正面中心に戦力を配置したのは、スペインで試みられたやり方で侵入してくるドイツ軍から国土の西側に多く存在する工業地帯を守る意識もあったのだろう。ところが実際に戦闘に突入して、急降下爆撃機(ユンカースJu87)による奇襲攻撃でひるみ、慌てふためいた状態になると、機甲師団が先頭を進むドイツ地上軍に防衛線を容易に突破され、もう戦力を立て直すことは困難だった。ポーランド側の通信連絡網の整備が不充分だったことも、ドイツ軍の電撃的攻撃をたやすくさせた。

ポーランド軍の前近代性の代表として挙げられてきた槍騎兵連隊も、その多くはさすがに「馬を駆って槍を振るって」はほとんどなかったようだが(一九八三年頃に放映された長時間ドラマ「戦争の嵐」のなかで、ポーランドの避難民の列に乗馬した騎兵が付き添いながら進んでいるところへ飛来した独戦闘機から掃射攻撃を受け、避難民たちは逃げ惑い、騎兵はあわてて馬を鎮めようとするカットがあったかと覚えている)、蛮勇奮っての無謀な戦いになった例も皆無ではなかった。

やはり戦場における騎兵の作戦というと、九月一日にポーランド回廊北部に侵攻した独第四軍第二〇自動車化歩兵師団に対して、ポーランド陸軍のポモルスカ騎兵旅団が乗馬して突撃した戦いが挙げられるだろう。当然、馬にまたがっての機甲師団や待ち構える無数の銃口に向かっての突撃は蛮行に近く、たちまちのうちに二百五十名もの騎兵が愛馬ともども斃れて果てたという。三日にはポーランド回廊内の森林で、ポモルスカ騎兵旅団がほかの二個歩兵師団とともに独第三機甲師団に包囲された際も騎兵の突撃が行なわれて、ポモルスカ騎兵旅団は遂に人馬ともども壊滅状態になってしまった。

ポーランド地上軍があっけなく分断されて混乱状態に陥ったことにより、大挙して侵入してきたドイツ軍の動きを止めることができなかった。独機甲師団は四日までに国境線から八十キロも内側に侵攻し、五日までにポーランド制圧を任務とする全部隊が国境線を通過。八日には、南部軍集団第一〇軍隷下のライヘナウ軍団がワルシャワに到達した。このような一方的な戦況になることはドイツ側でも予想されており、ポーランド軍が戦闘能力を失った後、ドイツ軍内で同士討ちになることが懸念され、車輛類にインシグニア（目立つ白十字に描いた国籍マーク）が念入りに塗られ、戦場での友軍確認も念入りに行なうこととされた。

けれども全てがドイツ軍にとって思い通りに進んだ訳ではなく、思わぬ戦力に苦杯を舐めたこともあれば、ポーランド航空部隊相手の戦いは一方的な完勝と言いきれるほどではなかったようである（「ポーランド軍の空軍力は一日めにして壊滅状態」という記述もしばしば見られるが、だとしたらドイツ空軍側の予想外の喪失機数の説明が難しくなる）。

仰天兵器にはいる部類のものかもしれないが、ポーランド軍では「装甲列車」という独特の陸戦兵器も使用した。これは、編成の前後に警戒車輛と戦車搭載車が連結され、百ミリ砲や七十五ミリ砲を備えた砲車や指揮車、兵員輸送車を連結の中心付近の機関車につなぐ陸上戦闘用の鉄道車輛＝装甲列車で、その名を「シミャウィ（勇敢）」と呼んだ。シミャウィは九月一日当日だけで二度の戦闘を行ない、ドイツ第四戦車師団に対する攻撃支援および砲撃戦で奮闘して、この日一日で四十輌ものドイツ軍戦車を破壊したという。

ポーランドの航空部隊も総動員令が発令されて以来、通常配置の基地から別の基地に移動していたため、ドイツ空軍機による侵攻作戦開始直後の飛行場爆撃による難からは逃れることができた。とは言っても、迎撃機の主力のPZL・P・11は一九三四年に制式化された旧式機で、最大速度は三百七十五キロ／時とドイツ爆撃機（ドルニエDo17Zで四百二十五キロ／時）にも遅れる。そのためドイツ機の発進基地と予想攻撃目標から待機空域を割り出して待ち伏せ迎撃、またより高い高度からの奇襲攻撃を繰り返して、戦闘突入初日だけで十四機撃墜・十機被撃墜という戦績を挙げた（ほかに二十四機が損傷したが）。

P・11よりもさらに旧式の先輩格P・7（最大速度三二十七キロ／時）はさすがに捕捉可能なドイツ機がなかったため空戦任務から偵察任務に変更されたが、PZL・P・11は優勢な侵略国を相手に喪失機数を増やしながらも戦闘停止になるまで敢闘し続ける。P・11の発展型として動力をブリストル・マーキュリー系からノームローンK14系に換え、密閉式操縦席に改めたP・24（最大速度四百三十キロ／時）があったが、こちらはルーマニアやトルコ、ギリシアでの使用機となったが、ポーランド空軍で運用されることはなかった。

ドイツ軍との戦闘突入は避けられないと覚悟を決めていたためか、ポーランド軍の前線の兵士は戦いの初日からドイツ側で予想した以上の力量を示したが、世界史につながるこの日のより大きな出来事は、英仏両国がナチスドイツに対して「ポーランドへの侵略行為の中止と撤退」を時限付きで求めたことだった。厳密にいうと、九月一日はドイツ軍がポーランドへの武力侵攻を開始した日で、第二次世界大戦が勃発した日とはされていない。

それでもドイツ軍は侵攻の手を緩めなかったので二日後の九月三日午前九時に最後通牒を交わし、二時間後の返答期限をもって英連邦およびフランスは対独宣戦布告。かくてヨーロッパでは、いわゆる「第二次世界大戦」に突入したのだった。ポーランドへの侵攻から二日遅れの宣戦布告だったが、ほんの一週間ちょっと前に締結された相互支援条約を守ってもらったかたちになったポーランドでは、間もなく西側からのドイツ攻撃が始まると考えられた。なかには、ドイツ軍に踏み込まれたポーランド領に英仏からの援軍がやってくるとまで期待がかけられたという。

その一方でロンドンでは宣戦布告の当日に空襲警報のサイレンが鳴り響いて（結果的には誤警報とされた）パニック状態になりかけた。実際に行なわれた軍事活動はというと、キール軍港などへの写真偵察や四日夜間にかけてブレーメンやハンブルク上空で行なわれたドイツ軍批判のリーフレットの空中散布などに留められて、積極的な戦闘活動が行なわれることはなかった。英仏－ドイツ間でのいわゆる「フォウニ・ウォー（ウソ戦争、まやかし戦争、居座り戦争）」の開始である。

旧式戦闘機を駆ってのポーランド空軍の果敢な迎撃戦闘については先に記述したが、国境線を破ってなだれ込んでくるドイツ侵攻部隊を阻止せんとするポーランド爆撃機も困難な作戦活動を繰り返したという。主力機となったのは単発偵察爆撃機のPZL・P・23カラシュ（鮒）と双発爆撃機のPZL・P・37ウォシュ（大鹿）。

P・23は固定式車輪の単葉機という点ではドイツ空軍の急降下爆撃機の花形、ユンカースJu87と同様だったが、偵察機としての役割も求められたため、胴体下部に後方射撃用の銃座も備える大きなゴンドラが突出。動力も外国製のエンジン（ブリストル・ペガサス系）に頼ったため多くを望めず、能力的にもＪｕ87よりもかなり劣る攻撃機となった。大戦勃発が近づく頃には、より出力の大きなノームローンＮ系を動力とする発展型のＰ・43がブルガリアに販売されていたが、戦争突入の危機が迫ったのでＰ・43もポーランド空軍で使用。ポーランド侵攻時には四百四十六ソーティーをこなして計八十四トンの爆弾を投下。Ｐ・23、Ｐ・43合わせて百四十機がポーランド機として保有されていたが、残存機はわずか二十機という苦戦を強いられた。

Ｐ・24戦闘機といい、Ｐ・43偵察爆撃機といい、高性能型の方が輸出用に回されていたというのもおかしなはなしである。だがこれについては「Ｐ・11やＰ・23のエンジンが提供元のブリストル社（英）との取り決めで、輸出機の動力にブリストル系エンジンを搭載できなかった」からと指摘されている。だが組織的にも、ポーランド軍において動員がかかるのが一九三八年にはいってからと遅過ぎたので、航空兵（搭乗員、地上員とも）の育成も進まなかった。何よりも当局からの近代的な新型機の開発指示があまりにも遅かったがゆえにいつまでも旧式機に頼らざるを得なくなった……とも指摘されるだろう。

これらに対してＰ・37は英独など列強国の主力爆撃機と比べても遜色ない近代的な爆撃機で、爆弾搭載能力に至っては日本の標準的な双発爆撃機の二〜三倍。機数も揃えられて、開発意図のとおり中型爆撃機として使用されていたならば小規模国家の侮れない爆撃機になったのだろうが、防衛予算が乏しいポーランドのことＰ・37の発注機数は百五十機から百機に削減。外国からも注文をもらって工場の操業度を高めたいＰＺＬもブルガリアやユーゴ、ギリシア、ルーマニアからも注文をもらうが、本国での注文機数変更などもあって生産ラインは混乱。戦争突入時で、納入機数は百機にも満たない七十機程度。実戦で使用できそうなのはこのうちの四十五機ほど。これでは効果的な作戦運用は不可能に近く、本機も侵攻してくるドイツ地上軍の阻止爆撃任務で出撃。中型爆撃機では苦手とされる低高度からの強襲爆撃を繰り返すうちに対空射撃を受けて被弾し、失われる機数も増加。作戦活動の中止が命じられる時点で残存していたのは、半数以下の二十機だった。

ポーランド地上軍の脆さも絶望的だったが、この地上部隊の近接支援を担当したルブリンR13やRWD14など旧式近接支援機も対空射撃による喪失が拡大した。評価試験を受けて生産がはじまったばかりのLWS3も、試作機が実戦任務に駆りだされた。精強なドイツ陸軍相手に苦戦を続けるなか、近接支援用機材は何機あっても足りない状態になり、RWD8やPWS26といった練習機にまで火器を装備して連絡機、地上支援機として使用。このことは、軽飛行機も使い方によっては戦力になるとドイツ軍（およびソ連軍）に印象付けたことだろう。

避けられなかった再度の分割

前の章でも記述したが、第一次大戦後のポーランドの独立は、三次の国土分割によって百二十年もロシア、プロシア、オーストリアに支配されてきた苦難の歴史を経て、やっとかち取った歴史上の勝利のはずだった。それにもかかわらず、そこからわずか二十年にして次なる支配を受けることになったのは、防衛担当当事者の怠慢もあっただろうが「ポーランド国民の祖国に対する意識はいかほどのものだったのだろうか」という疑問を禁じ得ないものがある。かつてピウスツキが連邦制を志向したために全国民のうちポーランド人は七割程度、そしてウクライナ人、ユダヤ人が各一割で、そのほかがドイツ人、ベラルーシ人、ルテニア人らから成る多民族国家になっていたとしても、ポーランドに居住するドイツ人のどれだけがナチスドイツによる武力侵攻を歓迎しただろうか（一部では歓迎していたようだが）。

装備面だけでなく、戦闘能力においても大差があったポーランド軍はドイツ軍による侵攻開始から二週間という九月十四日にグディニア軍港が降伏し、翌十五日には軍総司令部がルーマニア国境近くのカロミアに脱出した。大統領および政府も九月六日深夜にブジェシチへと逃れていた。だが、ブジェシチに滞在したのは十日あまりに過ぎなかった。十七日になると今度は、東側の国境線を破ってソ連軍が侵攻してきたからである。大統領らほかポーランド軍の残存兵力（約十万人）は結局、その日のうちにルーマニアに脱出した。もっとも、逃れることができたのは生き残った兵員の一部に過ぎず、多くは（七十万人近く）ポーランド国内で侵攻してきた勢力の捕虜になってしまったのだが。祖国を後にしたポーランド兵の多くも、そんなに時間が経たないうちに自由圏の英仏へと移動して、戦力を立て直すことになる。

第二次世界大戦突入直後になされたポーランドの支配は、ナチスドイツだけでなくソビエト連邦によってもなされた。分割統治から回復した独立がたった二十年しか保つことができず、再度の分割支配を受けるポーランド史はもっと関心を持たれるべきだろう（ものがたり性を重視したこともあり、本稿ではかなり端折ってしまったが）。

やはりあの独ソ不可侵条約には、ソ連軍によるポーランド侵攻……分割統治も盛り込まれていたのである。「付属秘密議定書・２＝ポーランドの領土的、政治的再編については、ナレフ、ヴィスワ、サンの各河川をドイツとソ連との勢力圏の境界とする」として。そして、十七日の午前六時にソ連軍は「白ロシア人、ウクライナ人救済のため」という大儀を掲げると、ポーランドの東側国境を破って、白ロシア方面およびウクライナ方面から侵攻しはじめたのである。

侵攻部隊の兵力は併せて三十六万七千人規模で装甲車輛は約五千輛。ポーランド軍は既にそれまでのドイツ軍との戦いで疲弊し、九月半ばの時点で既に戦闘継続、組織的抵抗が困難な状態。陥落目前のポーランドに対する逆方向からのソ連軍の侵攻は、各国からの多くの非難を招いた。人間、怒りの感情やアタマに浮かんだ批判をすぐに口に出すことによって自らのヒートアップを冷ましたがるものだが、口の先に出した批判は言われる側の感情をさらに熱くさせる。歴史家によっては、このときの（無責任な）ソ連批判がかの国を硬化させ、バルト海沿岸諸国に対する舌の根の乾かぬうちの高圧外交（実質的には領土要求）につながったとも指摘している。だが、九月一日から作戦を行なったドイツ軍の戦死者一万数千人、負傷者三万人（諸説あり）に対して、ポーランド軍主力が脱出した当日から侵攻を開始したソ連軍の死傷者は二千六百人程度と桁違いに少ない。やはり「漁夫の利」という印象を拭うのはかなり難しいだろう。

では、ここに至った責任も曖昧にして、後に残される国民には「抵抗の継続」を求めてルーマニアに逃れた政府、軍総司令部への追及はなかったのか。いずれにしても、十七日のド

1939.9
第二次世界大戦に突入
再分割されたポーランド

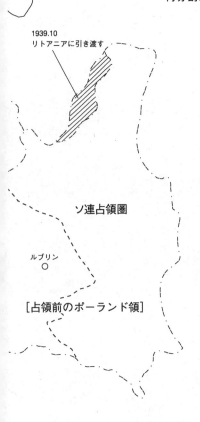

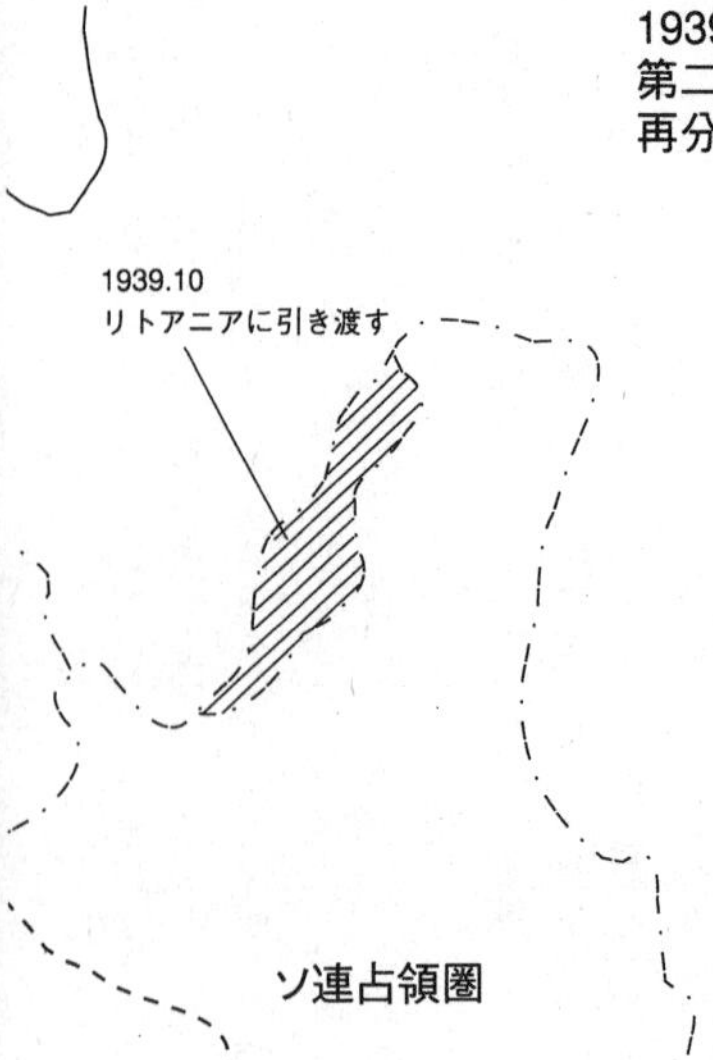

ポーランド回廊
バルト海
ダンツィヒ
ドイツ
(東プロシア)
ドイツ
ポズナニ
ワルシャワ
ドイツ占領圏
チェシン

イツ軍によるワルシャワへの降伏勧告にも「首都の防衛、死守」を呼びかけるスタルジンスキー・ワルシャワ市長の指示に従って市民は二十七日まで市街戦による抵抗を継続。ポーランド防衛の戦いは一ヵ月を超えることなく、翌二十八日に正式降伏となった。

なお、降伏調印時に先の秘密議定書の2は「リトアニアはソ連の勢力圏にはいる。一方、ルブリン県（の全部）とワルシャワ県の一部はドイツの影響下に置かれる」と改訂。これにより、ソ連がポーランドの東側領土五十二パーセント、ドイツが西側領土の四十八パーセントを支配する分割統治が決まった。ドイツはポーランド人口の六割強、工業地帯の大部分を手にした。

リトアニアは前年三月にポーランドから最後通牒を突きつけられて衛星国扱いにされていたが、ポーランド降伏によってその主の立場はソ連が引き継ぐことに。だが例の「付属秘密議定書・1」では「バルト諸国（フィンランド、エストニア、ラトヴィア、リトアニア）の領土的・政治的再編については、リトアニアの北部国境をもってドイツとソ連の勢力圏の境とする」と言及。

ポーランドまで遠征してきたソ連軍である。ポーランドの東半分を手にしたのに続いて、バルト海沿岸の三国も支配できればかつての領土の相当部分を取り戻せたことになる。ポーランドも降伏したので、ソ連軍はその兵力をエストニア国境に布陣することにした。

ソ連も行なった恫喝外交

これに遡ること半年前の一九三九年三月二十三日、ドイツはヴェルサイユ講和条約によって手放していたリトアニア東端のメーメル地域を取り戻した。前日二十二日にドイツと併合する条約締結を迫ってメーメルに軍隊を派遣。翌二十三日にサインさせるというやり方で、である。ソ連の西方の目前で行なわれた「戦わずして領土を拡大する」この恫喝に近い高圧外交は、ソビエト連邦の琴線に触れたことであろう。もっともナチスドイツにしてみれば、ポーランド侵攻の前まではこのようにして欲する領土を手にしてきたようなものだったのだろうが。

ソビエトが革命後に失った地域の奪還については、付属秘密議定書・1で定められた。エストニア、ラトヴィア、リトアニアは、異なる言語、文化を有する異なる民族が、バルト海を囲む広くはない地域に根を降ろして、地道に生活を営んでいる。それより北方のフィンランドとなると、元はスカンディナヴィア半島の隣国であるスウェーデンの一地域だった国で、十九世紀中に中立外交政策へと舵を切ったスウェーデンが一度手放した地域を取り戻すでもなく、森と湖の国の歴史と文化を尊重して、良好な関係を維持している。

そのような地道な生活や良好な関係を理解しようとしなかったのが、その頃のソ連でありドイツだった。一九三六年夏からのスペイン市民戦争では「新種の帝国主義＝ファシズム」として売り出し中のドイツ、イタリアから派遣されてきた「義勇軍」名義の実戦部隊と渡り合ってソビエト・ロシア時代からは格段に精強化された軍事力を誇示。一九三八、三九年には中国東北部に日本人が作った満州国の国境線を巡って戦闘状態に突入。三九年夏に起こったノモンハン紛争では日本陸軍に大打撃を与えて、世界有数の軍事大国の実力を見せつけた。

怖いものなしに近い状態になったソ連が採った行動は、バルト三国それぞれに「相互援助条約」を示して要求を飲ませ、旧領地の上に建国された国々を実質的にソ連領に治めさせることだった。独ソ不可侵条約が結ばれた時点で、ドイツ側ではバルト三国で起こることについて見当がついた。そのためエストニアやラトヴィアに在住するバルト・ドイツ人たちには出国勧告が早々とドイツから伝えられ、代々この地で過ごしてきたバルト・ドイツ人の多くが去ってゆく様には、これから起こることへの不安感を抱かざるを得なかったという。エストニアでは反ソ、反独的な言論も厳しく禁じられたが、これは侵略国として悪名が轟いた独ソ両国に言質を取られないための配慮だった。

ソ連から締結を要求された相互援助条約のポイントは、対象国の域内にソ連軍のための軍事基地を設置させ、かつ基地防衛のためにソ連陸軍を常駐させること。基地の保有者を対象国としても、及ぼす効果と影響、結果からすれば、ソ連による軍事的支配以外何ものでもなかった。ポーランド侵攻が終息する頃、ソ連は陸軍、空軍をエストニア国境付近に配置させたが、相互援助条約の締結要求に従わなければ、つい今しがたのポーランドのような結果になるのは明らかだった。エストニアはポーランドが降伏文書に調印した翌日の九月二十九日に条約締結に応じた。

外相を呼びつけて難題の軍事条約締結に応じさせるやり方もドイツと同様。一週間と間をあけない十月三日にはラトヴィア、リトアニアの外相がモスクワのモロトフ外相に呼びつけられて、実質的には軍事支配を意味するエストニアのときと同様の条約の締結が要求された。ラトヴィアは二日後の十月五日に、リトアニアは十日に受諾した。

そして翌日の十一日にはフィンランドのパーシキビー外相がモロトフに呼びつけられた。

フィンランドには三国に求められた基地設置に留まらず、国境線の後退までも要求された。フィンランドはそれまでの三ヵ国と比べても格段に国土が広いうえ人口も多い。それもあるが、バック（西隣）に武装中立を国是としてきたスウェーデンが控えている。共産主義革命後のフィンランドの独立戦争に際しては、スウェーデンからの義勇兵も参加するなど、敵対すると容易ならざる相手になりそうだった（さらにまたスウェーデンはカール・ヨハンの治世以来、歴史的に英国との関係が深かった）。

だがパーシキビー外相はこの要求の理不尽さやフィンランドに及ぼす影響の重大さを認識していたため、にべもなくソ連の要求を拒否。モロトフは「平和維持のための、あんなに寛大な要求を拒否するとは」と感情的な声明を発して、両国の関係は急速に悪化した。バルト海沿岸の三ヵ国と比べると数日前までのポーランドの惨劇を考慮しない大胆な態度のようだが、そこに至るまでには伏線もあり、フィンランドとポーランド、バルト三国との決定的な差があった。

フィンランドはファシズム国家の台頭やソ連の軍事大国化から考えられる危機を想定して一九三七年夏頃から、航空攻撃を受け、国境線を突破された場合の防衛力整備に専心。この件についてはまた機会を改めて記述させていただきたいが、慌てて着手した訳ではない防衛体制の構築に関しては、ポーランドともバルト三国ともいささかの差があった。

けれどもエストニア、ラトヴィア、リトアニアの防衛力整備も、皆無という訳ではなかった。海軍力としては、一九三七年五月に英国で行なわれたジョージ六世戴冠記念観艦式にエストニアから潜水艦カレフが招待されたことは本邦にも伝えられているが（日本からは重巡

「足柄」が派遣・招待された）、バルト海に面した地勢ゆえに沿岸警備、海上防衛などを目的とする小規模艦艇や潜水艦も少数ではあるが保有していた。

陸軍力としても、エストニアではMk・V、ルノーFT、TKS、ラトヴィアはMk・V、Mk・B、ルノーFT、フィアット3000Bにカーデン・ロイドM、リトアニアもルノーFT、カーデン・ロイドM、LTL（チェコ製）にスウェーデン製のL－10など、輸入戦車を少数輌ずつ運用した。

航空戦力は三国とも、ずっと以前～一九三八年までに買い付けられた英国製ほか外国機（グロスター・グラディエーターやホーカー・ハート系、ブリストル・ブルドック、ドボアチンD501など）のなかに国産機が混じっているという具合で、リトアニアではアンボ41系の偵察機兼近接支援機やアンボ51系の連絡機兼練習機を、ラトヴィアではKOD－1練習機兼連絡機（エストニアのPON－1Aのエンジン変更・輸出機型）やKOD－2近接支援機、それにエストニアではPON－1Aなどが航空部隊に配備されていた。

けれどもこれらの武器類は質的にも数的にもポーランドよりももっと貧弱という観はいなめず「小規模国家ながらできる限りの防衛力整備に努めました」というお印に過ぎなかった。九月下旬の条約締結要求の際、ポーランドの隣のリトアニアからではなく、エストニアからモスクワに呼びつけられたというのは、タリン港にポーランド海軍の潜水艦オーツェルが逃げ込んできたのが口実になったからなのか。ソ連軍は国境線に機甲軍を集めただけでなく、空軍機、艦艇がエストニアの領空、領海に現われて威嚇した。

外相モロトフの言い方は「共産主義を押し付けるものではない。貴国の独立、主権を守るための要求である」これの真の意味は条約締結後のスターリンの言葉に示されていた。「賢明な判断です。受け容れられなければポーランドと同様の運命になるところでした」こうしてエストニア、ラトヴィア、リトアニアの順にソ連軍の領内進駐（三国、順に、二万五千、三万、五万人規模のソ連兵）を認めさせられることになった。

だが翌一九四〇年五～六月、ドイツ軍の西欧への電撃的侵攻が終盤を迎える頃には、プラウダの報道（とも言えないような記事）によってバルト海沿岸各国が批判の対象にされて不穏な空気が流れるようになった。そして間もなく三国には、相次いでソ連から友好的な政権の樹立を求める最後通牒が届けられる。七月十四、十五日には共産党員だけが候補者になれる議員選挙が行なわれ、二十一日には「ソ連編入要請決議」がなされたのを受け、ソ連最高会議もこれを承認。これをもってみっつの国々は再び、完全にソ連の一地方に組み入れられた。

既にヨーロッパ大陸西部はナチスドイツの手に落ち、自由圏の最後の砦とみられていた大英帝国も、大陸での戦いで受けた痛手を癒し、来るドイツ軍の航空攻撃に備えているところだった。例のモロトフの「共産主義を押しつけるものではない」は、やはり空手形以外何ものでもなかった。

前年秋の赤軍の進駐や基地使用要求など、序の口に過ぎなかったのだ。

不本意極まりないソ連への編入要請は、戦争状態突入を避ける苦肉の方策のはずだった。ところが一九四一年六月十四～十六日には、三国の住民、合わせて約五万人がシベリアに強制連行された（国ごとの内訳等は諸説あり）。実施したのは非常委員会で、連れ去られたのは非戦闘員（女子、子供、老人）、そして一週間後に迫っていたのは……。意図、経緯などについては歴史の闇に埋もれるとしてもこの種の施策には、例の大粛清と同根の策という印象を禁じ得ないだろう。

北欧に飛び火する戦火

難化する極北の国々の立場

英仏両国が対独宣戦布告しても本格的な戦闘状態にならなかったフォウニ・ウォー(Phony War)の時期、激しい火花が散らされていたのは極北の地・フィンランドだった。前述のとおり、フィンランドはソ連から求められたあの相互援助条約(東カレリアの譲渡も要求する内容)の締結を拒否。怒り心頭になったソ連軍は十一月末に国境線に近いテリヨキの市街を爆撃し、続いて地上軍が国境を突破。「冬戦争」に突入した。

ほんの二ヵ月前に降伏寸前のポーランドに背後からつかみかかるようなことをして批判されたソ連が、理不尽な要求の末に旧ロシアから独立を果たしたフィンランドに刃を向ける。そして自ら用意した親ソ「フィンランド民主人民政府」と条約締結後のフィンランド支配を決めるひとり芝居も……これには本物のフィンランド政府が国際連盟に提訴したが、ソ連は議事にも現われなかったため追放処分に処された。そうなるとポーランドを分け合ったドイツを除く世界中がソ連による侵略戦争と認め(日本やイタリアも)、フィンランドには列強各国からの支援の武器類が届き始めた。以上、冬戦争について極めて大雑把に記述したが、以降の問題につながるのは英仏両軍がフィンランド支援軍派遣を企図したところからだった。

ドイツ軍との本格的戦闘突入を前に最後の準備に勤しんでいた英仏両国だったが、主力機（よりも、やや旧式化したブリストル・ブレニム爆撃機やモランソルニエMs406戦闘機など）ほか戦車、火砲類をフィンランドに供給。さらに十二月十九日には両国から大挙して援軍を派遣することも決められた。明けて一九四〇年二月五日の最高戦争指導会議では、英軍十五万、仏軍五万人の兵力が三月二十日に派遣されることとなった。

だが両国からの派遣予定を伝えられたフィンランド外交担当のV・タンネル（首相、外相経験者）は困惑した。諸外国からの義勇兵全体で一万千人あまりのところ桁違いの援軍なのでありがたいのはヤマヤマだったが、英仏連合軍の援軍はノルウェー北部の港・ナルヴィクから上陸してスウェーデン北部の鉱山地帯・キルナを経てフィンランド入りするという派遣計画だったのである。この時点では共産主義嫌いのウィンストン・チャーチル（当時、英海相）がソ連を敵に回しても構わないと覚悟していた（ほかの英国人もそうだったのだろうか?）。

スウェーデンから産出される鉄鉱石は既にナチスドイツが軍需産業向けに買い付けていた。そこで英仏が購入を希望し難色を示すようだと「中立国としてなすべき等距離外交がなされない」と問題になる。ところが中立国の貿易を妨害するようだと、これは中立国の主権を無視した違反行為となる。英軍（チャーチル）にとっては、スウェーデン産の鉄鉱石をナチスがウマウマと買い付ける様が腹に据えかねたようで、この年の秋（九月下旬）にもバルト海を航行しての鉄鉱石搬出を不可能にさせるために、スウェーデン国内の積み出し港攻撃作戦を予定していた（攻撃目標／ルーレオ、オクセルエースンド）。けれども、既にバルト海では多

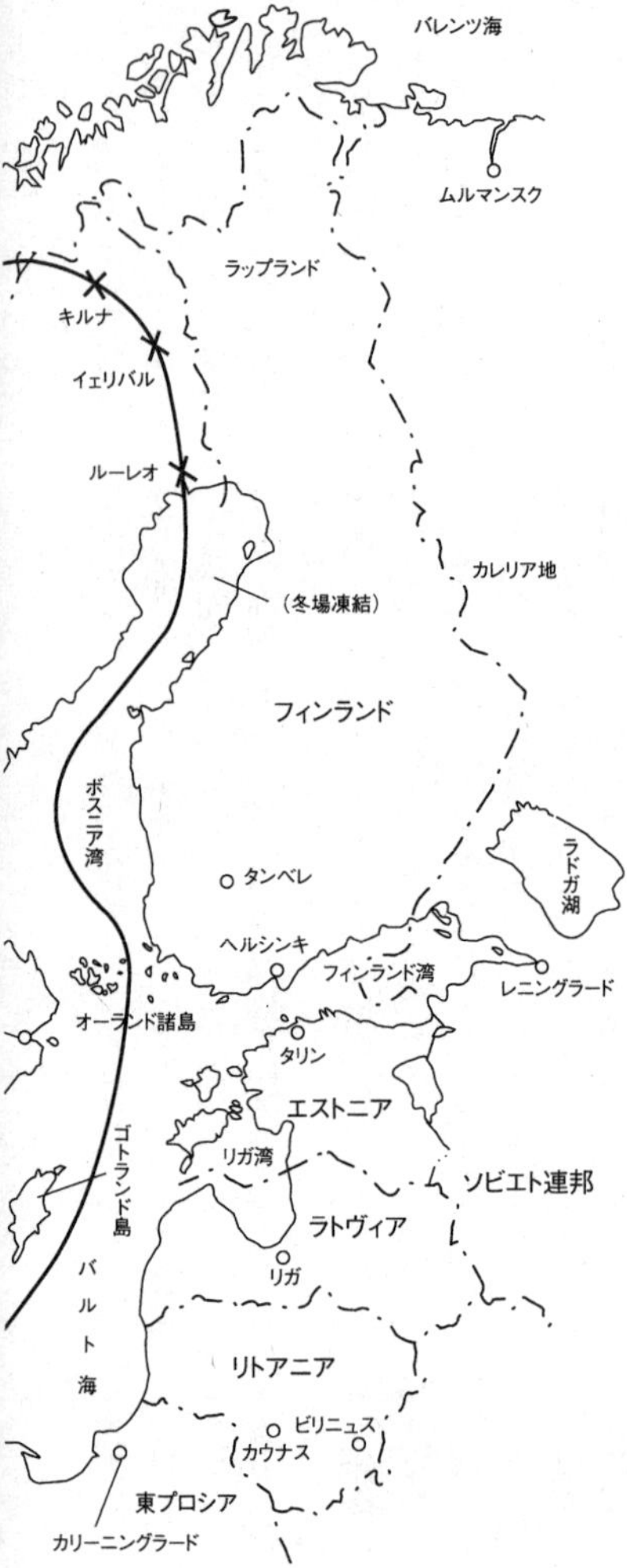

ノルウェー侵攻の理由
1.冬場のナルヴィク使用
2.トロンヘイムのUボート基地化

第2次大戦下の北欧-1

北 極 海
ナルヴィク
（不凍）
ノルウェー海
Uボート基地として最適
スカンディナヴィア山脈
トロンヘイム
エステル
スンド
ノルウェー
スウェーデン
ハマール
ベルゲン
テレマルク
オスロ
ストックホルム
ベーネルン湖
スカゲラック海峡
ヨテボルイ
ベッテルン湖
デンマーク
北
海
エーランド島
コペン
ハーゲン
マルメ
ボルン
ホルム島
シェラン島
リューゲン島
ロストク
リューベック
キール
ハンブルク
ペーネミュンデ
ドイツ

数のUボートが航行するなど制海権が事実上、ドイツ海軍に握られていることが判明したため、この中立国・港湾攻撃作戦は実施されなかった。

フィンランド支援を口実にしたところで、キルナに連合国勢力が駐在するようになることは、これに近いことになっただろう。当然、ドイツ側も黙っている訳がなく、中立政策を続けてきたスウェーデンの安全が脅かされることになる。チャーチルはよほど国際法に関するリーガル・マインドに欠けていたのか、それとも好戦的だったのか、海相就任早々に中立状態を維持していた当時のノルウェー沿岸航路への機雷敷設を要求していた（領海・領空にはいり込むくらいの中立違反なら、ドイツ側の違反行為は既に日常茶飯事になっていたが）。

英仏から提案されたキルナ経由のフィンランド支援計画は、スウェーデンのP・A・ハンソン首相に伝えられたが、最初はことばを濁された後、三月二日には英仏に対してキルナの通過を、またノルウェー政府からはナルヴィクへの上陸を、正式に拒絶された。冬戦争は、ソ連との間にはいったスウェーデンの労もあって三月十三日に、一時的にではあるが休戦に持ち込まれることができた。

このときは英仏ともスウェーデンとノルウェーからの上陸、通行は断念されたが、両陣営にとってスカンディナヴィア半島はますます重要になりつつあった。ドイツ軍にとってはスウェーデンのキルナ、イェリヴァレで産出される鉄鉱石を、夏はボスニア湾から搬出できるが、冬場には（ボスニア湾が氷結するので）ナルヴィクからノルウェー海経由で船送しなければならないので、スウェーデン、ノルウェーとも連合国陣営に付けさせてはならなかった。

英国にしても、冬戦争が予想以上に早期に休戦になったのでソ連との戦闘状態突入という最悪の事態は回避することができた。けれども、ノルウェー、スウェーデン領内を通過してのフィンランド接近、スウェーデンの鉱山資源のナチスドイツへの輸出阻止は棚上げになった。それならば、スカンディナヴィア半島全域を連合国側に引き入れられないものか。やがて戦争が進むと、ノルウェーは鉄鉱石積み出し地にとどまらず、別の意味で戦略上の要地として再認識されることになる。

だが「勝ち負け」は、力に大差がなければ勝ちたい気持ちが強い方が勝利するとも言われている。この頃には、ナチス側のノルウェー、バルト海への執着を強めることにつながるいくつかの出来事が起こりつつあった。

ノルウェーで親ファシズム運動を起こしたヴィトクン・クヴィスリンクは国内でどうしても支持者が拡大できない現状に痺れを切らして、一九三九年夏頃から訪独し、アルフレート・ローゼンベルクらナチスの指導者層との親交を深めた。そして十二月にはノルウェー国内で親ナチ政権を樹立するために「ノルウェー側（新政府）の要請によるドイツ軍の武力侵攻」まで提案した。クヴィスリンクの名はその後「売国奴の代名詞」とまで言われるようになるが、そうまでしてノルウェー国政の権力を握りたかったということなのか。

間もなく独海軍総司令官のG・E・レーダー提督と知り合いになるが、このノルウェー人はかつてレーダーがヒトラーに進言したノルウェー占領＝トロンヘイム港のUボート基地化計画実現に利用できそうな人物と見受けられた。フィヨルドの奥のトロンヘイムにUボート基地が設置できれば、ノルウェー海から北海、大西洋へと進出しやすくなるのと同時に、入り組んだ入り江の奥に位置しているので敵方からは攻撃しにくい。だがこの作戦を提案したときのヒトラーはイエロー作戦の立案に夢中で、レーダー提督の案は耳にはいらなかったという。その後、クヴィスリンクは提督の手引きで二度ほどヒトラーに会見する機会を得ている。

けれどもヒトラーにノルウェー侵攻をもっと強く決意させることになるのは「アルトマルク号事件」だった。商船を改造した補助艦艇アルトマルク号は一九四〇年二月、南米からアイスランド、フェロー諸島を経由してドイツ本国を目指していた。アルトマルク号は見かけ上、民間の商船を装ってはいたが、その任務は英国人捕虜の連行というれっきとした軍用輸送艦。ドイツ海軍は大戦突入直後から偽装巡洋艦とUボートが協力して連合国側の艦艇を多数撃沈。そういった戦いで捕虜になった英国人二百九十九名が、アルトマルク号に収容されていた。

ノルウェー領海にはいると、ノルウェー海軍の警備艇に二度発見されてそのたびに審問を受けた。だがベルゲン海域で二度めの審問時に船内捜索を拒否すると同船への疑問が深まって、オスロの英公使館からの連絡を受けた英海軍もアルトマルク号をマーク。巡洋艦一隻と駆逐艦五隻が急行して目標艦を追跡。駆逐艦コサックの接近で、フィヨルドに追い詰められたアルトマルク号も停止させられ、船内捜索を受けるしかなかった。船内からは英国人捕虜たちが見つかった。

これからが大事になった。英軍にしてみれば、民間船に偽装した独輸送船に英国人捕虜が捕まっており、その航行を中立国・ノルウェーが見咎めなかったこと、独軍にしてみると英軍が中立国の域内で警察活動をしてノルウェーも英軍の中立違反を許さなかったこと、ノルウェーから見てもアルトマルク号のやり方、英海軍の強引な追跡・拿捕とも中立条約違反だった。

ハーグ条約（英国は批准せず）によると法的解釈は複雑になるが、ヒトラーにしてみればもっとシンプルに「ノルウェーは中立国としての義務を果たせない……中立国たり得ないので占領すべき対象」という、侵攻、占領の理由が得られたということだった。

ヴェーゼル川演習作戦〜デンマーク降伏

ヒトラーはアルトマルク号事件から二週間後の三月一日にノルウェー占領作戦の準備を指示したが（作戦指令十号・追加＝ヴェーゼル川演習指令／なお、作戦指令十号はオランダ、ベルギー占領作戦とされていた）、占領後の往来も考慮されてユトランド半島のデンマークまでも侵攻の対象とされた（ヴェーゼル川演習・南）。この作戦の狙いは、①スカンディナヴィア、バルト地域における英軍の活動の予期（阻止）、②スウェーデン産鉄鉱石のドイツへの供給ルートの確保、③独海、空軍の対英作戦のための基地拡大の三点。

ドイツにおいて作戦の指令書が発行されたのが、まだ冬戦争の激戦が続いていた三月はじめのこと。よってこの指令は冬戦争が続いている状態を前提にしていたため、三月十五日にフィンランド、ソ連間で休戦協定が交わされると、作戦を実施する意義が問われかけた。予定されているほかの作戦（西方進撃・黄作戦）との優先順位も問題になった。

けれども、冬戦争休戦のときにはヴェーゼル川演習の作戦準備はかなり進められており、かつ、別の作戦を先に実施すると、スカンディナヴィアでの優位性を英軍に奪われることも考えられた。より大きかったのは自然条件の問題で、北欧特有の夏季の白夜を考えた場合、夜間の輸送船団の航行が重要になるので、独海軍からは「いつかは実施するというのなら、遅くとも四月十五日までに行なうべき」と指摘され、新月直後の四月九日に上陸作戦が実施されることとなった。

この作戦で占領の対象とされたデンマークは、かつてシュレスウィヒ戦争でシュレスウィヒ、ホルスタイン地方の領有をかけてプロシアが戦った相手国だが、それから七十六年が経ち、国土全体を占領するかどうかの戦争をする時代になった。そのデンマークはドイツのホルスタイン地方から地続きだが、ノルウェーへの攻略部隊の輸送には艦艇、飛行機を使用せざるを得なかった。それゆえ、海上戦力としてはドイツ側よりも明らかに優勢な英海軍の存在が、計画段階から大変な脅威と認識されていた。

ヒトラーが命じた北欧二ヵ国侵攻作戦は前記のとおり、秘匿名「ヴェーゼル川演習作戦」と呼称された（ノルウェー占領作戦は、ヴェーゼル川演習・北）。けれどもほぼ同時期に英軍側でもノルウェーにおいて事を起こすこととしていたのだから、どれだけ秘密が守られていたのだろうか。もっとも、ドイツで進められていた北欧侵攻作戦については、ドイツ軍内に身を置く反ナチスの将校からベルリン駐在スウェーデン大使館に伝えられ、その信憑性が懸念されながらもオスロ、コペンハーゲンに伝えられていた。そして、明けて四月になるとドイツ港湾での出撃準備状況も知らされるようになった。

戦争準備に取り掛かった英独は多大な戦力を投入することとしていたが、戦場になるノルウェー、デンマークの兵力は、数ヵ月前に戦闘状態になったポーランドと比べても桁違いに弱体だった（ノルウェー軍で二万五千人、デンマーク軍で六千六百人というのだから、両軍の兵力を合わせても神宮球場なら空席ができる程度の規模）。要するに、他人の地所をめぐって、かつその地所の中で連合軍とドイツ軍が戦火を交えることになる。これは、戦場となるノルウェー、デンマーク、両国にとって迷惑極まりない。さらに、どちら側が勝利しても「保護占領」状態になることが避けられそうもないのだから、性質が悪い戦争である。

けれどもドイツ艦艇の出港状況の知らせについては、特にデンマークでは深刻な危機と受けとめられず「大西洋に向かったのだろう」と判断して「まだ大丈夫」と臨戦態勢に結び付けようとしないところが、戦争経験と遠ざかってきた国の悲しさだった。もっとも同様の判断ミスは、英海軍艦隊司令部のフォーブス提督も犯しており、その誤判断がこの戦いにおける連合軍側の敗戦につながるのだから、戦争から遠ざかりたいという意識からの楽観的な観測とは必ずしも言い切れないが。

ドイツ軍によるノルウェー、デンマーク侵攻に神経を尖らせていたのはむしろ隣国のスウェーデンの方で、作戦開始当日の早朝にノルウェーに向かってスウェーデン領空を通過するドイツ空軍機の群れには緊張感を高められた（作戦実施が避けられないと判断されると、スウェーデン国内では総動員令まで発令）。ドイツ側も起こらなくてもよい事故を懸念したのか、スウェーデンに対しては「何もしなければ何も起こらない（スウェーデンを占領する目的ではない）」と伝えられていた。

だがこれより一日前の四月八日には、英海軍（戦艦レナウン、駆逐艦四隻と機雷敷設艦）がノルウェー沿岸に機雷敷設を実施。これは他国の領海での勝手な機雷散布と解されたためノルウェーは英国に厳しく抗議したが、その翌日から始まったのがドイツ軍による電撃的侵攻だった。

往時、デンマークもノルウェーも国土が戦乱に見舞われたことはあった。第一次世界大戦中には中立国と宣言したのにもかかわらず、相当数の船舶が潜水艦の魚雷で沈められもした。だが、国土の上空に敵方の飛行機が飛び交って爆弾も落とされれば、高速で航行する多数の大型艦が大砲を撃ち合うような戦争に巻き込まれたというのは初めてだった。

デンマークに至っては、戦闘状態に突入してわずか一日というよりも、ほんの数時間で決着した。ドイツ軍の来襲の知らせは前日、四月八日の夜には駐独デンマーク大使館員（H・ツァーレ公使ら）から伝えられていた。もともとデンマークがシュレスウィヒ戦争に敗れて、その国土をユトランド半島の狭いところにまで縮減することになった根底には「弱い防衛力が中立にとっての安全……参戦が国を滅ぼす」という考え方があった。シュレスウィヒ戦争では、参戦を望まなくても侵攻側の意図によって戦渦に巻き込まれ得ること、その結果、国土を失うことも経験したはずだった。

デンマークにやってきたドイツ軍は三万八千人規模で、ドイツ公使レンテフィンクが午前四時二十五分にムンク外相に軍事作戦の開始を伝えてから二時間後に国王のクリスチャン二世が降伏を指示するという早さだった。戦闘停止はそれから一時間半後の午前八時という早さだった。スタウニング政権も型どおりの抗議をしたものの、戦闘扱いにするのもどうかと思われる散発的な撃ち合いで命を落としたデンマーク兵は十四名だったという。

以後、デンマークのあまりにもおとなしかった降服とそれからの被占領は、ナチスドイツがヨーロッパ全域に拡大させるつもりの占領体制のモデルケースとして宣伝されたこともあった。その反面、無抵抗での被占領という事態はデンマークの国民にとってはある種の後ろめたさにもなった。しかしながらナチスによる紳士的な占領が続くのは、ドイツ軍が劣勢になるまでのことだった。

ナチスドイツによるノルウェーへの侵攻

デンマーク侵攻と同日に実施されたノルウェー侵攻作戦は、ドイツ本国のキールを発つ兵力二千人規模の上陸部隊およびブレーメルハーヴェンを発つ五千七百人規模の上陸部隊がノルウェーの海岸線の主要地域を占領することとされた。ブレーメルハーヴェンからの上陸部隊は、北から順にナルヴィク（兵力二千人）およびトロンヘイム（兵力千七百人）、ベルゲン（兵力九百人）、クリスチャンセンおよびアーレンダール（兵力千百人）の各地域への上陸、制圧を行なう。そしてキールからの上陸部隊（兵力二千人）は、オスカーシュボルグを通過してオスロを制圧することとしていた。

上陸部隊および上陸支援部隊の輸送にあたる海軍艦艇、輸送船は四月二日～七日にはドイツ本国を発つが、やはり脅威となるのは英国の海軍力で、それも上陸部隊を送り届けた後の帰還時が危険と予想された。この問題を克服するには、相当機数の空軍力が制空権を確保したうえでの航空支援が求められた。そのためドイツ空軍では八百機以上もの実戦機による作戦支援を行ない、これらとは別に五百機もの輸送機（ユンカースＪｕ52／３ｍ）が空輸した降下猟兵（三千人＋二千五百人）がオスロのフォルネヴおよびスタバンゲルのソーラの各飛行場を制圧、これが訓練やデモンストレーションでもない、史上初の実戦での空挺作戦となった。

こうして始められた陸続きではない地域への、海と空からのそれまで例を見なかったほどの侵攻作戦は「ノルウェーの保護占領」という名目で行なわれ、作戦行動中に触雷して沈没した蒸気船から救助されたドイツ兵も「ノルウェーを英軍から守るための作戦を行なっていた」と証言したという。だがよほどの行き違いでもなければ、助けに来てくれる援軍に向かって銃火を向けるようなことはない。ノルウェー軍の対空火器は口径の小さな機銃に頼るほど貧弱だが、本当に友軍とみなしているようなら、飛行場に強行着陸するドイツ空軍輸送機に向かって発砲することも、オスロ・フィヨルドを通過しながら近づいてくるドイツ海軍の大型艦にも、要塞から砲火を浴びせるようなことはしない。

だが飛行場の基地防空部隊を制圧し切れていないうちに着陸を試みたＪｕ52／３ｍはノルウェー兵が発砲する機銃弾の雨嵐の歓迎を受けた。フィヨルドに刻まれた危険な水路を航行してオスロに接近した重巡洋艦ブリュッヒャーも、オスカーシュポルグ要塞から二十八センチ砲の対艦射撃と魚雷攻撃を受けて航行不能になり、翌日に転覆して爆沈した。重巡ブリュッヒャーには親ナチのノルウェー新政権関係者要員らも乗艦していた。

ノルウェー制圧をもくろんでいたドイツ軍にしてみれば、戦闘突入初日の幸先の悪い痛手……アドミラル・ヒッパーと同型艦のブリュッヒャーは、海上戦闘能力が乏しいドイツ海軍にあっては貴重な新鋭大型艦。それが開戦から一年も経たないうちに、それに勝って当たり前のはずの相手のノルウェー軍に沈められてしまったのである。

それでも全般からみれば、このようなノルウェー軍の勝利は例外的なものに過ぎなかった。多くの上陸地点ではノルウェーの守備部隊は戦線を維持できず後退を余儀なくされ、ドイツ軍の奇襲攻撃は概ね成功といえた。重巡ブリュッヒャーを失ったオスロ、軽巡ケーニヒスベルクが英海軍のブラックバーン・スキュア艦爆に撃沈されたベルゲンでさえも、なんとか上陸に成功した戦力で制圧することに成功した。やはり火砲、重火器にも事欠くノルウェー軍の防衛力では、ドイツ軍の侵攻を遅らせることもほとんどできなかった（本当の意味でドイツ軍を難渋させたのはやはり英海軍で、四月十、十三日のナルヴィク海戦では戦艦ウォースパイトほか英駆逐艦隊が独駆逐艦十隻を全滅させ、以降の独海軍の対英海上作戦の実施を慎重にならざるを得ない状態に追い込んだ）。

にもかかわらずデンマークのようにほとんどはむかうことなく負けを認めるのではなく、最後通牒の受け取りも拒否した。ホーコン国王ほかノルウェー政府要人がオスロで勾留されることなく、ハマル、エレーブルム、ドレーブシェーに移動、さらにその後は撤収する連合軍とともにロンドンへと脱出を果たせたのは、大変な幸運に恵まれていたからなのだろうか（逃亡中にはドイツ機の爆撃を受けて、命を落としかけたこともあった）。

四月九日のドイツ軍の奇襲攻撃以後、日を追って乱れてゆくノルウェー軍を後退させながら、国防軍最高司令官のオットー・ルーゲ将軍は連合軍側増援部隊の到着を待った。だが、ノルウェー南部（トロンヘイムより南）に到着した英国からの援軍は、訓練も装備も不充分な義勇兵クラスだったのでドイツ軍に抗うことができず、結局、四月二十七日には撤退命令を出さざるを得なくなった。

バレンツ海
ムルマンスク
ラップランド
カレリア地
フィンランド
ボスニア湾
タンベレ
ラドガ湖
ヘルシンキ
フィンランド湾
レニングラード
オーランド諸島
タリン
エストニア
ゴトランド島
リガ湾
ソビエト連邦
ラトヴィア
リガ
バルト海
リトアニア
ビリニュス
カウナス
東プロシア
カリーニングラード

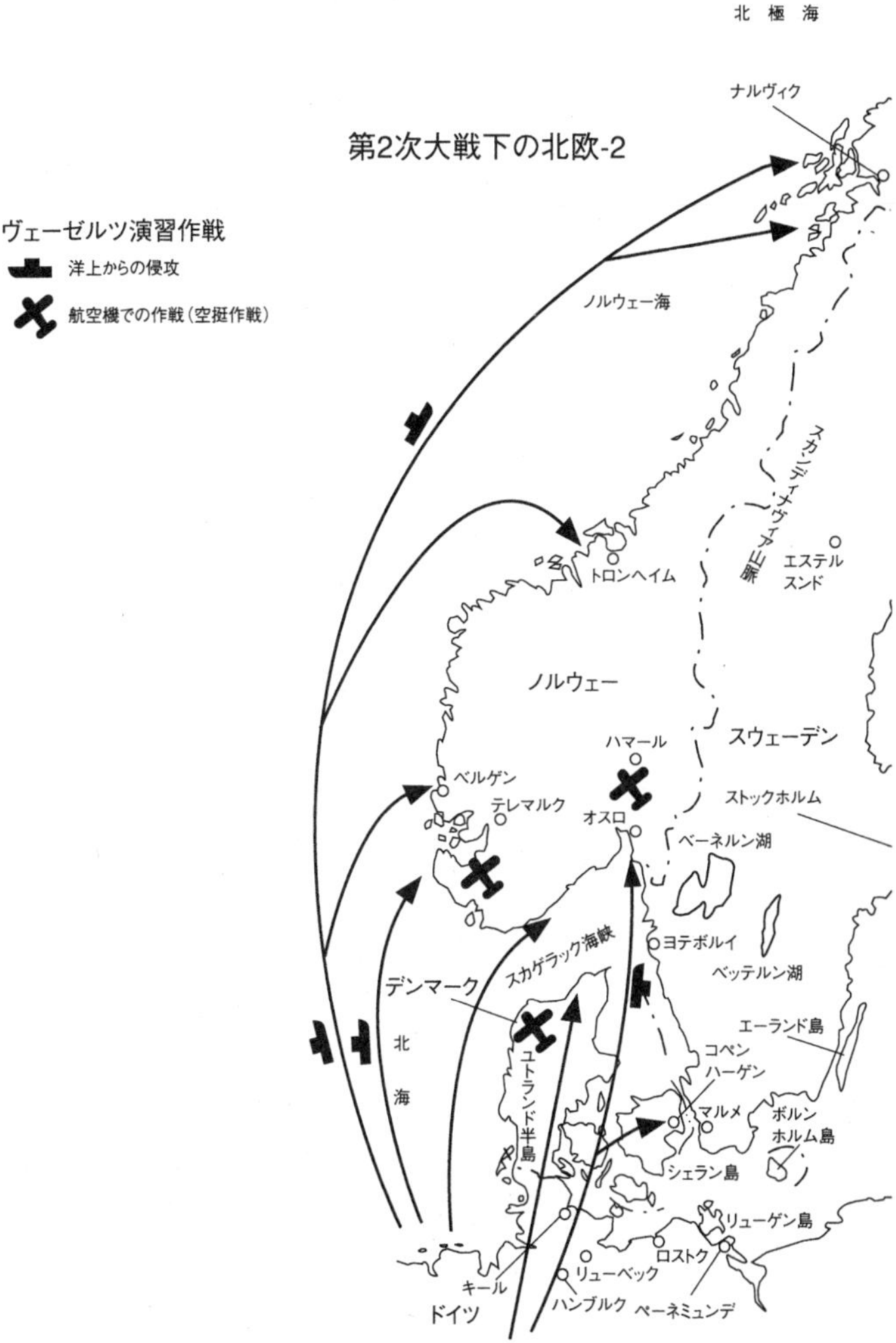

北極海
ナルヴィク
第2次大戦下の北欧-2
ヴェーゼルツ演習作戦
洋上からの侵攻
航空機での作戦（空挺作戦）
ノルウェー海
スカンディナヴィア山脈
トロンヘイム
エステルスンド
ノルウェー
スウェーデン
ハマール
ベルゲン
テレマルク
オスロ
ストックホルム
ベーネルン湖
ヨテボルイ
ベッテルン湖
スカゲラック海峡
デンマーク
北海
エーランド島
コペンハーゲン
マルメ
ユトランド半島
ボルンホルム島
シェラン島
リューゲン島
ロストク
キール
リューベック
ハンブルク
ペーネミュンデ
ドイツ

南部での抗戦に敗れたノルウェー国防軍司令部はトロムソに移動すると、北部に派遣されてきたより精強な英仏自由ポーランド連合軍との共同作戦が図れるようになり、五月十三日にはナルヴィク近郊のドイツ軍攻撃も開始。ナルヴィクの奪還もあり得ないことではなくなりつつあった。

しかしながらこの北欧戦域での連合軍側の戦線維持は、見直さなければならない段階になっていた。五月十日にはドイツ軍が低地諸国に対する電撃的侵攻を開始していた。二十三日にチェンバレンの後を受けて英・有事内閣の首相となったチャーチルが以降の戦いを検討すると、スカンディナヴィア半島に精強な部隊を置いたままの状況ではいられないと判断されたのである。

二十五日には北欧派遣連合軍司令官にドイツ軍が鉄鉱石を搬出する施設を破壊、ナルヴィクを奪還してから、可及的速やかに撤収するように指示された。六月一日にはトロンヘイムを拠点として北上してきたドイツ軍もナルヴィクの南のボードーに到達。七日には、ノルウェー国内に留まっていたノルウェー軍を含む連合軍側勢力とともに、ホーコン国王一行も英巡洋艦で国を後にした。これからはロンドンに場所を移して、祖国の解放のために尽くさなければならなかった。

降伏文書に調印して、占領下のノルウェー国民と過ごすことにしたルーゲ司令官は九日にドイツ軍に降伏を申し入れた。そして間もなくホーコン国王は「一時、国を離れるが、独立を取り戻すための戦いを継続する」旨の声明を発表した。ナチスに、またヒトラーに擦り寄ったあのクヴィスリンクはドイツ軍による侵攻開始直後から、ノルウェー新政府の首相とも名乗った。だが、その人望と人気の欠如にはナチスもヒトラーも既に認識しており、実質的ノルウェー支配は総督に任ぜられた親衛隊大将のヨゼフ・テルボーフェンに委ねられるのだった。

中立宣言国をも襲った電撃戦の嵐

練り直された低地諸国への侵攻

一九三九年九月三日に英連邦やフランスが対独宣戦布告してから本格的戦闘が生起するまでの時期を指して「まやかし戦争」「うそ戦争」「座り込み戦争」（英単語でPhony War）など様々な言い回しが用いられてきたが、直接に傷つけ合うことだけが戦争ではないとすると、これらの表現はどれも実態を反映していないようにも考えられるだろう。この間、戦争準備に勤しむと同時に相手国側の動きを見極め、どのような対応をとり、また、作戦に出るべきか、両陣営では繰り返し練り直していたと見られるからである。

例えば、ヒトラーのポーランド侵攻の指示・指令第一号（一九三九年八月三十一日発）の段階で、西側国境側の国々への対応策が盛り込まれている。「三、西部正面においては英仏に先に手を出させて開戦責任をとらせる……オランダ・ベルギー・ルクセンブルクおよびスイスに対する中立保証は、当面、厳守……」「四、英仏がドイツに対して戦端を開く場合、西部正面で行動する国防軍部隊は極力戦力の消耗を防ぐ……対ポーランド戦の勝利を第一……」とされ、相手方が手を出した場合にのみ応じ、低地の中立国およびスイスに対してはその立場を尊重、かつ、英仏と交戦状態になるとしても、まずはポーランドに対する勝利を優先することとしている。消極的な対応ではあるが、開戦後の西側諸国との距離のとり方について言及している。

ところが英仏両国が対独宣戦布告した当日には、指令第二号・西部正面の対応（同年九月三日発）として英仏両軍と戦闘状態になった際の作戦内容や兵力の準備などについて言及し、多少具体的に示されるが、ポーランド戦が終了するまで西部戦線で戦端が開かれることはなかった。そしてポーランドでの戦闘が終わった当日の九月二十七日には西部戦線で攻勢に出る意向を軍首脳に告げて、作戦計画の立案を求めた。

それから約二週間後には指令第六号・西部戦線攻勢作戦（同年十月九日発）において、英仏に対する早期の攻勢の実施を指示。「適切に実行すれば戦争を終わらせられる」と、秘匿名＝ファル・ゲルプ（黄作戦）の実施を指示。英仏が低地の中立国国境付近で兵力を増強したことが脅威となったとし、低地諸国を占領することの正当性について述べ、以降の追加指示書のなかでも低地の中立国への侵攻があり得る旨、言及している。

以上、やや長めに「ヒトラーの作戦指令書」を洗ってみたが、第一次大戦当時のドイツ帝国が中立国諸国に対したのよりも、ずっと厳しい姿勢で戦争計画を練っていたとみてとれるだろう。前章で、第一次大戦中に中立状態を維持できたオランダやノルウェー、デンマークでさえも、海峡での機雷敷設や武器類等輸送車輛の通過要求など、積極的ではないが苦渋に満ちた戦争協力を強いられた有様について記述させていただいた。

ところがナチスドイツの場合は消極的戦争協力どころか、作戦の計画段階において既に中立国への武力介入が検討されていた。これらの計画が練られていたのが、いわゆるフォウニ・ウォーの時期。ドンパチの状態になっていないので「ウソ戦争」と称されたのかもしれないが、参戦を望まない（できない）国々に対する「保護占領」というもっともらしい用語の作戦もまやかし戦争の時期に立案されていた。中立宣言国に対しては「連合国側からの侵略から守るために占領する」という都合のよい作戦計画が練られ、そしてフォウニ・ウォーが明けた一九四〇年春に行なわれた「ヴェーゼル川演習作戦」から中立宣言国（まずはデンマーク、ノルウェー）が次々にナチスの支配下に入れられていった。

第一次大戦勃発後のドイツ軍によるベルギー内侵攻は、あの「シュリーフェン計画」にこだわったがゆえのことだったが、今回の西方侵攻作戦においてはA軍集団参謀長のエーリヒ・フォン・マンシュタイン中将が考案した「ジッヒェルシュニット作戦」に立脚していた。この作戦計画は、前年九月二十七日にヒトラーが要求した西方攻勢の作戦計画として陸軍最高司令部（OKH）から提出された「黄作戦」に代わる計画として提案されたものだった。なお黄作戦は、その計画書がベルギーのメヘレンに不時着した連絡機から、処分しきれない状態で露見してしまい（一九四〇年一月）、放棄されてしまった。

往時のシュリーフェン計画では、中立国サイドの通過に遠慮があったためオランダ領内には踏み込まず「やむなく」ベルギー領内に侵攻するかたちになったが、マンシュタインの作戦計画では最初からオランダ、ベルギーを攻撃目標にしていた。例のヒトラーの作戦指令書でも初期段階は「中立保障は当面、厳守」また「中立の立場は尊重」だったところ、一ヵ月後には低地諸国の占領も正当性になり得るというところまでトーンが変調している。そして

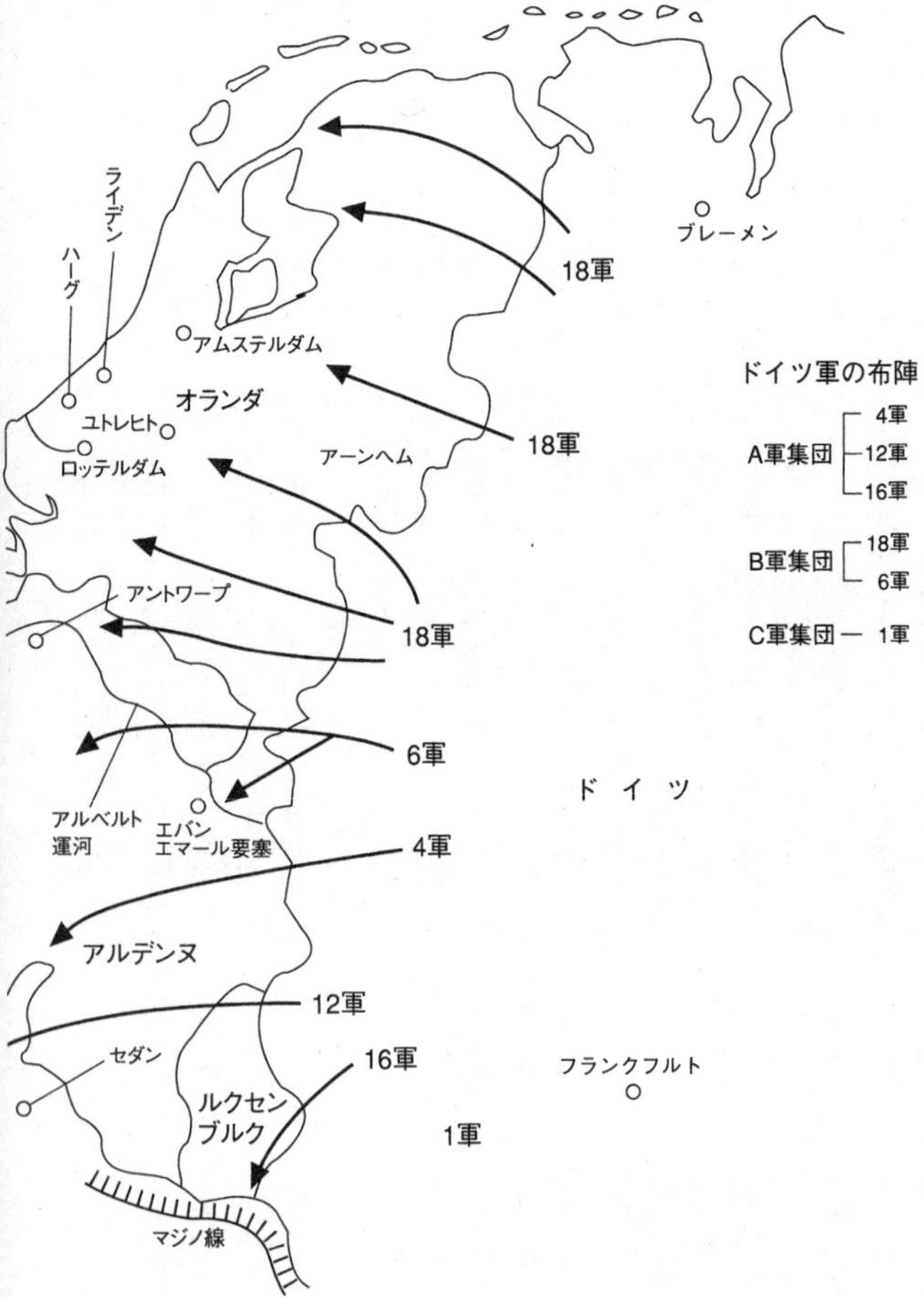
ドイツ軍の布陣
A軍集団
4軍
12軍
16軍
B軍集団
18軍
6軍
C軍集団
1軍
ブレーメン
ライデン
ハーグ
アムステルダム
オランダ
ユトレヒト
ロッテルダム
アーンヘム
18軍
18軍
18軍
アントワープ
6軍
ドイツ
アルベルト運河
エバンエマール要塞
4軍
アルデンヌ
12軍
セダン
16軍
フランクフルト
ルクセンブルク
1軍
マジノ線

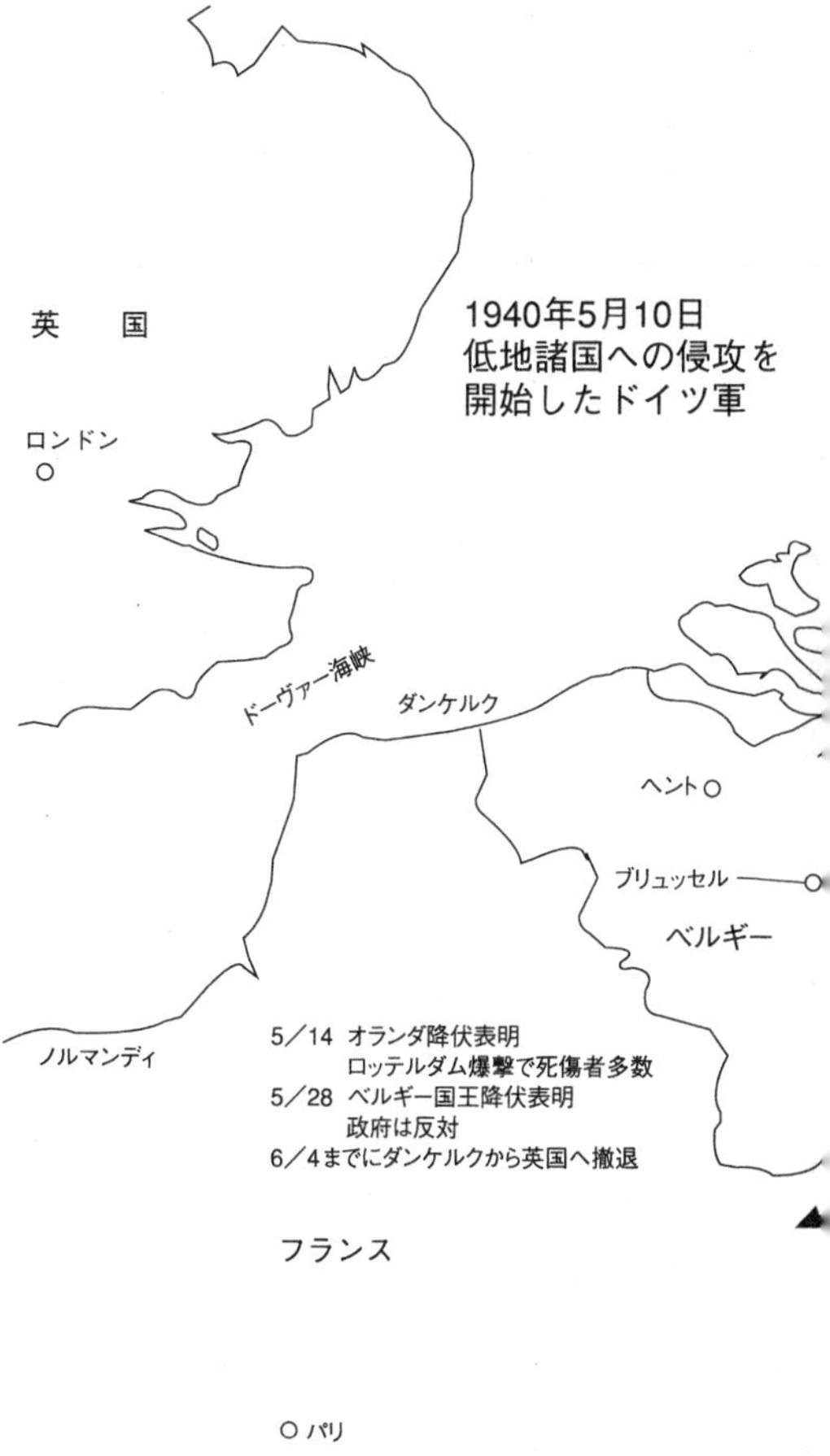
英　国
1940年5月10日
低地諸国への侵攻を
開始したドイツ軍
ロンドン
ドーヴァー海峡
ダンケルク
ヘント
ブリュッセル
ベルギー
ノルマンディ
5／14　オランダ降伏表明
ロッテルダム爆撃で死傷者多数
5／28　ベルギー国王降伏表明
政府は反対
6／4までにダンケルクから英国へ撤退
フランス
パリ

一九四〇年四月には遂にノルウェー、デンマークといった中立宣言国に対して武力侵攻。ナチスドイツにはもう、オランダ、ベルギーに攻撃を仕掛けることへのためらいはなくなった。連合軍側が低地諸国に遠慮気味にしていても、である。

マンシュタイン計画によると西方に侵攻するドイツ軍は北から南に、B軍集団（ボック）、A軍集団（ルントシュテット）、C軍集団（レープ）が布陣。中立宣言しているベネルクス三国に攻め込む「悪役」を引き受けるのはB軍集団で、ポーランドを支援しなかった後ろめたさと反省に悩んでいる（?）英仏軍を引き付けるというもの。そして低地諸国救援に向かう英仏軍をA軍集団が包囲。A軍集団の一部はアルデンヌの森を機甲車輌で突破する。ここまで相手方の動きを予想しながら作戦予定を想定するのは、OKHで立案されていた西方攻勢の侵攻案がベルギーで連合軍側に渡ってしまっていたからであろう。

オランダ、ベルギーが受けた攻撃

西方電撃戦の最初の一撃が交戦国ではなくて中立宣言国に向けられたのは、やはりある意味、第二次世界大戦が一線を越えてしまった戦いだったことを意味しているのだろう。けれども五月十日にドイツ軍がオランダに対して最初にしたことは、ハーグへの降下猟兵部隊の空輸だった。レン・デイトンの『電撃戦』によると、この攻撃の目的はオランダ政府の乗っ取りおよび陸軍省の支配、皇族の抑留とされている。ところがパラシュート降下した猟兵は予定地点には降下できず、イーベンブルクに着陸して兵員を降ろすことになっていた十三機は、うち十一機が被弾して炎上し墜落するか、着陸事故で失われたという。ユンカースＪｕ

52／3m輸送機はポーランド戦の頃から喪失機が少なくなかったが、満を持してドイツ機を迎え撃った電撃戦においては、さらに損害が拡大した。結局、ハーグ侵攻作戦は破壊されたJu52の残骸が地上に散らばりあふれ、後続機が着陸不能になって空挺作戦は断念された(但し、アーンヘムへの侵攻作戦は成功)。

低地諸国特有の運河に囲まれた地勢ゆえに要所となる橋の確保は重大事だったが、バトル・オブ・ブリテンにおいて最初期の救難機として活躍したハインケルHe59水上機十二機は、ロッテルダム中心部のヴィレム橋を確保するために百五十名もの歩兵、戦闘工兵を空輸。援軍として第一パラシュート連隊の降下兵も加わったが、オランダ軍も掃海艇や巡視艇、魚雷艇まで繰り出してドイツ空挺部隊に挑戦。するとドイツ側も空軍爆撃機からも援護の爆撃を受けた。オランダ国内でのドイツ軍との戦いは、一日めにして早くも激戦状態になっていた。

アントニー・フォッカーという第一次大戦期以来の逸材を輩出した国だけに、オランダにはフォッカー、コールホーヘン、アヴィオランダなど、小規模国家らしからぬ航空工業が発達したが、なかでもフォッカー社では小規模国家空軍力向けの使いやすい偵察機から、自国の国情に合致した水上爆撃機、近代的な戦闘爆撃機なども開発した。

しかしながら、それらの機数はいずれも少なく、ドイツ軍に攻め込まれると多勢に無勢になって、地上に置かれたまま破壊されたものも少なくなかった。特に厳しい状況になった例としては、ドイツ地上軍の阻止爆撃に出撃した双発のフォッカーTV爆撃機が帰還すると、着陸不可能なほど基地が破壊されつくしていたこともあったという。

結局、ドイツ空軍がユトレヒトの爆撃を予告すると、都市爆撃の拡大を恐れたウィンケルマン将軍はオランダの休戦を決意。十四日には停戦命令が通達された。

オランダの降伏が本決まりとなる五月十四日には行き違いからだったが、ドイツ空軍の百機ものハインケルHe111爆撃機がロッテルダムを襲いかけた。オランダ軍はそれまでのどの交戦相手よりもたくさんのJu52／3m輸送機を撃墜していたが、その大部分は対空射撃によるものだったという。十四日午後はオランダ軍内で停戦が命じられたはずだったが、対空射撃は休戦になるはずの日の夕刻に襲来したHe111に向けられた。

休戦の文書が交わされた後なら赤い照明弾が撃たれることになっており、実際、証明弾は打ち上げられた。ところが対空射撃が激しくて照明弾が視認できたのは百機のうちの四十三機。これらは予定されていた時に攻撃目標に向かったが、確認できなかった五十七機はロッテルダム市内に爆弾を投下。食品工場（バター工場）に命中した数発の爆弾は大火災を発生させた。このときの無差別爆撃の誤爆がオランダにおける最大被害（九百八十人死亡、罹災者七万八千人）につながった。不運とミスが重なった結果のことだったが、当然、連合国側はこの無差別爆撃事件に対して厳しく抗議した。

ベルギーでは大恐慌から脱するための公共事業としてアルベール運河の建設、アントワープ港の改修工事などが行なわれたが、五月十日にはこのときの事業およびこの国の防衛の要衝となった要塞を巡る歴史的な軍事作戦が行なわれていた。ベルギー北東部に位置するアルベール運河とムーズ川とが出合うところの橋梁の脇に位置するエバン・エマール要塞は、ドイツ第六軍の侵攻の妨げる、攻め落とすべき対象と認識されていた。それゆえ西方侵攻の初日には、過去、実戦においては行なわれたことがなかった、輸送グライダーで特殊作戦要員を空輸して要塞を奇襲するという作戦が実施された。

エバン・エマール要塞は第一次大戦勃発直後、あまりにも容易にベルギーが侵攻された反省から一九三二年に構築された、十七基ものトーチカを有する要塞で、アルベール運河を守る対戦車用城塁としての機能が予定されていた。そのため、対空防御はさほど考慮されていなかった（機銃八梃のみ）。形状としては半径九百メートル強、円弧が七百メートル強のトルテ型ともパイ型ともいえる形状で、対戦車壕もあったので、地上からの接近、攻略には困難をともなうと予測された。

この要塞の攻略に、輸送グライダーの使用を考えたのはヒトラーだったという。グライダーでの歩兵の空輸は一九三五年の赤軍大演習におけるデモンストレーションで公開され、ドイツではハンナ・ライチェが着陸させた輸送用グライダーから飛び出した空挺隊員が戦闘ポーズをとる模擬演技を行ない、ナチスの高官たちから好印象を得ていた。

当日の作戦ではＤＦＳ230グライダー十一機に「コッホ強襲分遣隊」の隊員が分乗した。Ｊｕ52／３ｍに曳航されてケルンを発ったが、空挺攻撃は午前五時半に実施。上空で切り離されて滑空し、トーチカが並ぶ要塞の上部に無事に着陸したのは九機。けれども特殊装備の強襲分遣隊員はグライダーから飛び出ると、わずか十分で十基のトーチカを使用不能にさせた。攻撃に成形炸薬（ホロー・チャージ）が使用された最初の事例となった。

ほかのＤＦＳ230はアルベール運河に向かい、第六軍地上軍が到着するまで橋梁を確保。コッホ分遣隊も要塞内部にベルギー兵七百五十名を閉じ込めた状態のまま、第六軍と合流することができた。ベルギー軍は十二日にエバン・エマール要塞の奪還を諦めて、戦線を後退させて戦力を立て直すこととした。

けれども早期の休戦をしなかったため国土は急降下爆撃、都市爆撃、また地上部隊の進撃によって荒廃し、ベルギー国内に留まらずフランスのカレー、ダンケルクまで避難民で混乱状態に陥った。そのような事態に至ってもベルギー政府は十八～三十五歳の全男子に動員をかけて、フランス国内で立て直されるベルギー軍に参加するよう命じた。

ベルギー軍はまた、ヘントの南西、レイエ川で抗戦を継続。このように戦闘が長引いたがために連合軍側兵士が英国に脱出するダンケルクからドイツ軍戦力を（わずかでも）引き離せたともみられるが、最高司令官たる統帥権の規定が欠いていたためにベルギーの降伏を遅らせたともみられている。

結局、国王のレオポルド三世が独断に近いかたちで降伏を決め、自ら虜囚になる途を選んだ。けれどもH・M・E・ピエルロ首相は亡命政府での戦争継続を主張。首相に同調した議員百名も国王による降伏の決定には異を唱えた。このような国王と首相、議会との休戦～戦争継続の考え方の違いは、その後の国王問題のきっかけになったともみられている。

枢軸軍に襲われたバルカン諸国

過熱する欧州の火薬庫

第一次世界大戦勃発の原因になった事件が起こった地でもあり、複雑な民族問題を抱え続けてもいるので、やはり「欧州の火薬庫」ということになるのだろうが、ポーランドでの大戦勃発から一年以上もバルカン半島で戦火が起こらなかったことは、意外といえば意外なこととでもあった。

もっとも、まったくもって静寂だったという訳でもなく、一九四〇年七月一日にルーマニアは、独ソ不可侵条約で定められていたベッサラビアだけでなく、それまでロシア領になったこともなかったブコヴィナまでもが、ソ連に割譲させられてしまった。二十四時間以内の要求受諾を強要する最後通牒は、このときもルーマニアにつきつけられた。続いてハンガリーがトランシルヴァニアを、ブルガリアもドブルジアをルーマニアに要求した。旧オーストリア・ハンガリー帝国から独立しても敗戦国の扱いを受けたハンガリー、それに中欧同盟に参加して敗戦国になったブルガリアとも、戦勝国としていい思いをしたルーマニアには、面白くない感情を抱き続けていたのだろう（八月三十日のヒトラーによる「ウィーン裁定」で、トランシルヴァニアの半分がハンガリーに、ドブルジア南部がブルガリアに割譲されることとされた）。

かねてユーゴスラヴィア体制への参加を不本意とし続けてきたクロアチアも自治州にはなったものの、前年三月にチェコスロヴァキア体制が解体された後、ナチスドイツの保護国という立場ながら独立を果たしたスロヴァキアには、心穏やかでいられなかっただろう。やはり「火薬庫」と呼ばれた地域では、戦乱こそ起こっていなくとも、渦巻くものはあったようである。

そんな一枚岩になりにくかったバルカン諸国が、一九三〇年代後半にまとまりかけたのは共同の経済圏・バルカン協商（第三次）を形成して大恐慌から抜け出ようという目標があったからだった。それがドイツ、イタリアというファシズム列強の台頭により、いかにして戦争に巻き込まれないようにするかという論点に替わって、事実上の敵性国だったブルガリアとの関係も修復されて、中欧のハンガリー、スロヴァキアと同様、ナチスドイツを仰ぐような国際関係になっていった。

何事にも例外はある……としたらここでは、元軍人で親ファシズムの銀行家・メタクサスが首相に指名されながら国民からはまったく相手にされなかったギリシアであろう。ギリシアは大戦勃発直前の一九三九年四月に英仏から安全保障される（じつはルーマニアも政変が起こる前だったので、同様の保障を受けていた）など、自由圏寄りの国になっていた。翌春に反ファシズムの運動へと国民のエネルギーが爆発することになるユーゴスラヴィアもこの時期はまだ、英独どちらの陣営からも、得られるもの、吸収できるものはわが物にしようと懸命になっている時期だった。

そんなときに異様な目つきでギリシアをにらんでいたのがイタリアだった。前年四月にイタリアは、ドイツとの差が開き過ぎてしまったことからアルヴァニアを占領して力量を示そうとした。けれども、この一九四〇年秋にかけて、イタリアはいいところが見せられなかった。休戦直前のフランスに宣戦布告して世界中から批判され、北アフリカでも数的に劣勢な英連邦軍にひっくり返され、英本土航空戦ではベルギー国内の飛行場から作戦に参加させてもらったもののドイツ空軍のあしを引っ張った。さらには自国の、イタリア半島の突端の軍港・タラントでは、主力艦が二隻も、英空母から発進したソードフィッシュ攻撃機による夜間攻撃を受けて撃沈。およそ恥ずかしい戦いばかり続けていた。

アルヴァニア併合はうまくいったから、今度はファシズムと相容れないギリシアを攻め落としてしまえ。イタリア側にも少なからず焦りがあったのだろう。軍需産業こそ、ユーゴにも、ブルガリアやルーマニアなどに対してもかなり遅れていたが、戦い方、編成や配置などは、意外ともとれるほどギリシア軍は長けていたのである。

駐ギリシア・イタリア大使から首相のメタクサスは、どのような顔をしながら最後通牒を受け取ったのだろうか。イタリア軍の対ギリシア侵攻計画は野心的だった。国境を越えてイピルス地方に侵攻してから南下し、アテネまで占領するという大胆な作戦だった。作戦担当部隊からも作戦開始に楽観的な見通しが報告されたが、事実は違っていた。

ギリシア空軍機は戦闘機の主力がポーランド製のＰＺＬ・Ｐ・24で、少数機のブロックＭＢ151（フランス製）も使用。旧式機主体でイタリア空軍が持ち込んだずっと多数のフィアットＧ50、ＣＲ42相手の苦戦が予想されたが、地の利を活かして奮闘。山地を越えながらの進軍に難渋するイタリア地上軍には、やはりフランスから買ったポテ633軽爆撃機が攻撃を繰り返し、次第に戦意をそいでいった。

緒戦での惨敗を免れると、前年四月にギリシアの安全を保障した英軍が支援の飛行隊（グラディエーター一個隊、ブレニム三個隊）を率いてペロポネソス半島に到着（十一月三日）。イタリア軍も派遣部隊を増強したが、既に早期のギリシア制圧は不可能になっていた。それどころか、英軍はさらに航空戦力を増強したため（ハリケーンとグラディエーター）、その後の戦いではイタリア軍が押し返される状態になってしまった。

ヒトラーに見栄を張るかのようにムッソリーニが作戦を指示したギリシア制圧作戦は、結果的にはもうひとつ負け戦を重ねただけにとどまらず、逆にバルカン戦域に英軍を呼び込むことになってしまった。これには当然、ヒトラーも激怒した。

ギリシアからならば、北アフリカからよりももっと容易に、枢軸軍の生命線であるプロエシュテ油田（ルーマニア）を攻撃できる。ただでさえも精強性に乏しいイタリア軍（およびそのほかの枢軸国）にとっての脅威にもなる。一刻も早くバルカン半島から、英軍勢を追い払わなければならない。十二月十三日には作戦指令書第二十号の「マリタ作戦」を発した。この頃にはイタリア派遣軍はアルヴァニア内約八十キロまで後退させられていた。

この年夏の英本土航空戦で制空権確保が成らなかったことから英本土上陸作戦実施が見送られ、その後に実施される大規模作戦は「ソ連侵攻作戦」に移っていた。となると、バルカン戦役の実施によって、対ソ戦の開始はどのくらい影響を受けるだろうか。

ソ連正面の小規模国家群は、十一月二十日にハンガリーが、同月二十三日にルーマニアが、枢軸国の同盟への参加を決めている（よって、もう三国の同盟よりももっと拡大している）。伝統的にソ連と親しかったブルガリアも、明けて一九四一年三月一日に同盟に参加した。だが、ユーゴスラヴィアがまだ同盟への参加に署名していない。

――ユーゴにはこれまで戦闘機（Bf109E）も供給すれば、爆撃機（Do17K）の製造ライセンスも売ってあげたではないか。まさか、ここでの離反（裏切り）はないだろうが……やっと三月二十五日にサインしたか。これで、英軍とギリシア軍をバルカンから締め出せば、対ソ作戦「バルバロッサ」に取り掛かることができる（作戦指令書第二十一号・一九四〇年十二月十八日発）。

ユーゴスラヴィアでクーデターが起こったのか（三月二十七日）。同盟への参加のサインはツヴェトコヴィチ政権が勝手にやったこと……「条約より戦争を」「奴隷より墓場を」だと？　ならば望みどおり、ユーゴを戦禍のなかに落として、墓場に送って差し上げるしかないだろう――。

一九四一年四月六日、ドイツ軍以下、枢軸国の同盟に参加した大部分の軍勢がユーゴスラヴィアおよびギリシア領内になだれ込むのだった。

第５章　長期化する戦乱

風雲急を告げるバルカン半島

第三章まででみてきたとおり、ユーゴスラヴィアの基幹となったのはセルヴィアであり、そのセルヴィアの後ろには伝統的にロシアが守っている関係になっていたが（だから第一次大戦へとつながったのだが）、その関係もロシア革命で崩れた。ロシア帝国崩壊後の大戦間の時期に、外交においても貿易においてもユーゴスラヴィアにとって、重要な相手国になっていたのがオーストリアやチェコスロヴァキアだった。

南スラブ統一に向けてのユーゴスラヴィア人クラブの活動が起こった地がオーストリア・ハンガリー帝国内で、それが民族運動となって帝国内に波及し、第一次大戦の終わり頃にチェコスロヴァキアが独立を果たしたという歴史的な縁もあった。オーストリアはすぐ北隣国、チェコスロヴァキアはそのまた北隣という地理的条件もあって、貿易、技術移転などの面においてもユーゴにとって浅からぬ関係になっていた。アレクサンダル一世が訪仏中に暗殺されたのにともない、ユーゴ首相になったストヤディノヴィッチが、内政よりも外交に力を入れて、中欧諸国との関係を深めたという事情もあった。

ところがその両国が、一九三八、九年に相次いでナチスドイツに併合されるかたちになり、結果的にユーゴスラヴィアの輸出入の半分以上がナチスドイツに占められることになった。またナチスも、ユーゴの経済・産業面での支配を積極的に進め、一九四〇年代にはいると外資系産業のほとんどがドイツ系の企業に占められる、産業植民地のような状態になっていた。

そして第二次世界大戦勃発後、スロヴァキア、ハンガリーといった旧ハプスブルク帝国領や、ルーマニア、ブルガリア、それにソ連軍の侵攻による国の壊滅からも免れられたフィンランドが枢軸国の同盟に参加することになった。そのような流れから、当然、ユーゴスラヴィアも同盟への参加に署名するものかと考えられた。

ところが、ユーゴスラヴィア王政の摂政を務めるパヴレ（暗殺されたアレクサンダル一世の従弟）が基本的に反ファシズムで、国内の反体制地域であるクロアチア自治領の親ファシズム化さえも避けようとした。そんなこともあって、ユーゴスラヴィアの枢軸国への参加には思いのほかてこずらされることになった。

内政面でユーゴ国民から信頼されなかったストヤディノヴィッチに換わって、急進派のツヴェトコヴィッチが首相の座を継いだが、ナチスは最後通牒までちらつかせて、三月二十五日にどうにか同盟・参加に署名させることができた。それも「領内へのドイツ軍の進出は認めない」「参戦の義務を負わない」という、ほかの枢軸国にはとても見せられないような大甘の条件で。

そんな事情も知ってか知らないでか、同盟参加の署名に反対する市民のデモ隊は「条約より戦争を」「奴隷より墓場を」と叫んで行進。この混乱に乗じて、ユーゴの軍部（首謀者・シモヴィッチ空軍参謀長）がクーデターを起こしたのである（クーデターを起こしたがそれまでの条約は破棄せず、継続。それでいてソ連とは四月五日に「友好不可侵条約」を締結と、真意を量りかねることを重ねた）。これによりヒトラーはクーデターを引き起こしたことを断罪し、周辺枢軸国にも参加させてユーゴに攻め込むこととした。

ナチスドイツにしてみれば、もとよりバルカン半島の突端に向かう二ヵ国、ユーゴスラヴィアとギリシア（親英）には、戦争が近くで起きても関与せずに、そのままじっとしてもらえればよかったのだった。おとなしくしていれば、英連邦軍の勢力圏は、中東、エジプトから北アフリカとマルタ島くらい。かつてバルカン半島の黒幕の風体を気取ったロシアもソビエト連邦になってからは、ルーマニアにベッサラヴィアとヴコヴィナの一部を割譲させた程度。バルカン半島には、英軍もソ連軍も呼び込もうとせず、黙っていてもらえればその方がよかったのである。

そのようなナチスの本意は、とうとうイタリアのムッソリーニには伝わらなかった。独伊両軍の実績面で大きな差があったためか、ムッソリーニが焦り気味になってしまったこともあった。イタリア軍こそよもや、何もしないで構えているだけの方が、威圧感を醸し出せる存在だとは思っていなかった。それが適切・充分な作戦準備もしないまま参戦に応じて、北アフリカやバルカン、地中海で、あのように負け戦を重ね、ギリシア戦役に至っては、英軍まで呼び込んでしまうとは。

ギリシアに英軍が進出してしまった以上、これらの勢力にバルカン地域から早々にお引き取り願わなければ、（一九四一年の）春から予定していた対ソ侵攻作戦が実行に移せなくなってしまった。ドイツ軍は四月六日、昨秋に厄介ごとの種を作ったイタリア軍ほか、ハンガリー、ルーマニア、ブルガリア軍をも率いて、ユーゴスラヴィアおよびギリシア領内になだれ込んだ。

首都のベオグラード上空には、それまでの侵攻作戦と同様にドイツ空軍機が大挙して現われて市街にも大量の爆弾を投下した（市民の死者、約一万七千人）。国境線を突破した地上軍が向かう先にも、ドイツ、枢軸軍機が先制の航空攻撃を仕掛けた。

東部戦線での作戦に用いられた枢軸国空軍機の多くは、エンジン部分や翼端などを黄色で塗り上げていた。そうすれば異なるインシグニアの空軍機でも、容易に敵味方の識別ができた。やはりベオグラード上空ではユーゴ空軍の濃緑色のＢｆ109が待ち受けていたが、こちらは「機首を黄色く塗ったＢｆ109を撃ち落とせ」と命じられていた。

ナチスドイツにとって主力戦闘機のメッサーシュミットＢｆ109やドルニエＤｏ17爆撃機などは、友邦陣営に属する空軍か利益が関係する中立国にしか供与できない重要な武器類だった。ユーゴスラヴィアの場合、既に経済圏としてドイツの属国扱い。有事になれば枢軸国の同盟に加盟するのが自然の流れとみられていた。それゆえＢｆ109やＤｏ17もユーゴに供与されたのだが、そうならないのが「一寸先は闇」と言われるほどの国際関係の難しさだった。

けれどもユーゴ空軍では、実戦に突入する前に既に訓練中の事故などで入手できた七十機のうちの約半数を失っていた。Ｂｆ109については「高性能だが、操縦士に厳しい機体」というベテラン・パイロットのことばも残されている。やはり小規模国家の空軍で使いこなすには、かなりの努力が求められる戦闘機だったのだろう。

空陸から侵攻してきたドイツ軍は、予想されていたこととはいえ、ユーゴ空軍のインシグニアが塗られたメッサーシュミットやドルニエ機が襲いかかってくるのを見て驚き、怒りがこみ上げられたという。「あんなに飛行機を売ってあげたのに、今はもう刃向かう敵」というのは、ドイツ側の言い分。ヒトラーが「枢軸国」という同盟関係の調印にこだわらなければ、ユーゴ国民の同盟条約締結への反対運動も、それに乗じたシモヴィッチ率いるユーゴ空軍のクーデターも起こらなかったかもしれない。相手側にだけ全面的に非があるとする戦時特有の心理状態は、その後どの時点でか、鎮静化されたのだろうか。

だが、枢軸軍に包囲されたユーゴスラヴィア軍は多勢に無勢だった。旧式の国産戦闘機IK－2やロゴジャルスキR－100軽爆、ライセンス生産されていたフューリーなどの前時代的な軍用機まで阻止戦闘に引っ張り出されたが、失われる機数を増やしたようなものだった。故あって爆撃目標から外されたクロアチア地域を除く、ユーゴの各都市部への爆撃とその後の地上戦を経て、ベオグラードは四月十三日に陥落。

三章で述べてきたように、第一のユーゴ建国のとき以来セルヴィアのやり方に異議を唱えてきたクロアチアも、この期に及び遂にユーゴスラヴィア体制に対する武力での反乱行動をとった。クロアチアは十日にはドイツ軍をザクレブに迎え入れていた。そしてユーゴ域内のそのほかの主要都市も、枢軸国の派遣軍によって分割占領されてしまった。そして遂に四月十六日に、皇族および政府高官らはカイロに向かって脱出し、国内に残された幹部士官、兵士らは残存していた武器類を自ら破壊処分するか武装解除……だがセルヴィア山岳地においいては、早くも四月中旬には次なる内戦の炎が燃え上がりつつあった（後述）。

いずれにせよ侵攻軍側から見て、作戦開始から十一日間の戦闘で降伏というのは、五日間で降伏したオランダよりは長い戦闘期間だったが、ノルウェー戦役よりもかなり短かった（トロンヘイムやナルヴィクに逆上陸した連合軍が戦闘期間を引き延ばしたからでもあるが）。だがこのバルカン戦役が、ドイツ軍、枢軸軍に重くのしかかってくるのはもう少し後のこと。このときは、ユーゴの降伏一日前（四月十五日）にクロアチア自治州が「クロアチア独立国」と宣言したことが大ごとになっていた（併せて後述）。

では、ドイツ・枢軸軍が攻め入った南の隣国・ギリシアはというと、こちらはイタリア軍を撃退した昨秋よりも、国内的に状況が悪化していた。あの親ファシズムの首相・メタクサスが死亡して首相不在の政情になったこともあって「イタリア軍なら撃退できてもナチスがやって来たら勝ち目はない」というのが普通の考え方になり、これからの大戦争をナチスが勝利するかもしれないという見方さえ持ち上がった＝管区によっては対独休戦交渉まで始めてしまい、マケドニア、それにイタリア軍が撃退されたイピルスなどでは、国家としては戦闘継続中なのに勝手に休戦協定を結んでしまったという（四月二十日頃）。

前年十一月以来、ギリシアを支援してきた英軍も、バトル・オブ・ブリテンを痛み分けに近いところで乗り切ったばかり。そんな厳しい状況でも「ギリシアの平和を保障する」という約束を守るために、派遣できる状態になったグラディエーターやハリケーンを順次送ってきたところだった。

英政府ではギリシアにおける枢軸軍の再戦を予測はしていたものの、既にギリシア国内は政治・防衛面ともほころびだらけ。いささか失望を禁じえなかった英派遣軍と行動を共にすることになったのがギリシア国王のゲオルギオス二世とギリシア政府、それに基幹と見るべきギリシア軍の一部だった。

独・伊軍がギリシアに侵入後、四月の二～三週めにはこの国に留まっての戦闘継続が困難と判断された。ギリシア軍も二十三日にはドイツ軍に降伏するしかなかった。守るべきギリシアが自壊してしまったため、英・中東軍司令官のウェーベル元帥も抵抗継続を断念、二十二日からの五日間で残存兵力の五万人規模が艦船でギリシアから脱出した。

ところが逃れた五万人のうち二万七千人規模が、暗号解読情報（エニグマ暗号機の情報を解読したウルトラ情報）からドイツ軍の侵攻が予定されていると判明したクレタ島を防衛する任務に当たった。やがてこの島での戦いが始まるまでに、守備隊の兵力を英連邦軍三万人、ギリシア軍一万四千人（島民のゲリラも含む）まで整えることができた。

そうして五月二十日からドイツ軍が、二万三千人規模の降下猟兵らを軍用輸送機Ｊu52／3ｍおよびＤＦＳ230輸送グライダーで、組織的に空輸してクレタ島を攻略する「メルクール作戦」を実施した（戦況等については『軍用輸送機の戦い』に記述）。独輸送船団を英艦隊が撃破したこともあって、史上初の航空輸送のみによる制圧作戦になったが、問題はドイツ側の被った損害の大きさ（死傷者約六千六百人、輸送機喪失百七十～二百機以上か）で、作戦立案者のシュトデント将軍をして「降下猟兵の墓場」と嘆いたこの作戦以後は、ドイツ軍による大規模空挺作戦が実施されることはなかった。

ドイツ・枢軸軍によるバルカン半島侵攻作戦によって、この地から連合軍勢力を一掃する

ハンガリー
ドイツ
(バナード)
ルーマニア
ブカレスト
ベオグラード
ドイツ
(セルヴィア)
南ドブルジア
ソフィア
ブルガリア
マケドニア
(マケドニア)
トルコ
(中立国)
ブルガリア
ドイツ
イタリア
(ギリシア)
ドイツ
トルコ
(中立国)
ドイツ
イタリア

マリタ作戦後
ユーゴを分割支配、ギリシアを
占領した独伊ほか枢軸軍

※資料によっては(バナード)をルーマニアの占領地としている

ことができ、枢軸軍側で使用される燃料の六割を賄うプロエシュテ油田に対する航空攻撃の危険性を当面は少なくさせることができた。けれども、クレタ島制圧までに五月いっぱいという予想外の長期間を要しており、戦闘経験の豊富な戦闘員（陸軍戦闘員、空軍輸送部隊とも）を思いのほか多数失ったこと、空輸部隊を再整備しなければならなくなったことは大変大きなツケとなり、ソ連領内への侵攻作戦開始を六月下旬まで遅らせることになった。

英連邦・ギリシア連合軍がバルカン半島を去ったことにより、表面的にはドイツ・枢軸軍の勝ち戦のように見えるバルカン戦役だが、ここに到るまでの経緯やその後の戦闘（バルバロッサ作戦）への影響なども含めて、もう少し丁寧に紹介されるべき戦域だろう。

英国内に現われた亡命政権

一九三九年九月に第二次世界大戦の火蓋が切られた地はポーランドだったが、ドイツ軍との圧倒的な戦力差により早くも九月中旬には壊滅状態になって十七日に大統領、政府要人や兵士約十万人が同盟関係にあったルーマニアに（そのほか、リトアニアやハンガリーにも）脱出した旨は先に記述した。けれども兵士の相当数は間もなくフランスに移って、自由ポーランド軍として英仏両軍の作戦活動に参加。ドイツ軍に武力侵攻されたノルウェーを救出するためにナルヴィク方面に上陸した連合軍にはポーランド軍兵士も加わっていたが、そのポーランド兵たちが九月十七日に国を追われた兵士たちだった。

だが大統領ほか政府関係者たちはルーマニア入国後に拘束されて、収容所に入れられている。半年ほど前にルーマニアはドイツと経済協定を結んでおり、既にナチスドイツが強く影響を及ぼす関係になっていたからでもあった。そのような状況のルーマニアには亡命ポーランド兵も長居できなかったということだろう。そして自由圏（一九三九年九月現在の）に移っていたポーランド人政治家や英仏政府の間でポーランド亡命政府を発足させる動きが起こった。これはその後ナチスドイツに祖国を追われる国々の政府にとっても、範となるべき動きだった。

大統領、政府閣僚らがルーマニアで拘束されたため（ナチスドイツとの外交交渉が失敗した責任もあったが）、新大統領にはフランスに逃れていたＷ・ラチケヴィチ（上院議長）が就任し、九月三十日にパリにおいて、旧野党政治家らによって亡命政府の内閣が組閣されることになった（挙国一致体制で）。首班指名されたＷ・シコルスキは亡命ポーランド軍最高司令官を兼ねることになり、かつて独裁的権力を握ったピウスツキと親交があり、軍部からも信頼されていたＫ・ソスンコフスキも入閣した。自由圏の欧米各国の間ではこの亡命政府がポーランド政府と承認された。そしてルーマニアほか近隣国に逃れたポーランド兵は亡命政府のもとの軍組織となり、その兵力も八万四千五百人に達したという（一九四〇年六月現在）。

降伏した九月中には、早くも被占領ポーランド国内で対占領軍抵抗組織ＳＺＰ（ポーランド勝利奉仕団）が組織されていた。この抵抗組織の指導にはソスンコフスキも国外から関わることになるが、資料類によると組織名には、変更後の「国内軍（ＡＫ）」と記載されることの方が多いようである。

ポーランドよりも半年前にチェコスロヴァキアは、やはりナチスによる祖国の解体という憂き目に遭って、反ナチの指導者や知識人、軍人たちには国外に脱出した人たちも少なくなかった。有名なチェコ人エースのヨーゼフ・フランティセックや、戦場で偶然に助けた犬との冒険譚「吠えろアンティス」で知られるヤン・ボズデッヒ大尉らは、チェコスロヴァキアからポーランドへ、フランスへと転戦した末に英国にたどり着いた。

第一次大戦下の往時に、オーストリア・ハンガリー帝国からの独立運動＝チェコスロヴァキア国民会議の書記長を務め、前大統領でもあったエドワード・ベネシュも英国に亡命していたが、ベネシュらによるチェコスロヴァキア国民委員会もこの年の十一月にフランスで結成される運びとなった。ポーランド、チェコスロヴァキア両国の亡命政府の発足を巡る関連についての記述を目にしたことはないが、以後受け入れ先での亡命政権樹立は、ナチスの侵攻によって国外に脱出してきた指導者層にとっての自然の流れになっていったようである（やがてノルウェー、オランダ、ベルギー、フランス、デンマーク、ユーゴスラヴィア、ギリシアなどがこれに続く）。

独空軍機の爆撃に遭いながらも一時は中立・隣国のスウェーデンに逃れ、ノルウェー陥落によって撤退する連合軍とともに英国に渡ったホーコン国王については先にも触れた。ナチスが爆撃機まで出動させて国王の命を狙うところが戦時としても常軌を逸しているが、ヒトラーは武力侵攻すれば容易にノルウェーを我が意に従わせることができると考えていたところ、ドイツ軍侵攻の危機にオスロを逃れた皇族、政府、議会がハマルへ、そしてエレーブルムへと逃避行を続け、それだけでなく、親ナチの、あのクヴィスリンクを首班とする政権も拒否したから。

ホーコン国王ら一行の英国への無事の脱出を知ったヒトラーはノルウェー最高裁（長官の

ベルグは後にレジスタンス活動の最高指導者になる）に、ノルウェー全青年の強制収容所送りをちらつかせながら、王位の廃絶まで要求。そうなると、占領下のノルウェー議会もナチスの命令を亡命中の国王に伝えるところまではせずにはおられなくなり、ホーコン国王もナチスの命令を「国民の意思に非ず」と一蹴した。ナチス支配下のノルウェーのいたるところに見られた大きなＶの字の上に数字の７とＨを重ねた落書きはホーコン国王（七世）の勝利を信じるノルウェー市民の意思が示されたものだったという。

　国王の声明は印刷物となってノルウェーじゅうに配布され、また、亡命先のＢＢＣのラジオ放送を通じても、マイクに向かうホーコン国王自らのメッセージがノルウェー国民に伝えられたという。遠隔地の国王と被占領国となったノルウェーの国民との一体感はさらに深まったが、ナチスもラジオの聴取を禁止（取り上げてもすぐに別のものが出回ったが）。やがて、ノルウェーでのドイツ軍の動静を把握するために、亡命政府外務省は頻繁に工作員を送り込むようになり、工作員が増加すると情報伝達だけでなく、レジスタンス活動の活発化につながっていった。

　ノルウェーのように亡命政権と被占領地に残された国民とが協力しあった例もあれば、降伏を選んだ国王と祖国を離れてでも徹底抗戦を続けることとした政府および議会との間で、戦後五年以

国王派の落書き

ドイツ軍に占領されたノルウェー国内で、市民らがドイツ兵の眼を盗んではこの図柄を至るところで書きまくった。
「戦争に勝利するのはホーコン7世（国王）」という意味の模様。

上も尾を引くことになる「国王問題」が引き起こされたのがベルギーだった。大戦争が起こるたびに巻き込まれ、そして国内も大混乱に陥るのがこの国の常だったのだろうか。

独立時の条件だった「永世中立」を守ろうとしたもののドイツ軍に侵攻されて終戦までの苦難を体験した反省から、第一次大戦後は中立政策をやめてしまった……ところが、ラインラントがナチスドイツに渡ってしまったことから独仏間で起こる戦争にベルギーが巻き込まれる恐れが高まったことにより中立政策に戻るが、英仏が対独宣戦布告して第二次大戦に突入した一九三九年九月三日当日に成立した第二次ピエルロ政権がまたも中立政策を破棄と、この国の中立政策の選択が、拾ってきた犬猫を飼うか棄てるか程度の判断を思わせるような具合になっていた。

だが中立政策を続けるかやめるかよりももっとこじれたのがこの国の国王問題で、ドイツ軍の電撃的侵攻を受けて国内が壊滅状態になり無条件降伏をナチス側から勧告されると、国王のレオポルド三世は軍部（および救援軍）にも充分相談せずに勧告の受諾を決めてしまった。国王にしてみれば国土の荒廃に耐え切れなかったがゆえの早期降伏だったようだが、どこに問題があったかというなら国軍の最高司令官についての規定が憲法上で欠如していたからとされている。

これも中立か否かで揺れ続けた国の憲法だったがゆえといってしまえばそれまでだが、規定もないところで、ほぼ独断で降伏を決めて申し出て、ベルギー国内で捕虜の身に甘んじようとしたことが、政府、議会からは「ナチスドイツの大戦での勝利を信じ、元首が採るべき亡命の途、抗戦の継続を拒否した」と解釈されてしまった。

何か考えがあったのか、それとも流されやすかっただけなのか、降伏の年の秋にはヒトラーを別荘に訪ね、翌年にはスウェーデンの王女との再婚をまたも独断で決めてしまった。連合軍が大陸反攻作戦を開始してからは、軟禁状態とはいえ、後退するドイツ軍の動きに従って移動し、連合軍によるベルギー解放時に国内不在だったことが、国政また国民の不信感を高めることになった。

以降、ベルギー国内ではレオポルド三世の戦争責任から帰国、復位を巡って意見が割れて、いわゆる「国王問題」となり、この問題はナチスからの解放の一九四四年九月二十六日からレオポルド三世の退位が決定する一九五一年七月十六日までに（この問題が原因で）、政権は十回以上も交替。総選挙は三回、それに国民投票まで行なわれた。賛否が分かれて混乱する空気のなか、一九五〇年七月に王宮に帰還した際には反対派が大規模な抗議デモを行ない、命を落とした人もいた。

戦渦に巻き込まれた我が国家の窮状に直面し、あまりにも対応に違いがあったノルウェー、ベルギーの国王だったが、難局に追い込まれたときの国の指導者と侵略者に支配された国民との真の意味でのつながりを明らかにするのが亡命政権でもあったということになるのだろう。

史上、稀に見る迫害、ホロコースト

ナチ党がドイツの政権を握ってから四年めの一九三六年に開催されたベルリン・オリンピックのもうひとつの目的は、世界最優秀の民族・アーリア人の優秀さの誇示とも伝えられている。民族の優秀さという考え方自体、戦後生まれで戦後育ちのためか、非常にわかりにくいが（戦前生まれでもわかりにくかろう、やはり）、ナチスにおいてはその根拠を人種のハイアラキー（階層）に求めていたという。人種のハイアラキーと言われると、さらに「あり得ない」考え方のような印象を受けるが、一九三〇〜四〇年代のナチスドイツにおいては金科玉条のようにこれにすがり、最優秀はアーリア人で「存在するに値しない」最下層が「シンティ・ロマ」（ジプシー）と「ユダヤ人」としていたということである。

よってこれらの民族はドイツ語圏においては差別の対象にされ、一九三〇年代には既に世界をリードしていたドイツ語圏のユダヤ系科学者や芸術家、文化人らは次々に自由圏に逃れて行ったという。ナチスにおいてはオーストリア併合、第二次大戦突入の年、独ソ戦開始の年と、機会をつかんでは差別から迫害、迫害から殺害、さらには絶滅とエスカレートさせていった。

ナチスドイツにとってはじめての交戦対象（スペイン共和国政府軍は別にして）となったポーランド人については「ゲルマン人のための労働力」として扱うことにしたが、文化的自意識を奪えばやがて民族的に消滅するとみていた。だがポーランド占領によって、二百万人ものユダヤ人に対する扱いが、迫害から殺害へと一線を越えることになった。

初期段階ではシナゴーグ（ユダヤ教会）に監禁して火を放つというところからはじまり、続いて、ユダヤ人の居住施設・ゲットーを設けて、ここでは極端に食物を制限。ゲットーから逃げると処刑、残っても餓死という厳しい生活を強いた。

一九四〇年からの北欧、西欧、バルカン地方での戦いにドイツ軍が勝利し、また、独ソ戦の緒戦を圧倒的勝利で過ごすと、新たな占領地域からさらに多数のユダヤ人が連行されるようになった。そのため、この種の任務のための訓練を受けた「親衛隊特別行動隊」という処刑専門部隊が現われて機関銃で処刑して回ったという。

そして一九四二年一月にはナチスの幹部によって「ユダヤ人問題の最終的解決」が決議されて、ポーランド域内に「絶滅収容所」が五ヵ所も設けられて、毒ガスによる大量虐殺が行なわれることになった。そして、一九四〇年に懲罰収容所として設置されたアウシュビッツ収容所が二年後に施設を拡大して、ヨーロッパ各国から鉄道で収容者らを送り込むことができるようになった。アウシュビッツでは収容されたユダヤ人が強制労働に就かされるが、働けるだけの力のない老人、子供から、またジプシーも容赦なくガス室送りにされた。

大規模な収容所の多くはポーランドに設けられたが、それはそれまでの約七百年にわたってユダヤ人が共存してきており、この国にユダヤ人が多かったからとも解されている。よって犠牲になったユダヤ人もポーランドだけで二百七十万人にも達し、七百年の伝統がナチスによるほんの五、六年の残虐行為で崩れ去り、以後、長年にわたってポーランドには「アウシュビッツの国」という不本意なイメージが塗りこまれることになってしまった。

どの収容所で行なわれたことも人間のすることとは言えないことばかりだったので、さすがに関係者以外には発覚しないようにしたかったようで、これらの収容所の多くは一九四三年末には閉鎖。それでも東側からソ連軍が侵攻してきたときはまだ、アウシュビッツとマイダネクは稼働状態だった。

ユダヤ人、また、ジプシー以外にも共産主義者、精神障害者、身体障害者、同性愛者らも収容、もしくは処刑の対象になったという。処刑対象でなくても、病気や飢餓などで命を落とした人も多かった。このような迫害、絶滅を目的とした行為はナチスが行なってきた所業のなかでもとりわけ非難が集中し、それにより戦争犯罪委員会が設立に至ったということである。

デンマークでのレジスタンス活動

ところでこれまでみてきた小規模国家群はナチスによる武力侵攻を受けて、いずれもごく短期間の戦闘期間で降伏に至っており、一時的にイタリア軍を撃退したのが英軍の支援を受けたギリシアくらい。そのギリシアもナチスドイツが来襲するとわかると、一気に嫌戦ムードが漂ったという。逆に、ほとんど戦うことなく支配を受けることになったのがデンマークだった。

先の章でも記述してきたが、北欧三国として歴史を築いてきたデンマークも、ドイツ・プロシアとのシュレスウィヒ戦争で敗れ、また長い間、支配してきたノルウェーが独立を回復すると、ドイツと地続きのユトランド半島の突端と周辺諸島に限定される、狭さも極めつけの小規模国となった。ドイツ軍が「ヴェーゼル川演習・南」という秘匿名の侵攻作戦に及ぶと何日も抵抗できず、降伏までの日数がかかるほど犠牲者数が増えるだけというのは明らかだった。よって「一日だけ」というよりも停戦命令がゆきわたる「三時間半で」ファイティングポーズを崩したのは、誤りとは言えないだろう。

そのような表面上おとなしげな態度もナチスを安心させたのか、占領当初は「保護占領」

というかたちが採られて、デンマーク政府に対しては抑圧的な強制支配が行なわれることもなかったという。ポーランドやノルウェーに対する高圧的支配が行なわれなかったこともあって、英国ではデンマークに対してはさしたる厚意が示されることもなく、報道機関も冷ややかだった（タイムズ紙の「のんきなデンマーク人」報道）。

新政府としてソルヴァルト・スタウニング首相の連立政権が成立したが、外相には第一次大戦中も外相を務めたことがあるエリック・スカヴェニウスが就任。スカヴェニウスは以降、デンマーク国民にとっての不利益にならないようなナチスとの接し方を心がけるが、これは国民からはなかなか理解されなかったという。デンマーク国民は日々伝えられてくるノルウェーや西欧諸国の厳しい戦況を聞いては、戦闘突入を避けられる運を願っていた我が身を悔い、バトル・オブ・ブリテンでの英空軍の奮戦の報道には無力感に苛まされたという。

だがデンマークの場合、自己嫌悪に陥った国民感情とは別に、表立っての反ナチ活動は差し控えられたものの、ドイツ軍の侵攻から半年になろうかという一九四〇年九月末日に自由デンマーク協議会を設立して連合国側に協力する活動に着手。国内保有商船の四割を連合国側に提供し、運航要員の船乗り三千人も自由圏に渡った。

デンマークを支配したドイツ軍は、表面的におとなしいデンマーク人に自主的な内政を、反抗的な活動につながらない範囲で認めていたというから、この時点で自由デンマーク協議会の存在が明らかになったら、ただでは済まなかっただろう。けれどもドイツ軍を余裕のない状況に追い込み、かつ、支配地での反ナチ感情を高めることになるのが、その翌年初夏からのソ連侵攻「バルバロッサ作戦」の開始だった。

ソ連領内への侵攻により、比較的自由だったデンマークでの政治活動も共産主義にまつわるものが禁じられたが（反コミンテルン条約締結）、逆にデンマーク市民の間では反独レジスタンス活動が起こりはじめ、反ナチのクリスマス・メラー保守党党首もロンドンに脱出。自由ノルウェー政府が行なっていたBBC放送のように、メラー自身がマイクに向かってデンマークにおける反ナチ活動を活発化させ、レジスタンス活動を目的とする団体も増加していった。

もっとも、ナチスによって存在を認められているデンマーク議会としては、国民のサボタージュおよびスパイ活動に対する厳罰化は承認せざるを得なかった。さらにまた、独ソ戦に派遣するための義勇軍の組織化も議会で認めることになった。国内のデンマーク・ナチ党は戦前の五千人弱から、ドイツ占領状態では三万九千人規模に拡大していたこともあって一九四一年六月二十八日にはデンマーク自由軍という親ナチ軍事組織を形成。志願したデンマーク青年らはドイツに渡って軍事訓練を受けた後、約七千人が東部戦線に出征して行った。

翌一九四二年春にはスタウニング首相が亡くなり、また、誕生日の祝電の文言を巡って国王・クリスチャン十世とヒトラーの間がこじれてきた。そんな事情もあって、ナチスが言いなりになると見ていたスカヴェニウスを首相に就かせ、かつ、フランス在住の多くのユダヤ人を強制収容所送りにしたため「屠殺者」と恐れられた親衛隊中将のヴェルナー・ベストが施政長官（デンマーク駐在全権）として着任した（ベストに対する記述としては「デンマーク派遣後、フランス時代とはうって変わってユダヤ人に対する考え方を変え、デンマーク在住ユダヤ人のスウェーデンへの脱出を支援する『行政評議会』に対する情報提供にも積極的だった」というものもある）。

だがデンマークにおけるレジスタンス活動が過激になるのは一九四三年にはいってから。一九四〇、四一年中の工場爆破が十～二十件だったところ四二年には百二十件を超えて鉄道爆破も発生（六件）。一九四三年になると工場爆破が一千件に近づき、鉄道爆破も百七十件を越えた。

レジスタンス活動によるナチス協力軍需産業の破壊は、BBCの放送を通じて求められた連合軍側への戦争協力行為だった。大陸反攻作戦（ノルマンディ上陸作戦）が実施される前に、ナチスへの協力につながる生産活動を少しでも弱体化させる必要があったのである。この種の対ナチ破壊活動は、ほかの亡命政府、軍においても指揮・命令され、実施された。

ところが、ここまで反ナチ活動が広まってくると駐在全権のベストは、レジスタンス刑罰の一層の厳罰化（死刑も）、集会の禁止と反ナチ活動取り締まりの手を強め、スト、デモの禁止までスカヴェニウス政権に求めてきた。さすがにそうなると、デンマーク人を守るためのナチスとの交渉も限界に達したと認識したスカヴェニウスは、内閣の総辞職を決意した（八月二十九日）。

これを機にデンマーク人による国政を拒否することとし、ナチスによる軍政が敷かれることになった。皮肉ではあるが、こうして連合国諸国もデンマークをノルウェーやオランダ、ベルギーなどと同じ立場の対枢軸国交戦国として認めることになった。

けれどもデンマーク国内では、デンマーク・ナチ党以外にも、補助警察隊（ＨＩＰＯ）や親独協力組織・シャールブルクが、反レジスタンスの立場でデンマーク国民に対して圧力をかけるようになった。同胞であっても当然、ファシズムへの加担は反感を高めるだけだった。第二次大戦におけるナチスドイツの勝利を信じてナチスの信奉者、協力者となったものを指して「プロナチ」とも言うが、支配者としてのナチスの過激化を防ぐために角が立たない接し方をしたスカヴェニウスはプロナチとは見られていないだろう。その一方で、デンマーク・ナチ党やHIPO、シャールブルクはプロナチの範疇にはいるだろう。

ナチスへの協力者たち

ファシズムの軍勢の侵略に遭った場合、降伏までに要した日数と反ファシズムの程度の強弱とは、必ずしも比例していないだろう。占領しやすい地勢、弱体な防衛力ならたちどころに占領されるだろうし、強力な援軍が得られれば侵略勢力を撃退することもできる。「獅子身中の蟲」ということばもあるが、小規模国家を獅子に喩《たと》えるのは適切でないとしても、自由主義国家のなかに発生した全体主義者、親ナチス運動家の方は身中の蟲に喩えられるだろう。

これまでの記述にも取り上げてきたナチス協力者のなかで最も目立った存在は、やはりノルウェーで国家統一党の党首となったヴィトクン・クヴィスリンクであろう。一八八七年にノルウェー南部のカトリック教会の牧師の子として生まれたクヴィスリンクは職業軍人を志すようになり、士官学校を首席卒業という優秀さを示して軍参謀本部に着任。ロシア担当となった。若年期には既に民族主義的な考え方に傾倒する一方、反ユダヤ的なことばも発していたという。

当時のロシアの首都、サンクト・ペテルブルク（第二次大戦中のレニングラード）の駐在武官として任官すると、その時期に起こった第一次世界大戦を通じて、ロシア帝国〜ソビエト・ロシアに到る共産主義革命下の社会変動を眼にすることになった。考え方としては理想主義的なところもあったため、マルクス主義に関心を抱いたこともあったが、実際の革命現場ではあまたの難民が発生するなど悲惨な事態に至ることも少なくないと認識。そして共産主義革命は幻想に過ぎないという印象を強めたといわれている。

理想主義と実直な性格を抱えたまま成人したこともあり、赴任期間を終えても帰国しないで休職扱いにしてもらって、革命後のソビエト・ロシアの混乱した社会情勢下、飢餓に苦しむ難民を助ける活動に参加。その志は見上げたものだったが、休職期間を過ぎても帰国しなかったため、職業軍人としてのキャリアを閉ざされてしまった。これは単に休職期間オーバーという失敗だけではなく、日頃から民族主義的考えに基づく問題発言（ユダヤ人批判も）を繰り返してきたところが、ノルウェー軍の幹部としては適性が問われたからともみられている。

よって一九二〇年代後半はソビエト産の木材輸入業者として過ごしたということだが、自信に満ちた秀才にありがちな、自分を受け容れない社会への満たされない想いを膨らませながら政治家志望に転向。このあたりは画学生への途が失敗したことによる政治家転向を図ったアドルフ・ヒトラーを思い起こさせるものがあるだろう。

世界大恐慌に見舞われた直後の一九三一年、ノルウェーの農民層も輸入一次産品の価格低下で大打撃を受けていたが、この窮状を訴えた農民党が政権を握ったが、このときの国防相がクヴィスリンクだったということは三章で記述した。ここで大臣職を経験したクヴィスリンクは自身の反ユダヤ、反共産主義、そして当時勃興しつつあった全体主義（ファシズム）の色合いも含めた政治思想の国家統一党を一九三三年に旗揚げして総選挙に挑戦。マルクス主義追放、階級闘争の排除、協調組合的国家への転換などを目標に掲げていた。

けれども二度の選挙を通じて国家統一党は惨敗。二度めの総選挙では一回目よりも得票数が少なく、ノルウェーにおいては市民からもほとんど相手にされない状態だった。ムッソリーニやヒトラーは初期段階で暴力に訴えて社会を驚かせ、それから演説時のパフォーマンスで大衆の気を惹いていったというが、クヴィスリンクの場合は暴力に訴えないとしても、面白みに欠ける（むしろ自分の頭脳の明晰さに酔ったというか）浮世離れした理論を並べる考えに、市民がついてこなかったとも評されている（そのつまらなさにはナチスの高級幹部も辟易したとか）。

そして、ヨーロッパで独裁者としての地歩を固めたヒトラーへの憧れ、羨み、自身を受け容れないノルウェー社会への恨みから遂に一線を踏み越え、前述のナチスに対しての祖国の占領依頼となる。ヴェーゼル川侵攻作戦・北が実施されるとクヴィスリンクはすぐに被占領ノルウェー政府の首相と自称するが、ノルウェー国民はどの時点でナチスへの祖国占領依頼を知ったのだろうか。

だがナチスの側もクヴィスリンクの人望の無さには困ったようで、実質的に支配権を握る駐ノルウェー執政官として親衛隊大将のヨゼフ・テルボーフェンが着任。被占領ノルウェーの政府に相当する運営委員会を組織したが、クヴィスリンクはこのメンバーにも選ばれなかった。そして運営委員会は秋には国家委員会へと発展的解消されることになる。

クヴィスリンクが目立つところに再び現われるのは一九四二年二月から再び首相の座に就いたときで、このときはノルウェー支配が強められていたためクヴィスリンクが首相になっても政権転覆の恐れはなくなっていたが、ときはナチス占領地でレジスタンス活動が活発化する時期。クヴィスリンクは反ナチ運動家を見つけては強制収容所送りにする仕事に勤しんで、翌年末までの二年弱の間に約四万人ものノルウェー人を連行したという（ほぼ同時期、もうひとつの仕事としてユダヤ人の強制収容所送りも活発化していた）。

やがて連合軍の大陸反攻により在ノルウェー・ドイツ軍の運命も窮まり、テルボーフェンはドイツの降伏が決まった時点でオスロから動かないで自殺。クヴィスリンクは逮捕、法廷にかけられて死刑判決……秋に処刑。その名は、祖国をナチスに売った人間と世界中に報道され、この人物については極東の島国の戦後生まれでさえも「売国奴」ということばが思い浮かぶ存在になっている。

しかしながら、ナチスに憧憬を抱いたのはクヴィスリンクだけではなかった。第二次大戦突入時のギリシアの首相の任にあったイオニアス・メタクサスは、国内の知識人からはエキセントリックな存在と見られるほどナチスにかぶれたが、メタクサス自身、二十歳前に陸軍に入隊するとドイツ帝国の陸軍士官学校に学ぶ機会を得、卒業した後の一九一二年にバルカン戦争が起こるとコンスタンティノス一世の国王顧問となった。コンスタンティノス一世はドイツ皇帝ヴィルヘルム二世の義弟に当たるため、欧州の火薬庫・バルカン半島が第一次大戦に突入してからも参戦を渋ったが、これに強く同意したのがドイツで教育を受けたメタクサスだったという。

そして英仏からギリシアへの参戦要求の圧力に折れて、コンスタンティノスが一時退位するとメタクサスもイタリアに脱出。ドイツ出身の国王のみならず、軍事顧問の自身もドイツとの戦闘突入を望まない、筋金入りの親独派（プロシア軍人精神を信奉）だった。

一次大戦の敗戦国となったオスマントルコの小アジアにおける領土拡張に失敗したことから、ギリシアの王政は傾いた。時の国王ゲオルギオス二世もギリシアを去って一九二四年に王政が崩れるとメタクサスも野に下った（金融業界入り）。

だが世界大恐慌後の混乱のなか、長らく首相として国政を引っ張ってきたヴェニゼロスがギリシアを去ったのにともない、ゲオルギオス二世が亡命先のロンドンから帰国。首相に指名したメタクサスには独裁制の権限まで与えた件は三章末で記述した。

既に述べたように、信奉の対象がプロシア軍人からナチス、ファシストに移っていたメタクサスはこの国の知識人もたまげるようなナチスもどきも実演したというが、バルカン諸国としては最初期の「最低賃金制」「年に二週間の有給休暇義務付け」「労使紛争の強制的調停制度導入」など、二十一世紀の日本人をして涎が出そうな労使関係を整備したのは、軍人社会以外の世界で苦労した経験があったからなのだろうか。

けれども、ギリシアの大戦突入期にかけて様々な逸話を残した首相・メタクサスも、一九四〇年秋に侵攻してきたイタリア軍を撃退してから間もない一九四一年一月に急死。ユーゴ、ギリシアにドイツ、枢軸軍が侵攻するマリタ作戦の惨状は眼にしないで済んだとも言える。その死因は明らかにされておらず、独裁制を敷いたことから国内でも敵が多かったが、第一次大戦以来のドイツ好きというのも知られていたという。このあたりの事情を丁寧に調べれば、メタクサスは史的ミステリーの原案を提供してくれるかもしれない。

これらクヴィスリンク、メタクサスの二人はそれぞれの個人史的なところからファシズムに結びついていったが、低地諸国のファシストたちはそれぞれの国情からナチスドイツに接近する途を歩んでいた。「オランダ民族社会主義運動」を発足したアントン・ムッセルトと、一九三〇年代のベルギー政財界の不正を糾弾する「レックス運動」（レックス党）を展開したレオン・デグレルである。オランダ、ベルギーとも、終戦直後にナチスへの戦争協力の廉《かど》で逮捕された容疑者の数はそれぞれ数万という規模に及ぶ。ここで挙げたふたりはナチスに対する戦争協力が顕著な例で、その結果も重大事態に陥っている。

大戦間の時期にオランダ海軍東インド艦隊を増強する主張が起こったことがあったが、この声を挙げたのがオランダ民族社会主義運動を起こしたムッセルトだったという。結局、この案には予算が降りることはなかったが、一九三五年五月には党員数がピークの四万七千人に達した。電撃戦突入当時には党員数二万九千人程度と減少傾向だったのは、党参加者がこの政党に思想、心情から生活までをとことん注ぎ込んだという訳でもなかったからとされ、熱を入れたのはムッセルトとその取り巻きと限られており、親ファシズムとしてはかなり穏健だったという。

それでも電撃戦当時のドイツ軍のオランダ侵攻時に、ドイツ軍の侵入を支援したとされている。またムッセルトはヒトラーとの謁見の際に「オランダとベルギーのフラマン人地域、フランスのフランドル地域を併せてゲルマン地域を形成すべき」と進言。けれどもヒトラーが次にムッセルトらのことを思い出すのは、ソビエト侵攻作戦の長期化によって、オランダ人労働力の動員が考えられてからのことだった。

一方、デグレル（ワロン地域出身）はルーヴェン大学在学中に出版界にはいり込み、二十代半ばにして月刊レックスほかいくつもの定期刊行物を創刊。共産主義や政財界批判の記事が受けたことから一九三五年に発足させたのがレックス運動だった。この政治運動そのものは思想信条的裏付けに欠けて（資料によっては、ファシズムに近かったため受け容れられなかったとも記述）、総選挙（一九三六年）での二十一議席獲得は一時のブームに留まり、多くの聴衆を集めたデグレルの演説会も、やがて下火になっていった。

ところが西方電撃戦でナチスドイツがベルギーに侵攻すると、親ナチの態度ゆえに拘留されていたデグレルも釈放されて、以降、ナチスに認められようと、ドイツ軍に積極的に協力。デグレル自身、公然とナチスの軍服を着用するほどの熱の入れ方だったという。東部戦線での戦いの長期化からドイツ軍がさらなる兵力を必要とすると、デグレルは郷里のベルギー人青年三千五百人を募って武装親衛ワロン部隊を編成。一九四三年後半からの対ソ戦に参加したが、ドイツ、枢軸軍の戦いが厳しくなるのはこの時期頃からだった。

戦時においてはヒトラー、ナチスに認められようとする懸命の活動ではあったが、ムッセルト、デグレルとも、被占領国となってしまったオランダ人、ベルギー人として若気の至りで済む問題ではなかった。その後も生き抜こうとするならば、両者とも撤退するドイツ軍と行動をともにすべきだった。にもかかわらず、ムッセルトはオランダ解放後も国内に残ったためハーグで逮捕された。間もなく裁判にかけられて死刑判決……翌四六年五月に銃殺刑になっている。

一方、デグレルの方は敗戦近づくドイツからノルウェーを経て空路スペインに脱出。この国に逃れてきたほかのナチス出身者とともにフランシスコ・フランコ総統による保護を受けつつ、実業界に転じて活動を継続。天寿を全うするまでスペインで過ごしたというが、生前の仕事のある部分はネオ・ファシズムに関連する活動だったとのことである。

仏、英と渡ったポーランド空軍

祖国を追われたポーランド空軍の航空兵の多くは、脱出時に搭乗したポーランド製の各機をルーマニアに残し（ルーマニア空軍で再使用）、取るものも取りあえずの状態でポーランド亡命政府が組織されたフランスに移動することにした。ポーランドと交戦したドイツ軍がルーマニアと友邦状態になったため、ポーランド脱出者たちは一時拘禁されたが、間もなく民間人旅行者の出で立ちに着替えて、大部分は海路から、一部は陸路でフランス入りした。ごく短期間でドイツ軍に敗れたこともあって、ポーランド兵はほとんど歓迎されない様子でのフランス入りとなった。

まだ実際の戦闘がほとんど行なわれない「フォウニ・ウォー」の時期だったため、モンペリエの戦闘機飛行訓練センターでフランス戦闘機への転換訓練にはいり、またフランス語学習に時間を費やしたが、もともと旧式のP・11などで苦労していたこともあり、戦闘機乗りとしてはかなりの技量を身につけていた。なお、爆撃機搭乗員らは早々海峡を渡って英空軍入りすることになったという。

明けて一九四〇年二月十七日には「在仏ポーランド空軍設立に関する技術協定」が結ばれたので、フランス国内でのポーランド空軍再建が可能になった。後続のポーランド人航空兵も増え、モンペリエで再訓練を受けたポーランド兵の数は大隊規模になったが、ひとつの大隊としては編成されず、一個小隊規模（三機）の分遣隊として七個大隊に分散して配属されることになった。フランス空軍機は主翼の左右上下、胴体の左右にフランス空軍を示す赤白青のラウンデル・インシグニアを描いたが、ポーランド小隊機は胴体左右に赤白格子状のポーランド流インシグニアが描かれた。使用することになったのは、羽布張り構造ゆえに旧式機になりかけているモラン・ソルニエＭｓ406。各機の整備を担当することになったのは、やはりポーランドを脱出してきた元ポーランド空軍の地上員たちだった。

本格的な戦闘状態が生起しなかった西ヨーロッパにおいても、五月十日にベルギー、オランダの要塞、運河が空挺隊員に襲撃されて、ついに戦闘状態に突入。ポーランドの戦闘機分遣隊が五月二日にドイツのＨｅ111爆撃機撃墜を記録していたが、その後は航空攻撃を仕掛けてきたドイツ空軍機との戦闘にはいった。

ポーランド人戦闘機パイロットの空戦技術は概して良好で、いわゆる「フランスの戦い」においては百三十人以上のポーランド人パイロットが参加。フランス国内が混乱状態になったこともあって、あまり評価されなかったオランダ製のコールホーフェンＦｋ・58や軽飛行機まがいのコードロンＣ・714でも戦果を挙げ、フランス空軍を圧倒するドイツ軍を相手に六十機撃墜を記録し、ドイツ地上軍の侵攻を妨げるために地上攻撃任務でも出撃したが、十三人のパイロットが対空射撃の犠牲になったという。

このあたりでポーランド人戦闘機パイロットへの評価は一変したが、フランスから英国に移って「自由ポーランド空軍」と呼ばれるようになってからの、バトル・オブ・ブリテンでの実戦参加までにはちょっと準備に時間がかかった。英空軍戦闘機軍団ではフランス空軍とは一変して組織戦闘による迎撃が行なわれたからである。大ブリテン島の白い崖の上に並んだレーダー塔が接近するドイツ空軍機の編隊を探知して、その情報に基づいて地上局が発進した迎撃戦闘機を誘導管制するという新しい航空戦のやり方だったが、これは地上局の誘導管制を理解できる英語力を要し、また、誘導されるとおりに飛行できる技術も求められた。

欧州大陸でナチスドイツが席捲して、残される連合国は英国のみと見越して、フランス空軍に参加せず、一九四〇年初頭から英空軍に参加したポーランド人も少なくなかった。英空軍では半年後の戦闘機パイロット逼迫の事態が考えられなかったのか、爆撃機乗りにしようとしたこと、それにやはり英語力の問題が戦闘機乗りへの途を遠回りにさせた。ポーランドでは友好国（仏）と敵性国（独、ソ）の言語を身につける習慣があったので、遠くの国・英国のことばには初学者の苦労を味わったという。

最初期の（といっても一、二ヵ月の違いだったが）ポーランド人戦闘機パイロットは英国人の飛行隊に配属されたが、七月十日過ぎ頃から英国上空での空戦が多くなって戦闘も激化。次第に戦闘機パイロットの犠牲者数も増大し、この種のパイロットを一朝一夕に育成できないことから亡命空軍パイロットの実戦投入が拡大された。そういった事情、経緯もあり、八月下旬から亡命ポーランド空軍三〇二、三〇三飛行隊が相次いで実戦投入されたが、既に操縦技術が高度だったので、これらの飛行隊に迎撃されたドイツ空軍機部隊は大変な損害を被るのが常だった。実戦参加が遅かったのにもかかわらず三〇三飛行隊の総撃墜数は百二十六機に達し、バトル・オブ・ブリテンの期間だけで七人がエースになったという。

英空軍隷下の亡命空軍飛行隊はフランス空軍とは異なり、主翼、胴体とも英空軍流のインシグニアが掲げられたが、三〇三飛行隊ではソビエト＝ポーランド戦争で活躍したコシチューシコ飛行隊以来の、精強な飛行隊に受け継がれてきた伝統あるエンブレムを操縦席横に描いていた。

なお、亡命ポーランド空軍ではこの後も、北アフリカから地中海で伝説的存在になったスカルスキ・サーカスやＶ１（Ｆｉ103）飛行爆弾撃墜で戦果を挙げる三一六飛行隊が知られるようになる。小規模国家の亡命空軍としてはほかにも、チェコ、ノルウェー、ベルギー、オランダ、ギリシアといった各国飛行隊が編成されるが（ノルウェー空軍はアイスランドに水上哨戒爆撃機基地を設営し、北大西洋での対Ｕボート戦にも参加した）、亡命ポーランド飛行隊は戦闘機軍団隷下で十個、爆撃機軍団で四個と拡大し、英空軍における一大勢力へと育つのだった。

戦火止まないバルカン半島

一九四一年四月のマリタ作戦の実施によってユーゴスラヴィアを解体、ドイツ軍のザグレブ到着にともない、四月十五日には親ナチのクロアチア独立国の建国が宣言された。宣言をしたのは、ユーゴスラヴィアの解体をもくろんでテロ活動を繰り返してきたクロアチアのファシズム団体「ウスタシ（ウスタシャ＝反抗者＝に由来）」の代表、アンテ・パヴェリチ。パヴェリチもアレクサンダル一世暗殺の黒幕のひとりとみられてきた。枢軸国各国によるユーゴスラヴィアの分割支配の分け前をもらうかたちでクロアチア独立国の領土は自治州の頃よりも拡大されたが、第一次大戦終了時に領有を巡ってもめたダルマチア地方は、イタリアに譲ることになった。

かつての第一のユーゴの建国以来、クロアチアが新たな国体に異を唱えてきたのはあまりにもセルヴィアをベースにした王制だったからだが、ナチスドイツが背後に付いたクロアチアがボスニアなどをも領有することになった。これにより、相当数のセルヴィア人、ユダヤ人がクロアチア独立国内における異民族となり、今度はウスタシがこれらのクロアチア人以外の民族を弾圧して、大量虐殺に発展した。それに対抗して別の地域のセルヴィア人が域内クロアチア人を殺害、また、これの報復として枢軸国の領地内でセルヴィア人が殺害されるという、民族対立を根底とする報復の連鎖状態になった。

クロアチアはドイツが独立のお膳立てをしただけに、その後も武器供与などを受けて戦力の半分は東部戦線での作戦活動に参加するために出征し、残りの半分は新国家の防衛の任務にあたった。だが、マリタ作戦以前のユーゴの残存武器類、独伊両軍の余剰物といった装備面での問題や、適切な訓練を受けてこなかった（クロアチアを牛耳ってきたファシズム団体のウスタシは軍組織というよりもテロ集団のレベル）ことなどが災いして翌一九四二年のソ連侵攻ではクロアチア軍の脆さが露見し、大損害を被って敗退。一九四三年秋（イタリア軍降伏の時期）からはイタリア半島に進出した連合軍の空軍力による、航空攻撃を受けて消耗してゆき、一勢力として残ることはできなかった。

ユーゴの降伏を認めまいと、枢軸軍による侵攻、分割支配の翌月、一九四一年五月頃からセルヴィア西部の山中で抵抗運動を行なうようになったのが、セルヴィア王党派将校の集団・チェトニクで、のばした髪と髭を見た目の特徴とし、ドイツ軍との戦いを極力避けつつ連合軍の到着を待ちながら組織拡大を図る待機主義を採っていた。チェトニクはドラジャ・ミハイロヴィッチ大佐の指揮下にはいっていったが、神経を揺さぶる出来事（民族対立、報復の連鎖など）が頻繁に起こるこの国ではすぐに戦いのなかに引き入れられてゆき、やがて、当初は敵対の対象としていたドイツ軍と協力関係を結ぶようになり、独ソ戦突入によって同年夏頃から活動を開始したユーゴ人民解放パルチザン部隊との対決色を強めてゆくのだった。

パルチザン部隊の最高司令官に選ばれたのは第二次大戦後のユーゴスラヴィアの終身大統領となるチトー（本名・ヨシプ・ブローズ）。共産主義者の一斉蜂起はこの年の夏に行なわれたが、分割統治下ではベオグラードでのパルチザン活動には無理があったため、拠点をセルヴィア西に移した。そして九月にはパルチザン勢力は五万人規模に達することになる。

そして十一月にセルヴィアは内戦状態になるが、その状態はユーゴ全土に拡大された。以降、チトーは巧みな外交交渉で英国やソ連からの軍事的支援を引き出しながら三年半にわたるチェトニクの制圧およびユーゴスラヴィア解放に向けての戦いを継続。一九四四年十月二十日にベオグラードを奪還し、四五年五月一日には連合軍よりも早い（数時間だが）トリエステ入城を果たす。

このように「枢軸国の同盟への参加を反故したユーゴにドイツ・枢軸軍が武力侵攻したのに乗じてクロアチアが独立。クロアチアが敵対したはずのセルヴィア内でチェトニク、パルチザンの二大勢力がその後長期にわたって抗争を継続……」と、対立関係、因果関係がかなりわかりにくいが、ユーゴ・パルチザンの活動を紹介、また、パルチザンとチェトニクの対立をベースにした洋画が何作品も作られてきた（「ネレトバの戦い」「風雪の太陽」「ナヴァロンの嵐」など）。充分な武力にも恵まれないまま、辛抱強く連合軍やソ連軍からの支援を待ち、かつ、伝染病（チフス）とも戦いながら、枢軸軍支配地を解放してゆくパルチザンの戦いの厳しさを紹介すべきとして様々な映画に描かれたのであろう。

しかしながら一九八〇年代にはいって間もなくのチトー大統領没後には往時のパルチザン精神も失われてしまい、というか、民族対立がバルカン半島では消しようもない問題ということなのか、二十世紀末にはこの地域の民族紛争を激化、長期化させる事態（コソボ紛争、クロアチア内戦、ボスニア内戦）を招いた。

明けて二十一世紀になってようやく平静は取り戻したものの、ユーゴスラヴィアは消滅し、ユーゴ時代の地図が古地図になるほど国境線、国際関係が一変してしまっている。極東においても今なお不安定要因が少なからずあることが指摘されつつあるが、この種の問題が世界のどこで起きようとも、最悪の事態の防止、危機的状態の長期化を避ける意味においても「遠く離れた、別の世界での出来事」と観る無関心からは脱却しなければならないだろう。

ソ連との間に生ずる不条理

ポーランドはチェコと時期を近くして最初期からの亡命政府を自由圏で樹立したことは先に記述したが、その端緒から終始問題視され続けたのがソビエト連邦との関わり方だった。

何が難しいかというと、一九三九年九月にドイツ軍に続いて国土に攻め込んできた明らかな敵国でありながら、亡命政府の身の置き所となった英国にとっては「ソ連は友邦相当」として扱われたことだった。

ソ連軍がバルト海沿岸および北欧の隣国に突きつけた「相互援助条約」の締結をフィンランドが拒否したことにより一九三九年十一月末から冬戦争に突入、英仏両国が領内に攻め込まれたフィンランドを支援する動きに出かけた件については先に触れた。もっともこのときはスウェーデンのキルナなどの鉱山やノルウェーのナルヴィクが支援部隊派遣の目的とも認識されたこともあって、スカンディナヴィア半島の両国が作戦実施を拒否。結果的にソ連を敵に回すことはなくなった。

ポーランドにしてみれば、英仏両国は、ドイツ軍の侵攻から二日後に宣戦布告したのだから、ソ連に対しても同様の対応が筋というものだった。ところが事態は、時間が経過するにつれてポーランドに不利になりつつあった。英仏には、ポーランドがリッベントロップ－モロトフ線以東を諦めることを望む空気も漂っていたという。ロシア革命後に独立を回復した際に確定された領土でさえも、ポーランドにしてみれば我慢を強いられるものだった（三次の分割以前の領土と比較して）。よって今回は、第二次大戦突入前の領土回復以外、とても受け容れられないものだった。

亡命ポーランド政府首相を務めたシコルスキはソ連に対する厳しい考えの表明にやぶさかでなかったが、その本心はどこにあったのだろうか。そして、一九四一年六月についに突入した独ソ戦は、政策的なソ連敵視を非現実的なものにしつつあった。これにて独ソ間が、不可侵条約による化かし合い構造が崩れ、誰の眼にも敵対関係がはっきりしたからである。これによりソ連は、開戦準備が遅れ気味だったこともあって一転して窮地に追い込まれたが、チャーチルの「敵の敵は味方」との判断から、やがて英米から支援物資類をソ連に大規模輸送船団で船送するレンド・リースを実施。英ソ間の垣根は無きに等しい状態になった。

ここでやっとシコルスキは、ソ連に占領された領土の問題については先延ばしにしてでも、ソ連との国交回復が必要と述べるに至り、七月三十日に「ポーランド - ソ連協定」が締結された。協定には「この協定締結によってソ連側からは、独ソ不可侵条約で定められたポーランドの領土変更は無効とされ、亡命ポーランド政府との国交回復、ソ連軍隷下で作戦活動を行なうポーランド軍の創設、ソ連領内で自由を奪われているポーランド人への恩赦も同意された」という文言が記されていた。

だがシコルスキら亡命ポーランド政府にしてみれば、このなかの言い回しに不審点がない訳ではなかった。「独ソ不可侵条約で定めた領土は無効としても、一九二一年に確定された領土が有効とされるのか？」「抑留された百五十万人のポーランド人は『恩赦』を受けるほどの問題を起こしたのか？」

協定の締結を仲介した英国はこれらの疑問に対して「連合国の団結のために」疑問を呈してはならないと、沈黙を強要するばかりだった。これに対して抗議の意を表して三人の亡命政府閣僚（外相のザレスキ、無任所相のスンコフスキ、法相のセイダ）が辞任。それでもシコルスキとしては、強制収容所送りの百五十万人を救えるだけでもと割り切って、協定を結ぶしかなかった。また強制収容所送りされた百五十万人にはスパイの嫌疑もかけられていたため、八月十四日には「ポーランド－ソ連軍事協定」が締結された。

だが亡命政府側では不審点がなくならないことはなかった。「捕虜収容所の惨状も伝えられているが、抑留者の無事の解放、帰国は？」「特に関心があるのは三ヵ所の収容所に抑留されていた、計一万五千人もの将校の行方……一九四〇年春に移送されたというが、その後出頭したのはわずか三百五十～四百人に過ぎない……」。

この件について質問を繰り返しても、ソ連からの回答は「解放した」のひとことだけ。不吉な思いが募るなか、一九四三年四月十三日のドイツのラジオが報じたのが「数万人ものポーランド人将校の墓地がカチン近郊の森で発見……」という衝撃的な内容。その後はもうソ連情報局が、もっともらしいゴシップを考えられただけ、まくしたてるばかりだった。「ナチスによる残虐行為の捏造報道」「ナチスによるあまたの虐殺行為の真相を隠す、自作自演の報道……」「ナチスの黒い過去を隠蔽する工作に、ポーランドも共謀……」。

遡ること独ソ両国によるポーランド分割から間もない一九三九年九月二十八日のこと、モロトフ－リッベントロップ協定で、ドイツ占領下のポーランドにいたウクライナ人、ベラルーシ人をソ連に、ソ連占領下のポーランドにいたドイツ人をそれぞれの国に帰すことで合意した。ところが、帰国する人数に差があったのかナチスに思惑があったのか（ドイツ兵としての訓練をしていたとも）、三万人ものウクライナ人が帰国させられず、ソ連側はこれを非難。そこで人数を合わせるためか、ポーランド人将校がドイツに送られることに決まった。

この決め方にも捕虜の取り扱いを定めたハーグ協定に対して問題があったようで、移送がなされる直前にドイツ側がポーランド人将校の受け入れを拒否。国際赤十字の調査によると、ドイツに送られる予定になっていたコゼリスク、オスタシュコフ、スタロベリスクの三収容所のうち、カチンの森で発見された四千二百人あまり（実際は、数万人はいなかった）の遺体は一九四〇年五月に射殺された、コゼリスク収容所に収監されていた将校たちと解明された。そして事件発生後半世紀にあたる一九九〇年に、スタロベリスクの捕虜がハリコフ近郊で、オスタシュコフの捕虜もメドノエ近郊で発見されたという。

およそ冷静な対応が不可能と見られる事態に直面した亡命ポーランド政府だったが、逆上したのはソ連の方だった。ソ連情報局からの発表やプラウダの報道から予想できたことではあったが、モロトフからタデウシュ・ロメロ駐ソ大使に渡された覚書は次のことばで終わっていた。「ポーランドとの外交関係を破棄する」。

では何故、帰国のときを待ち焦がれていた一万五千人ものポーランド軍将校が命を奪われなければならなかったのか。定説になりつつある非公式の見解とされるが「些細なことでも自分で決めたがったスターリンの性格とことばどおりの解釈でしか行動しない内務人民委員部（NKVD）の慣習から起こった行き違いに端を発している」ということだそうだが、ドイツ側から受け入れを拒否されたポーランド軍将校の捕虜の扱いについて、一将校がスターリンに伺いを立てた。そのときのスターリンの反応はメモに一言「片付けろ」。

このメモを持って司令部に戻って相談したところ「軍がすることではなくNKVDマターだ」ということになった。そして、NKVDは言葉どおりにやってしまった……ということというのである。

シコルスキらが将校らの行方を尋ねてきたのは一年くらい経ってからのことである。スターリンは直接に亡命ポーランド政府に聞き質されて何のことか思い出したが、例の「片付けろ」がどのように処理されたかも把握していなかった。事の顛末にはスターリンをして驚くしかなかったということであった。

指示を受けた立場によって「シベリア送りだ」とも「また収容所に戻しておけ」「作業所送り」とも解釈したろうが、よもや「一万五千人全員処刑」とはスターリンも考えておらず、そのようなことを実行してしまうのがＮＫＶＤという部署だった……とされているのである。

このようないささか間の抜けていたはなしのとおりなのか、それとも事が発覚した直後の、ソ連情報部およびプラウダのヒステリックな反応、その果てのポーランド亡命政府に対する一方的な国交の断絶という横暴さの裏にまだ何か隠されているのか。今後さらに何か明らかになるか、それともこれ以上何もないかはまだわからないが、意図が伝わらない悪魔の伝言ゲームが一万五千人ものポーランド人の生命を奪ったという事実は消しようがないだろう。

レジスタンスが戦った熱い夏

「レジスタンス活動」と聞いて真っ先に思い出すのがヴェルレーヌの「秋の日のヴィヨロンのため息の」を思い出すひとは、いまどのくらいいるだろうか。連合軍がフランス北部のノルマンディーに上陸する作戦の実施予告をフランス国内のレジスタンスに通知する暗号で、第二節の「身にしみてひたぶるにうら悲し」が流されると四十八時間以内の作戦実施とされている。フランスのレジスタンスたちがラジオに聞き耳を立て、これを聴いたドイツ軍の情報将校の動きが慌ただしくなるシーンは映画「史上最大の作戦」のなかでこれから起こることへの緊張感を高めているという印象があるが、レジスタンスの受け持つ仕事の役割（破壊工作や情報提供支援、救護など）によって暗号が異なっており、何種類もの暗号がラジオ放送されていたという。

第二次世界大戦においてレジスタンス活動は既に勝利するためには欠かせないものになっており、先に挙げたユーゴスラヴィアでチトーが率いたパルチザンなどは東欧で行なわれた、この種の活動の代表的なもののひとつだった。祖国が占領された国においては占領軍側への協力、解放者側への支援というかたちで戦争に関わることができるが、終戦時にどちらが勝者になっているかで運命はガラリと変わる。それ以前の問題として、レジスタンスの場合、一敗地にまみれた側の活動なので相当の覚悟を要することになる。それゆえ、ドラマや書きものなどでは英雄的に扱われがちだが、実際は失敗、拘束に至るとその責任追及は家族にも及び、逃亡者をかくまったことで集落全体によるレジスタンス活動とされて、滅ぼされてしまったこともあったという。

第二次大戦下の西ヨーロッパで、最もレジスタンス活動が盛んだったのはやはりフランスで、有名な「マキ団」以下十を越える抵抗組織が形成され、一九四四年の時点で四十万人が参加したが、武装勢力は十一万六千人ほど。逮捕、投獄されたが処刑の免れたのが三万九千人ほど、死刑に処されたのが約一万二千人とのこと。

小規模国家のレジスタンスの員数の把握は難しいようだが投獄者数ベースでベルギー五万人（処刑二百三十人）、オランダ五千人（処刑三十六人）、ノルウェー一万八千人（処刑二十五人）、デンマーク一万四千五百人（処刑四十六人）。戦闘状態になることなくドイツ軍に降伏したデンマークの場合、レジスタンス活動が活発化してからが国民にとっての第二次大戦になったとも伝えられている。

多くがロンドンで樹立された被占領国の亡命政府はラジオを通じて祖国のレジスタンスに指示、命令を伝えたが、前述のノルマンディー上陸作戦実施の暗号放送などは極度に組織化が進められた実例だろう。やがて、レジスタンス活動の内容は、V1、V2号に関する情報収集や脱走ルート（工作員や捕虜収容所脱出者）支援などの任務が重視されるようになっていった。

だが、使用可能な武器、装備が限られ、かつ、職業軍人が受けるような訓練も受けていないので、戦闘活動をチャレンジしても多くの場合は失敗に終わっているようである。その典型例が一九四四年の夏～秋の「ワルシャワ蜂起」ということになるだろう。

ソ連軍が六月下旬から西進するパグラツィオン作戦を開始したことに乗じて、国内軍（AK）司令官ブルーコモロフスキが、ソ連軍との事前連絡なしのまま、八月一日に市民レベルでの武装蜂起を敢行した。既に述べたとおりポーランド亡命政府は、国交回復を決めても容易に反故にされたため、ソ連軍との軍事行動には慎重になったが、ブルーコモロフスキは弱体化しつつあるドイツ軍相手に市民自ら武装蜂起してワルシャワを解放し、進撃してきたソ連軍を迎え入れようと気が逸ったのだろう。呼びかけに応じたワルシャワ市民も熱狂状態で参加したという。

ところがやはりソ連軍は冷ややかだったのか、戦争のプロだったのか、先に攻略すべきはバルカン半島の枢軸軍と認識していた。枢軸国が圧倒的戦力差のソ連軍に攻め込まれれば、さほどの戦闘状態になることなく寝返りうって、ドイツ軍および残された枢軸軍の討伐に加わるからである。

果たしてソ連軍は、ブルガリアやルーマニアなどへの侵攻を優先させ、夏季はポーランドに対してほとんど手出しをしなかった。やはり亡命政府のソ連占領地域へのこだわりやカチンの森事件の対応も尾を引いていたということなのだろう。

市民による蜂起の後、ドイツ軍が市内の中心を流れるヴィスワ川を防衛ラインとして防御を強化したこともあって、生兵法に近い市民のレジスタンスでは手を負いかねる本物の戦争になってしまった。ソ連軍も九月中旬までワルシャワ市民への支援、ドイツ軍橋頭堡への攻撃に乗り出さなかったため、多数の市民の犠牲、ワルシャワ市街の壊滅は避けられなかった。結局、十月二日までにワルシャワ蜂起は、死亡者二十万人、強制移住八十万人、市内は廃墟という大損害を被って失敗に終わっている。

なお、特殊な技術に関わるレジスタンスの作戦活動としては、ノルウェー・リューカンの重水工場破壊作戦が挙げられるだろう。核爆弾の開発は第二次大戦中、ロケット、ジェットをも凌ぐほどのトップ・シークレットだったが、原子爆弾製造の過程で求められる大量の重水素が、ドイツ国内では入手できなかった。そのため、ノルウェー・テレマーク州のリューカンに所在するノルスク・ハイドロ電気化学の重水工場での重水素精製が、兵器局筋から命じられた。重水素は合成アンモニアを製造する過程で精製されるが、ノルウェーには多数の化学工場が立地し、ノルスク・ハイドロは重水精製が可能な環境にあり、兵器局で求める量の重水を作ることができるとみられた。精製された重水は、フェリーでドイツに送られることになっていた。

戦争の流れを変える可能性がある秘密兵器・原子爆弾の製造に必要な重水工場となると、連合軍側の重点攻撃目標とされるのが当然でもあった。一九四三年二月二十七日には、英軍の特殊工作部隊とノルウェー・レジスタンスの共同作戦「ガンナー作戦」が実施されて工場設備の破壊に成功。同工場での重水生成を二ヵ月にわたってストップさせることができた。精製用の機材が修復されれば操業も再開されるが、さらにそれから半年後の十一月には、米戦略爆撃機が重水工場を徹底的に破壊。以降のドイツでの核関連兵器の開発は絶望的になった。実際に行なわれた作戦活動の順番はやや異なるが、ガンナー作戦を基に撮られた映画が「テレマークの要塞」というはなしはかなり知られているだろう。

民族自決原則に反したバルト三国支配

ソ連軍に基地使用や軍の進駐を認めてしまい実質的に主権を失ったのが一九三九年九、十月で、完全にソ連邦に併合されたのがその翌年の八月だから、国家としての体を失ってから一年九ヵ月が経過しようとしていた頃のことだった。一九四一年六月二十二日に「バルバロッサ作戦」(いわゆる独ソ戦)を開始したナチスドイツは、バルト海沿岸の旧三ヵ国にも攻め込んできた。

第二次世界大戦突入以前に、非常に限られた防衛予算をやり繰りして揃えてきた潜水艦、沿岸警備用の艦船ほか、故国での仕事を卒業したような旧式な戦車や軍用機などについても、使えそうなものは既にソ連軍に渡っていた。ほとんど丸腰にするだけでは足らず、ほんの一週間前には、およそ戦争とは縁がなさそうな女性や子供、高齢者たちが数万人もシベリア送りにされていた。

繰り返される、言われなき不条理な目に遭ってきたリトアニア、ラトヴィア、エストニアの住民たちも、新たに侵入してきた軍勢に対して「解放者の到来」をほんの一瞬、期待した。だがそれは、冷静になればすぐ誤りと気づくはずだった。ナチスドイツこそ第二次大戦突入まで半年を切っていた時期に、ソ連西側国境の目の前で高圧外交による領土奪取（奪還）をやって見せた張本人だった。

ヴェルサイユ条約の取り決めでドイツからリトアニアに渡っていたメーメル地方の港湾都市を、不平等な条約締結で取り返す恫喝外交をソ連に教示した師匠にあたる国が武力で攻め込んできたのである。期待する方の見通しが甘過ぎるだろう。現実的だったのはナチスと赤軍の正体を見極めて、ソ連軍が進駐してくる直前、リトアニア・カウナスの日本領事館が閉鎖される直前の時期に、ユダヤ人家族約六千人のためにヴィザを発給した杉原千畝外交官だろう。ドイツ軍の侵攻により、リトアニアでは二十万人ものユダヤ人がナチスのホロコースト（ユダヤ人虐殺）による犠牲になったとされており、このことは二十世紀末にバルト三国が主権を回復してからも戦争責任として国際社会から注視された。

リトアニアは一九三九年秋にソ連から相互援助条約の締結を迫られる前に、ドイツからポーランド侵攻への協力（ヴィルニュス支配）を求められたことがあったというが、このときはこの要求を受けることもなく中立を表明。その後、支配者がソ連（独ソ戦突入まで）、ドイツ（独ソ戦突入後）と変わったが、ドイツ軍による支配の時代にはユダヤ人関連以外でも、多くのリトアニア人が強制労働収容所に送られていた。

一方、大戦中の混乱のなかでの最も人口数を減らしたのはエストニアだった。ドイツ軍はエストニアを支配した当初、食糧の供給源として期待していたが、エストニア側はソ連に支配される前の独立回復を要求。それをナチスが聞き入れるはずもなく、名目上の自治政府を置いて実質的支配を強めた。エストニアからソ連軍に応召した軍人も少なくなかったが、ドイツ軍も戦闘の長期化や戦況の悪化、また、ソ連特有の厳しい天候に苛まされて戦力が消耗すると、エストニア人からの徴兵を拡大。図らずもエストニア人が対峙する両軍に属して戦う悲哀を背負わされた。

なおドイツ軍支配下に置かれた三国の市民も、ナチスによる徴兵令に唯々諾々応じた訳ではなかったという。徴兵されても出頭することなく「森の兄弟」と呼ばれるパルチザン活動にはいる人たちも少なからずいた（最も多かったのはリトアニア人……リトアニアの国土のかなりの部分が森林に覆われていた）。この反体制活動は大戦中のパルチザン活動にとどまらず、大戦後も独立回復のための運動として継続されたが、フルシチョフ書記長の時代に終息したとのことである。

やがてドイツ軍が東部戦線から撤退しはじめると、一九四四年九月にソ連領内に復帰せず「エストニア共和国」の維持、継続が宣言されるが、バックになってくれる西欧圏の国々があるわけもなく、再びソ連邦内に併合。結局、ここに至る直前の時期に、エストニア、ラトヴィア、リトアニアとも、万人単位の人口が西側を求めて脱出している。エストニアの場合、このような戦争による犠牲（戦死やテロの犠牲）、国外脱出（亡命）だけでなく、国境線の変更などもあって、人口は大幅に減少、一九三九年当時の七割程度まで落ち込んだということであった。

第一章のなかの「ロシア領として封じ込められた国々」においても記述したが、一口に「バルト三国」とまとめられることが多いエストニア、ラトヴィア、リトアニアも、民族、言語、宗教に、歴史、文化の独立性がかなり強い別の国々である。それらがバルト海に面していることからひとまとめにして、ソ連領内に併合されることが「封じ込め」の再現のようなものだった。

だが、第一次大戦を終わらせる際にウィルソン合衆国大統領が提唱した「十四条の講和原則」では既に「民族自決権の承認」が最重要ポイントのひとつとされており、第二次大戦下のアメリカ合衆国大統領を務めたフランクリン・ルーズベルトは、一九四一年発表の「大西洋憲章」において、民族自決の原則をより広く適用する考えを示していた（民族独立の推進）。とすると、エストニア、ラトヴィア、リトアニアもソ連からの独立というのが自然の流れのはずだった。

にもかかわらず、その後約半世紀もソ連領内に置かれていたことは、第二次大戦当時の自由圏列強国とソ連との間が必ずしも良好ではなかったこと（ソ連軍がフィンランドに攻め込んだ「冬戦争」およびポーランド東側占領問題など）……戦況の都合上、止むを得ずこれら反枢軸・二派が共同して枢軸国に対抗せざるを得なくなった……それには、バルト海沿岸の三ヵ国の問題については（ノーコメント）……という難しい状況が反映されていたのだろう。

ギリシア解放に響いた英ソの思惑

ドイツ・枢軸軍側でいう「マリタ作戦」によって、ギリシア・英連合軍をギリシア国内から駆逐し、ゲオルギオス二世およびギリシア政府も中東へ脱出。さらにクレタ島制圧「メルクール作戦」をもって連合国側をエジプトへと追いやり、バルカン半島から連合国側の脅威がなくなったところで、ソ連領内への奇襲攻撃「バルバロッサ作戦」の幕が開けられた（一九四一年六月二十二日）。だがドイツ、枢軸軍の主力部隊の東部戦線への移動は、大敗を喫したはずのギリシア反枢軸勢力を復活させることになった。

短時間の戦闘で英・ギリシア連合軍を撤退させてしまうほどのドイツ軍の精強性には、ギリシアに残されていた行政組織（地方自治体など）も恐怖感を与えられるばかりで、ギリシアの正規の軍をしても占領軍には協力的態度になりがちだったという。もっともこれには、枢軸軍の侵攻が始まる直前の時期まで続いたメタクサス独裁体制によって、国政関連の組織が骨抜き近い状態になっていたこともあるが。

そんな状況下でギリシア側の抵抗勢力の再建に着手したのが、ギリシア共産党だった。やがてこの抵抗運動再建に賛同する党派（農民党、統一社会党ほか）が増えて民族解放戦線（EAM）が組織された。クレタ島撤退以後、ギリシアの公的組織が全く弱体化していたこともあり、支配者となった枢軸国軍に反感を抱いていた市民層のEAMへの期待、また参加意欲は強く、翌春までにギリシア中部で組織づくりが整い、軍事面を担当するギリシア人民解放軍（ELAS）まで形成された。

チトーが率いて戦ったユーゴスラヴィアのパルチザンの戦場もそうだったが、バルカン半島南部は山あり谷あり川もあるという急峻な地勢で、支配者側の枢軸軍が近代的な軍備を有しているとしても、地域特性を活かした戦いに慣れている地元のパルチザン勢力が思わぬ戦闘能力を発揮することが少なくなかった。バルカン半島の諸民族は、オスマン・トルコ軍相手の長きに渡った祖国解放のための戦闘以来、戦場、戦いを忘れていなかったともみられている。なお、このときのギリシアにおけるＥＬＡＳは、周辺諸軍事抵抗勢力をも併合して拡大し、一九四三年夏には二万人規模に拡大した。

この種の反ファシズムの民兵制の抵抗組織は、公的な軍組織に拠らず愛国心、地域を守るなどの自発的な心情を出発点にしていたが、その反面、同種の組織の乱立、調整、制御が難しい、指示命令の機構が不安定、武器類の安全管理面、要員の育成……などなど、挙げてゆけば数え切れないほどの問題が指摘されるほどの危うさが潜んでいた。特に、この頃のギリシアのように正規の軍隊が国外脱出してしまった国においては、作戦実施はリーダーシップ任せになりかねなかった。

事実、ギリシアにおいては、ＥＬＡＳとアテネで結成されたＥＤＥＳ（ギリシア民主民族連盟）とが、一九四二年九月に英軍中東司令部から派遣された連絡将校の指揮、調整のもと、大型の橋梁爆破任務に挑んで任務を果たしたものの、組織間対立が表面化。連絡将校が関係修復に努めても自体は改善されず、一九四三年十月からは内戦状態になった。

一方、ギリシアの市民から広く賛同を得ていたＥＡＭは広大な解放区を形成できたこともあって、一九四四年三月には民族解放政治委員会（ＰＥＥＡ、臨時政府のような組織）を設立。解放区ではその以前から選挙で選ばれた人民委員会が自治制を敷いていたが、ＰＥＥＡ設置後は民兵制、裁判制に統一基準ができたという。

これに対してその翌月には、クレタ島攻防戦後に英軍とともにエジプトに撤退していた旧ギリシア軍正規軍において、PEEAの承認を求めて反乱状態になり、同組織への信認の高さに英軍を慌てさせた。亡命ギリシア政府の失墜を防ごうと英側はPEEAとの統一政権交渉を急いだが、母体となったEAMおよび、パルチザン活動を行なってきたELASは、それまでの枢軸国占領軍との戦いにおける実績を主張して硬化した。そして民兵組織の解散、徴兵による統一軍組織の形成を強く主張する英、亡命ギリシア政府と強く対立した。

だがこれに折れたのはEAMの方で、五月二十日には亡命政府主導の政権を樹立するレバノン条約が締結。九月にはELASも含めて全ギリシア軍を在ギリシア連合軍隷下に置くカゼルタ協定が結ばれた。

このようなEAM、ELASの英軍に対する弱腰、低姿勢は、EAMを発足させたギリシア共産党を怒らせたが、EAMらはギリシアを英勢力圏に置くことを認めたソ連の意向を受けて軟化したとみられている。英および亡命ギリシア政府とぶつかりかけたEAMに対して駐カイロ・ソ連大使館が、ELASに対してもソ連軍事施設団が介入して英側の意向受け入れを求めたともみられている（チャーチルはスターリンにバルカン諸国の占領率まで打診していたという）。

ドイツ軍の弱体化が極まる一九四四年十月四日に英軍がギリシアへの上陸を果たし、十八日には国外に逃れていたギリシア政府がアテネに復帰した。そしてドイツ軍も十一月四日にはギリシア全土から姿を消し、自由圏側の一員としての立場を回復したかに見えた。

ところがギリシア国内で実質的に支配権を有していたのは、依然としてEAMであり、ELAS。当時の人口七百万人のギリシアで、EAM参加者が二百万人にも及んでいた。そのままでは英国の意を受けた新政府との対立が深まることが懸念されたため、在ギリシア連合軍最高司令官のスコビー中将は十二月一日、ELAS（および部分的に担ってきたEDES）に対して十日までの解散を命令。これを受け容れられないEAM参加者はアテネでデモを行ない、流血の闘争からゼネストへとヒートアップした。

この事態にさらに激したのがチャーチル英首相で、ギリシア国内に展開していた英軍はついにELASとの戦闘状態に突入。思いのほか手強かったELASを鎮圧するために、ほかの在欧英軍をもギリシアに集中させて、年末までにどうにか抵抗を抑えられる見通しがついた。明けて一九四五年一月十一日にELASとの休戦が成立。二月十二日にヴァルキザ協定が結ばれてELASは武装解除、右派の将兵による新生ギリシア軍が編成されることになった。

英政府、英軍のEAM、ELASに対する厳しい姿勢による軍事介入は、戦力的にも期間的にもかつてのマリタ作戦当時を大きく上回った。けれどもその背景には、バルカン半島を巡る英ソ間の勢力地図の塗りわけ（北部はソ連、南部は英国）という、戦後ヨーロッパの力関係上の都合があった。

低地国領でみられたドイツ軍最後の反撃

いわゆる連合国軍側と解すべき、被占領状態を免れられなかった小規模国家群の枢軸国軍による占領、支配を受けた期間をみるとそれなりに違いがあった。国別には、最初の戦場になったポーランドで五年強、デンマークで五年と一ヵ月、オランダで五年、ノルウェー四年十一ヵ月、ベルギー四年四ヵ月、ユーゴスラヴィア三年半、ギリシア三年五ヵ月といった占領期間に及んでいる。

近傍の国々でも、例えば、一〜二ヵ月というわずかな期間の差は、ノルウェーとデンマークのように、かたやデンマークは侵攻を受けて即日に降伏したが、ノルウェーはすぐには降伏しなかったうえ、連合国側から援軍が到着したという事情があった。この両国に対して、オランダとベルギーの占領期間に半年以上もの差があったのは、大陸侵攻作戦を行なった連合軍による戦争遂行計画上の都合ともみられる。

ベルギーはノルマンディー上陸作戦から三ヵ月後の一九四四年九月に解放の日を迎えたが、上陸作戦部隊にはベルギー降伏後も連合軍側の一員として戦い続けてきた自由ベルギー旅団（司令・ピロン大佐、兵力三千人）が参加していた。だがそれよりも大きな理由は、ドイツの重工業地帯の心臓部ともいえるルール工業地帯への侵攻を急いだ連合軍が「マーケット・ガーデン作戦」を企図したからでもあるだろう。

結果的にこの野心的な作戦は、準備を急ぎ過ぎたところで、ドイツ側の第二SS装甲軍団のアーンヘムでの戦力建て直しという重要情報が無視されてしまった。空挺降下作戦に成功した連合軍側の空挺部隊と後続するはずの地上部隊とが分断されるかたちになって大損害を被り、意図した成果は達せられなかった（リチャード・アッテンボロー監督の映画「遠すぎた橋」が有名）。ベルギーおよびフランスの国境線付近までは侵攻できたものの、ここで大打撃を受けてしまったため、連合軍側もドイツに向けての侵攻の歩みを一時ストップせざるを得なくなった。

侵攻のあゆみを緩めた連合軍に対して、戦いの規模が縮小されるはずの冬場にドイツ軍が計画していたのが、独陸軍の二十五個師団をもってアルデンヌを突破してムーズ川を目ざす大規模反攻作戦だった（「バルジの戦い」とも「アルデンヌ攻勢」とも言われる）。連合軍は欧州大陸に進出してから最初の冬を迎え、また折からの停滞気味の低気圧が呼び込んだ悪天候により、空軍機による地上支援は困難とみられた。ところがドイツ軍（兵力二十七万五千人、約千輛の装甲車輛）は、その悪条件を冒して、戦力を薄くしていた米・第一軍、八万三千人に襲いかかってきたのである。この反撃でまたも、ベルギー領内が戦場と化したのだった。

だがこのような、武器、燃料の補給にも制約がある博打のような作戦が、圧倒的な戦力差の連合軍を引っくり返せる訳でもなかった（一時的に慌てさせられても）。逆に、残り僅かな貴重な戦力の消耗を急ぐだけの結果になった。この傾向が顕著だったのは、一九四五年の年初めにドイツ空軍が実施した「ボーデンプラッテ作戦」であろう。

一月一日の夜明け前に爆装して出撃した四機のアラドＡｒ234ジェット爆撃機は、ロッテルダム、アントワープ、ブリュッセル、リエージュの上空高高度を環状飛行して天候を確認するとともに、以降の作戦意図を欺瞞するためにブリュッセル、リエージュに爆弾を投下。特に命中させるべき目標もなかったが、これが史上初のジェット機による夜間爆撃となった。

そして、連合軍の前進航空基地に奇襲攻撃をかける独空軍戦闘機および戦闘爆撃機・計九百機は、離陸後に敵レーダーに捕捉されることを防ぐため、無線封鎖の状態で超低空から基地上空に侵入し、奇襲攻撃を実施。元旦（ニュー・イヤー・デイ）明けの連合軍航空基地に大打撃を与えるという作戦だった。

実際にエイントホーフェン、ブリュッセルなどの五、六ヵ所の基地では奇襲攻撃となって、二百機以上もの連合軍側戦闘機を使用不能にさせた。ところが、攻撃した側のドイツ戦闘機の方は約三百機から失われ、何よりも搭乗員の人的損失が大きかった（連合軍側は駐機中の機体ばかりなので搭乗員の多くは無事）。不慣れな超低空飛行が事故を多発させ、極端な無線封鎖が友軍地上軍による対空射撃を招いた。この戦闘機搭乗員の喪失の多さは、当然、その後の独空軍の迎撃態勢を苦しめることになった。アルデンヌの戦いにしてもボーデンプラッテ作戦にしても、一発逆転をねらった作戦は際物狙いが過ぎたということなのか。

また、史上初の弾道ロケット兵器・V2号というと「ロンドン市民を恐怖に陥れた」という通説があるが、実際は英本土よりもベルギー国内を攻撃目標として発射された数の方が多かったという。内訳についてみると、英国／千四百三発中、ロンドン千三百五十九発、ノリッジ四十三発、イプスウィッチ一発。ベルギー／千六百九十五発中、アントワープ千六百十発、リエージュ八十六発。フランス／十九発中、パリ十九発。その他（ブリュッセル、リール、マースリヒトほか）／百三十七発。狙ったとおりにアントワープやリエージュに着弾したV2号が何発あったかの問題もあるが、主たる攻撃目標は補給上の要所である、最重要港湾都市のひとつであったアントワープ。ベルギー解放が九月のはじめと早かったこともあって、ロンドン目標よりもたくさんのV2号が発射されたのだろうか。

東側の一員となるポーランド

大戦突入時から戦場になったポーランドは緒戦での敗戦、独ソ両国による分割を経た後も、仏、英と移動。英国に逃れた自由ポーランド軍は、連合国側の一員として様々な戦場で戦い続けた。にもかかわらず、駐ロンドンの亡命ポーランド政府の政治家、また連合軍側のポーランド兵の多くは、戦後の祖国への帰国が果たせなかった。

一九三九年八月二十三日に独ソ不可侵条約が結ばれ、ポーランドの東側をソ連軍が占領することと定められた段階で、ポーランドとソ連、両国の良好な関係は望めなくなっていた。だが、それでも両国の関係を修復せざるを得なくなるのが独ソ戦突入（一九四一年六月二十二日）による状況変化だった。

亡命ポーランドにしてみれば、ソ連に対しては恨みもあれば、今後のポーランドを巡って変更された国境線や連行されたポーランド人のことなど、質したいことは山ほどあった。それにもかかわらず、一九四一年七月三十日に締結されたのが、前述の「ポーランド－ソ連協定」だった。

このなかでは「ソ連軍隷下で作戦活動を行なうポーランド軍の創設」も定められていたが、この件も両国間の溝を広げかけたことがあった。この条文にしたがって、ソ連国内でも亡命ポーランド人の兵員応募がはじまった。応募者数は、一九四二年夏頃までに七万五千人規模に拡大。ソ連軍は前の冬のドイツ軍のモスクワ侵攻は阻止できたものの、ソ連軍はカフカース油田の攻防戦などで、まだ苦戦している状態。

この亡命ポーランド人の志願者たちも、苦戦から抜け出られないソ連軍にとって戦力化したい兵力だった。ところが、ポーランド人部隊の指揮官・アンデルス将軍とソ連軍との間がうまくゆかず（装備や糧食の供給問題で）、将軍はこの部隊を前線に送ることなく、イランへと退けてしまったのである。

だがソ連軍が厳しかった時期のアンデルス将軍の措置には、亡命ポーランド人をして同意しかねた。そこで、四三年二月に「ポーランド愛国者同盟」を結成し、再び改めてポーランド人義勇部隊の編成を願い出たのである。これを受けてソ連邦国家防衛委員会は、在ソポーランド軍部隊の創設を採択。リャザン近郊でポーランド第一歩兵師団の編成が着手された（七月からはソ連空軍隷下に置かれる、亡命ポーランド空軍の編成も始められることになる）。

ソ連国内のポーランド軍が信用を得ようと懸命になっていたころ、国境線問題やカチンの森事件の対応などにより、ソ連政府と亡命ポーランド政府との外交関係は一九四三年四月に途絶状態になったことは先に述べた。ところが、亡命政府の側はなおもソ連との交渉再開に望みをつないでいた。

亡命政府首相のシコルスキは、中東に展開する自由ポーランド軍を視察する機会を捉えて、米英両国に対してスターリンとの会談の席が設けられるような根回しを頼んだ。そしてこれに微かな希望を抱きつつ、イベリア半島突端の英領ジブラルタルから、高官空輸用のリベレーター輸送機で中東を目指した。ところが離陸滑走中に強風に見舞われて離陸に失敗。機体は海に突っ込んでしまい、シコルスキ首相は、祖国ポーランドの復興という願いが果たせないまま殉職した（一九四三年七月四日深夜）。

だが東部戦線の戦況は、一九四二〜四三年のスターリングラードの攻防戦およびクルスク機甲戦を経て、ソ連軍の敗戦はほとんど考えられなくなっていた。これにより、占領下にあるポーランドにおいても、ソ連が権勢を振るう東ヨーロッパにおける自国の在り方について、現実的に考えなければならなくなっていた。

小規模国家群の大戦後のあり方は、戦勝列強国の国家間での思惑に左右されることも見られるようになってきたが、ポーランドはその最たるものでもあった。大戦後の国境線のあるましが話し合われたテヘラン会談（一九四三年十一～十二月）では、ポーランド側の意が汲み取られることなく東方国境＝カーゾン線、西方国境＝オドラ～ヌィサ線とされてしまい、亡命政府が抱いていた戦前の国境線回復の願いはないがしろにされた。

パグラツィオン作戦（赤軍大反攻）の開始を控えていた一九四四年初めには、ソ連軍は大戦前の東側国境線を突破し、カーゾン線も越えて、ポーランド地域にやってきた。これを迎えるためにポーランド国内軍（AK）も蜂起して、ソ連軍とともにポーランド各地域の解放に努めた。ソ連軍もこのときはAKの働きを好意的にとったが、やがては逮捕の対象、武装解除させるか、またはソ連軍への強制的編入かと、接し方が変わってきた。

ポーランドの市民がワルシャワ蜂起を行なうと、ポーランド西部を支配していたドイツ軍は「焦土作戦」を実施し、都市部の大部分を瓦礫と化して、撤退していった。ワルシャワに至ってはその八割が破壊され、国全体の物的損害は五百億ドルにも達した（当時の総資産の三十八パーセント）。

ポーランドで命を奪われた犠牲者数は六百三万人（国民人口の二十二パーセント強）と、国ベースでの犠牲者人口比ではヨーロッパ最大の死亡率に達した。戦火に見舞われたのは大戦

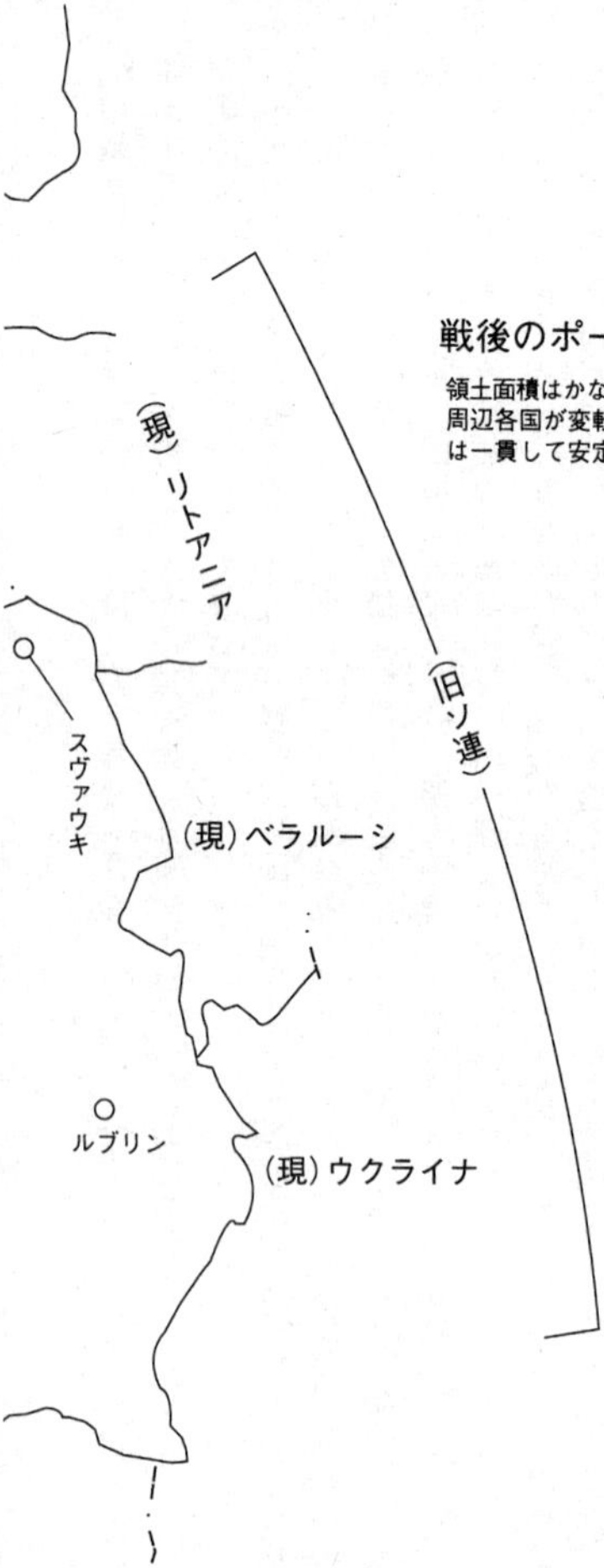

戦後のポーランド

領土面積はかなり狭められたが、周辺各国が変転するなか、戦後は一貫して安定している。

(現)
ラトヴィア
カリーニングラード
(現)
ロシア
シチュチン
(現)ドイツ
グネズノ
ワルシャワ
ポズナニ
ベルリン
ポーランド
(旧東ドイツ)
チェシン
プラハ
(現)チェコ
(現)スロヴァキア
(旧チェコスロバキア)

中の一定期間だったが、それだけ強制収容所に送られて厳しい環境下で亡くなった市民、絶滅収容所送りになったユダヤ人が多かったということだった（在ポーランド・ユダヤ系の九割強）。

亡命ポーランド政府の祖国復帰が危ぶまれるなか、米英はシコルスキの後を継いだスタニスワフ・ミコワイチク首相に、一九四四年の夏、冬にスターリンのもとを訪問させた。だがスターリンは既に、その年末にポーランド政府および亡命共産主義者の意を代表する「ルブリン委員会」（ポーランド国民解放委員会）の臨時政府昇格のラインを決めており、亡命政府からは共産主義に近い数人を入閣させるにとどめていた。よってミコワイチクら亡命ポーランド政府の帰国の道は閉ざされた。

英軍隷下の亡命ポーランド軍に参加していたポーランド人たちも激戦のなか生き残ったとしても、その多くがソ連圏に取り込まれた祖国への帰国を拒み、帰国したのは残存兵のうちのわずか数分の一に過ぎなかったということである。

あとがき

じつのところ、本稿のタイトル「弱小国の戦い」にある「弱小国」という言い回しは、本文中では一回も使っていない。もう二十年も前になるが、大学院を出てやっともぐり込んだ会社のしごとの都合上、中小企業庁や全国商工会連合会をしばしば訪ねることがあった。そのとき担当官から最初に注意された事柄が「経営指導員さんたちを相手に話すときは、中小企業、零細企業とは言わずに『小規模事業者』ということばを用いること」ということだった。誇りをもって自己の業務に勤しむ事業主さんたちの世界の言葉遣いを教えてもらったのだが、このときのことが頭の片隅にあったのか「小国」「弱小国」という言い方は、なかなか使う気になれなかった。「やっぱり、自分がこれらの国々の人間だったら『弱小』は愉快な表現じゃないよなあ」と。

ところが、先輩、知人からは「鋭くない感覚だなあ。列強国の横暴に耐え忍び、奮闘するのなら、小規模国よりも『弱小国』の方が、インパクトが強いに決まっているじゃないか。売ることの大変さ、カレンダー売りのときに味わっていただろ？」と言われる始末。だが言われてみればもっともなのは指摘の言のほうで、本稿に限らずこれまでの書きもののスタートは「どのテーマならば関心を引けるか」の一点だった(にもかかわらず、ヒット作がないのは「意余って力足らず」故のこと)。

風化が避けられないとみられていた大戦史のなかでも、死と背中合わせの日々を送った硫黄島守備隊の家族を思う気持ちが古くて新しいテーマとなり、日本では年末に決まって演奏されるベートーベンの第九交響曲の初演者が第一次大戦当時のドイツ人捕虜だったというはなしも多くの人たちを惹きつけた。第一次大戦となると、本邦では太平洋戦争よりももっと関心を抱かれにくいはなしだろう。重要なことは、埋没しつつある重要な出来事をいかにたくさんのひとたちに知ってもらい、関心を持ってもらうことだろう。自身の思い入れに捉われて些細な言い回しに悩んだことは、やはり苦労が足らなかったからなのだろうか。

自身、これまで書かせてもらってきたものは、雑誌記事を含めてどれも「読みもの」であることを前提としてきた。もっとも、院生の頃は指導教授からしばしば「難しく厳しく論ずるべきはなしを、わかりやす過ぎて印象に残りにくいことばというか、卑近な物事に置き換え過ぎる」と怒られてきたものだった。ゆえに「自分でも眠くなるような文は書きたくないよなあ」という反発も、なきにしもあらずというところだった。よって基本的には「このしごとは学術論文の記述ではなく、通勤電車のなかでも読める読みものを書くこと」と釘を刺して取り組んできたつもりだった。

本稿もそうであるが「中立国の戦い」のときも多数の資料に当たってみて、ほぼ同様の内容の事柄が記されている箇所等については、いわゆる「証拠固めの参照」にさせていただいて、院生のときの論文のような書き方は避けてきた。あくまで基本は、期限までに出版社に原稿を引き渡せる「読みもの」を書くことがしごと。そして、この資料にのみぞ記述されているとみられる重要箇所等については、資料の著者・書名も挙げさせてもらってきたつもりである（不本意ながら今回は、提出期限を二度もオーバーしてしまったが）。

なお、人間のやること、間違いもあれば過不足もあるだろう。だが、批判される側にとっても納得できない、的を射ていない言いがかりは次回以降への反省にもつながらない、ただの足引っ張りに過ぎない。記述する側にしてみれば、まずはエンジョイしていただき、興味をもってほかの書物等にも当たってもらえるようになれば「してやったり」である。そして至らないと感ずるところがあれば、そのものを上回るような作品を生み出していただけるなら、それ以上の喜びはないというところである。

飯山幸伸

参考文献＊森田安一編「スイス・ベネルクス史」山川出版社　一九九八年＊栗原福也「ベネルクス現代史」山川出版社　一九八八年＊Kaufmann, J E & Kaufmann H W "Hitler's Blitzkrieg Campaigns" Da Capo Press c1993＊Jackson, Julian "The Fall of France" Oxford Univ. 2004＊Deighton, Len「電撃戦」早川書房　一九九八年＊百瀬宏ほか編「北欧史」山川出版社　二〇〇二年＊百瀬宏「北欧現代史」山川出版社　二〇〇〇年＊柴宜弘編「バルカン史」山川出版社　一九九八年＊木戸蓊「バルカン現代史」山川出版社　一九九一年＊柴宜弘「ユーゴスラヴィア現代史」岩波書店　一九九六年＊Blau, George E "Invasion Balkans! The German Campaign in the Balkans, Spring 1941" Burd Street Press 1997＊Mazower, Mark "Inside Hitler's Greece" Yale Univ. Press 2001＊伊東孝之ほか編「ポーランド・ウクライナ・バルト史」山川出版社　一九九八年＊伊東孝之「ポーランド現代史」山川出版社　一九八八年＊木畑洋一「国際体制の展開」山川出版社　二〇〇四年＊松川克彦「ヨーロッパ 1939」昭和堂　一九九七年＊Mikolajczyk, Stanislaw「奪われた祖国ポーランド」中央公論新社　二〇〇一年＊Liddell Hart, B H「第二次世界大戦上下」中央公論新社　二〇〇〇、二〇〇一年＊Trevor-Roper, Hugh R「ヒトラーの作戦指令書」東洋書林　二〇〇〇年＊武田龍夫「物語北欧の歴史」中央公論新社　一九九九年＊武田龍夫「北欧の外交」東海大学出版会　一九九八年＊武田龍夫「戦う北欧」高木書房　一九八一年＊「ソヴィエト赤軍興亡史Ⅰ、Ⅱ、Ⅲ」学習研究社　二〇〇一年＊Kennan, George F "Soviet foreign policy 1917-1941" Krieger Pub. 1985＊「ポーランド電撃戦」学習研究社　一九九七年＊「西方電撃戦」学習研究社　一九九七年＊「バルバロッサ作戦」学習研究社　一九九八年＊中山雅洋「北欧空戦史」朝日ソノラマ　一九八二年＊Andenaes, J ほか「ノルウェーと第二次世界大戦」東海大学出版会　二〇〇三年＊志摩園子「物語バルト三国の歴史」中央公論新社　二〇〇四年＊長谷川公昭「世界ファシスト列伝」中央公論新社　二〇〇四年＊木畑洋一「日独伊三国同盟と第二次大戦」岩波書店　一九八八年＊阿部良男「ヒトラー全記録」柏書房　二〇〇一年＊Keegan, John 編「タイムズ・アトラス第二次世界大戦歴史地図」原書房　二〇〇一年＊猿谷要「物語アメリカの歴史」中央公論新社　二〇〇三年＊「ヒトラーの野望　上、下」世界文化社・中央公論新社　一九九九、二〇〇〇年＊Pimlott, John「第二次世界大戦　地図で読む世界の歴史」河出書房新社　二〇〇〇年＊秦郁彦ほか「第2次大戦世界の戦闘機隊」酣燈社　一九八七年＊「戦艦名鑑 1891～1949」光栄　一九九八年＊Chamberlain, Peter ほか「世界の戦車 1915～1945」大日本絵画　二〇〇二年＊青木茂「第二次世界大戦欧州海戦ガイド」新紀元社　一九九六年＊Price, Alfred「最後のドイツ空軍」朝日ソノラマ　一九九三年＊野木恵一「報復兵器V2」朝日ソノラマ　一九八三年

NF文庫書き下ろし作品

NF文庫

弱小国の戦い　新装版

二〇二二年五月二十日　第一刷発行

著　者　飯山幸伸

発行者　皆川豪志

発行所　株式会社　潮書房光人新社

〒100-8077　東京都千代田区大手町一-七-二

電話／〇三-六二八一-九八九一㈹

印刷・製本　凸版印刷株式会社

定価はカバーに表示してあります

乱丁・落丁のものはお取りかえ致します。本文は中性紙を使用

ISBN978-4-7698-3264-5　C0195

http://www.kojinsha.co.jp

NF文庫

刊行のことば

第二次世界大戦の戦火が熄《や》んで五〇年――その間、小社は夥しい数の戦争の記録を渉猟し、発掘し、常に公正なる立場を貫いて書誌とし、大方の絶讃を博して今日に及ぶが、その源は、散華された世代への熱き思い入れであり、同時に、その記録を誌して平和の礎とし、後世に伝えんとするにある。

小社の出版物は、戦記、伝記、文学、エッセイ、写真集、その他、すでに一、〇〇〇点を越え、加えて戦後五〇年になんなんとするを契機として、「光人社NF（ノンフィクション）文庫」を創刊して、読者諸賢の熱烈要望におこたえする次第である。人生のバイブルとして、心弱きときの活性の糧《かて》として、散華の世代からの感動の肉声に、あなたもぜひ、耳を傾けて下さい。